日本ナショナリズムの歴史

I

「神国思想」の展開と明治維新

梅田正己

高文研

日本ナショナリズムの歴史〈第I巻〉目次

Ⅲ章 日本史の中の天皇制
―天皇制はどうしてかくも長く存続できたのか

【第Ⅱ巻以下の目次】

装丁＝商業デザインセンター・松田礼一

はじめに

ナショナリズムは、最も原始的な政治イデオロギーです。

自分の生まれ育った土地、所属する民族や国家への本能的ともいえる自然な執着に根ざしたものだからです。

それだけに、最も強力な政治イデオロギーだともいえます。

「きみは非国民か！」

この一語で、相手を沈黙させてしまう場合があります。また、

「それは国益に反する」

この一語で議論を封じ込むこともあるでしょう。


幕末・維新の変革によって生み出された大日本帝国が、富国強兵をスローガンに領土拡張・覇権拡大の路線を突き進んでいったさいの原動力となったのも、独特の「神国」思想にもとづく強烈なナショナリズムでした。

その「神国ナショナリズム」に駆り立てられ、日本国民は戦争につぐ戦争の坂道をあえぎながら

も登りつづけ（約八〇年間に主な出兵・戦争だけでも一〇回を超える）、最後に破局への道を一気に駆け下ったのでした。

その結果が、自国同胞三一〇万人の死を含むアジア諸民族二千万人の犠牲でした。二千万という数字は、一九四五年8月14日の連合国によるポツダム宣言（「無条件降伏」勧告）受諾をもって終結するアジア太平洋戦争における死者数を、各国政府が提示した、その総数です。

こうして大日本帝国は崩壊し、同時に「神国」思想にもとづく日本ナショナリズムも消滅したはずでした。日本は〝絶対平和主義〟を基軸とする新憲法をかかげ、再出発したからです。

しかし、帝国日本をささえたナショナリズムは、そう簡単には消え去りませんでした。時を重ねて〝失地回復〟をはかり、戦後七〇年をへたいま、むしろ最も激しく鳴動しているようにも思われます。

国政選挙において、「日本を、取り戻す」が政権党のスローガンとしてかかげられました（二〇一三年、参院選）。「取り戻す」のですから、その日本がいつの時代の日本であるかは明白です。「改憲」も具体的な日程に上り始めました。日本ナショナリズムはいまや胸を張って復活し、この国の政治の前面に躍り出ているのです。

このように強い生命力をもつ日本ナショナリズムは、どこから生み出され、どのような歴史過程をへて形成され、確立されてきたのか、その源流はどこに求められ、何をその特徴・特性としているのか――といったことを解き明かそうというのが本書のテーマです。

しかしそれがどんなに困難な試みであるかは、その全過程を通して考察した本がこれまで皆無だったことを見てもわかります。

橋川文三といえば著名な日本政治思想史の研究者です（著作集全一〇巻がある）。その橋川に『ナショナリズム――その神話と論理』（一九六八年、紀伊国屋新書）という著作があります。幕末の吉田松陰や国学の思想を分析し、日本ナショナリズム形成への道筋を見つけ出そうとした、新書版ながら力のこもった本です。半世紀前の本ではありますが、二〇〇一年に出版された姜尚中《カンサンジュン》東大名誉教授の『ナショナリズム』（岩波書店）巻末の基本文献案内では「コンパクトにまとめられ、しかも今日でも読み応えがある」本としてその筆頭に挙げられています。しかしいまここで紹介するのは、その内容ではなく「あとがき」です（この「あとがき」は筑摩書房の著作集第九巻にも収録されている）。

橋川は、執筆を引き受けたものの取りかかるまでに何年もたってしまったことを断わった上で、こう正直に〝告白〟しています。

「例によってあわただしい仕事となり、しかも書き下ろしという私には初めての体験であることもからんで、眼高手低はおろか、山中のブッシュの中をただやたらに彷徨するハイカー同様の有様となってしまった。まさに著述における遭難の危機感にとらわれたこともしばしばである。」

「そうした惨憺たる遭難事件の記録がこの一冊の書物である。たしかに、私は初め『脱兎』の勢いで日本ナショナリズムの山頂をきわめるつもりで出発したが、こと志と反し、終いに、『処女』のごとく後退することになってしまった。」

「……とくに後年の超国家主義の精神史への展望をひらくという心づもりも、ほとんどその一端にもふれえないことになってしまった。要するに、この書物は、せいぜい全体として日本ナショナリズムというテーマに迫るための序説のうちの序論ということになるかもしれない。」

たしかにこの本では、時期も幕末から明治のごく初期までしかあつかわれていません。今日、日本ナショナリズムの問題を考察するさいは、ご本人も述べているとおり「超国家主義」時代の狂気同然のマインド・コントロール状況を抜きにはできないのですが、そこへの道筋をつけるはるか手前のところでこの橋川のナショナリズム論は閉じられているのです。「序説のうちの序論」と断わっているのは謙遜ではありません。(ただし橋川には、後年『昭和ナショナリズムの諸相』と題された論文集〈一九九四年、名古屋大学出版会〉などがあります。)

このように高名な思想史家でさえ手を焼いた大テーマに、本書は挑んだのです。しかも——はじめに断わっておきますが、私の本業は書籍編集者です。歴史書の編集は何冊も手がけましたし、歴史の本も長年読んできて、歴史的なものの見方は一応身につけているつもりですが、歴史学の専門研究者ではありません。それなのになぜ、日本ナショナリズムの創成から形成の過程、確立から崩壊、復活までをたどるという、とてつもない大問題にとりくんだかといえば、前にも述べたように、私が調べた限りですが、類書がなかったからです。

周知のように、歴史学の研究者にはおのおの自分の専門領域があります。しかも近年は、その専門領域がさらに細分化する傾向にあると聞きます。ところが日本ナショナリズムの歴史にとりくむとなると、対象領域は一挙に広がります（本書では古代から現代までを通観しました）。したがって研究に際しては〝越境〟に〝越境〟を重ねることになります。となると勢い、このテーマは個人でとりくむには厖大すぎる、ということになるでしょう。

しかし、日本ナショナリズムの問題は厳存します。しかもその解明の必要度は、国内政治の局面だけでなく、近隣諸国との関係においても高まる一方です。さらにナショナリズム一般の問題としては、ヨーロッパ諸国における難民受け入れの問題、英国のEUからの離脱、そして米国におけるトランプ政権の登場と、世界はまるで二〇世紀前半へと逆戻りしたかのような状況を呈しています。いまやナショナリズムをどうとらえ、どう抑制し、調整するかは、国際政治最大の問題となったとも言えます。

そうした国際的なナショナリズムの問題を考えるにしても、その基盤となるのは自国のナショナリズムに対する省察です。そのためにはそれがどのような過程をへて形成され、どのような場面で国政を揺り動かしたか、その歴史的事実を明らかにすることが必要です。いま再び〝ナショナリズムの季節〟を迎えて、そのことが何よりも求められています。

　そう考えて、歴史学の専門研究者でない私が、現役引退後、時間だけはたっぷりあるのを頼りに、この大テーマにとりくんだのです。

　したがって、専門研究者から見れば、記述のあちこちに問題点が見つかるかも知れません。しかし一方、なまじ専門研究者でないだけに、自由な視点から歴史を考察し、自由な発想で解釈できるというメリットもあります（なにしろこのテーマへの挑戦そのものが、初めての試みなのです）。

　たとえば、日本ナショナリズムの起源を通説の「黒船来航」ではなく、それより半世紀以上も前にさかのぼらせたことをはじめ、天皇家がどうして武家による支配の時代七百年間を通して存続できたのか、その武家の時代、信長が天皇から「太政大臣」就任の申し出を受けながらそれを受けなかったのに対し、秀吉はなぜ「関白」からさらに「太閤」の位についたのか、また、徳川幕府が政治的には無力な存在となった皇室に対し、三万石を給付して保護しつづけた目的は何だったのか、あるいは明治維新の演出者たちは議会制にもとづく近代国家の建設をめざしながら、なぜ「王政復古の大号令」を発して古代へと回帰したのか、また日本独特の「軍国主義」は具体的にいつ、何をきっかけとして始まったのか——など、多岐にわたって読者は〝新解釈〟に出会えるはずです。

　そのほか本書の特色として、「日本史の中の天皇制」に一章を当てたことがあります。理由は、日本ナショナリズムの源流から形成・確立、そして崩壊・復活まで、一貫して天皇・天皇制の問題がその軸心をつらぬいて存在するからです。つまり、天皇制を抜きにして日本ナショナリズムの問題はとらえられないのです。

ところがその天皇制の問題を根底から考えるとなると、どうしてもその端緒である古代にまで立ち戻らざるを得ません。そして以後、近世までの日本政治史をフォローすることが必要となり、そのため天皇制の歴史を通観することになったのです。

もう一つ読者に伝えておきたいことは、ナショナリズムの形成・発展を端的に示す文献資料を、できるだけ原文の抜粋の形で提示し、その上で分析・論証をすすめたことです。そのため日本ナショナリズムの原点（原典）となる古事記の神話も要約して記述し、またその到達点を説いた軍国主義時代の『国体の本義』や『臣民の道』なども原文を抜粋引用した上で解説しました。

原文はできるだけ読みやすいように、ルビを振り、表記も現代仮名遣いにしましたが、それでも多少読むのに手間取るかも知れません。しかし、歴史事実を正確に読み取るために、原文の文字を追っていただければと思います。

以上、これから長丁場にお付き合いいただくに当たり、本書のなりたちと主題、それに前もって了解しておいていただきたいことについて一言しました。旅の途中で、読者ができるだけ多くの〝発見〟に出会われることを願っています。

I
日本ナショナリズムの源流

1　本居宣長の「異様な」中国批判

❖日本ナショナリズムの覚醒は「黒船」からか？

ナショナリズムは、言うまでもなくネーションから生まれた言葉です。ネーションを英和辞書で引くと、国家をはじめ国民、民族、人種といった訳語が当てられています。福沢諭吉が『文明論之概略』（一八七五＝明治8年）で「日本には政府ありてネーションなし」と言ったときのネーションは「国民」です。

ネーションが多義的なら、そこから派生したナショナリズムにも、多様な意味が含まれることになります。辞書を引くと、国家主義、国粋主義、愛国心、国家意識、国民主義、愛国主義、民族主義などの訳語が出てきます。

したがって、ナショナリズムを短い言葉で定義づけることはきわめて困難です。たとえば第二次大戦後日本の代表的な政治思想史家である丸山眞男が論文「ナショナリズム・軍国主義・ファシズム」（一九五六＝昭和31年）で述べている定義はこうです。

――「一応の定義をあたえるならば、ナショナリズムはあるネーションの統一、独立、発展を志向し押進めるイデオロギーおよび運動である。したがってナショナリズム概念の多義性はネーションという範疇の多義性ないし曖昧性と即応している。しかしナショナリズムに生命力を付与するものはネーションの主体的契機ともよばれているところの民族意識 national consciousness にほかならない。」（『現代政治の思想と行動』未来社、所収）

わかったような、わからないような定義です。だいたい、歴史を経る中でいくつもの意味、多様なニュアンスを付加されてきた用語を、そのすべての要素を取り入れて短い言葉で定義づけることは至難のわざです。いや、それがはたして可能かどうかもわかりません。

ナショナリズムについての研究はとくに一九八〇年代に入って世界的ににわかに活況を呈し、諸種の学説が発表されますが、それと連動して日本でも数多くのナショナリズム論が刊行されました。その中の一冊、塩川伸明・東大教授の『民族とネイション』（二〇〇八年、岩波新書）は、「概念と用語法」から入って各国各地域のナショナリズムをめぐっての歴史と現在を概観・考察したものですが、その副題は「ナショナリズムという難問」となっていました。

したがって、ここでその「難問」にかかわり、迷宮にさまよい込むことはやめます。本書がめざすのは、日本ナショナリズムの歴史をさぐり、たどるということだからです。そのプロセスの中で日本ナショナリズムの生態・本質もおのずと明らかになってゆくでしょう。とりあえず読者は、先の丸山の定義にあった「民族意識 national consciousness」から浮かんでくるイメージを念頭において読みすすんでいただければよいと思います。

さて、このように定義するのは難しいのですが、しかし、ナショナリズムが発生する、あるいは発生させる〝条件〟の一つについては、はっきりと指摘することができます。

ひと言でいえば、他国（外国）の出現、それも自国をおびやかすような、あるいは圧迫してくると思われるような他国の出現です。

人は、他者の存在を抜きにして客観的に自己を認識することはできません。他者との比較なしに、自分は背が高いのか低いのか、太っているのか痩せているのかということもわかりません。そこには、比較の基準そのものが存在しないからです。

国にとっても同様です。そもそも、他国についての認識がないところでは、「国（国家）」という認識も成立しません。幕末まで、日本人にとっては国家意識 national consciousness は存在しませんでした。周囲を海に囲まれた島国であり、外国から攻撃された歴史的記憶としては一三世紀後半のモンゴル帝国による侵略（それも二回とも運よく北九州の一角で撃退できた）一件だけであり、「国家」を意識させられる契機は存在しなかったからです。

明治の歴史家・竹越与三郎も、維新からそう遠くない一八九一（明治24）年に出版した『新日本史』の第二章「日本国家の現出」の冒頭でこう述べています（傍点、引用者）。

「（ペルリ来航により）挙国震驚《しんきょう》、人心擾々《じょうじょう》の中より、先ず霞《かすみ》のごとく、雲のごとく、幻然として現出せるものは『日本国家』なる理想なりき。幾百年間英雄の割拠、二百年間の封建制度は、日本を分割して、幾百の小国たらしめ、小国をして互いに藩屛《はんぺい》関所を据えて相《あい》猜疑し、相《あい》敵視せしめたれば、日本人民の脳中、藩の思想は鉄石のごとく堅けれども、日本国民なる思想は微塵ほども存せず。」（岩波文庫、上巻）

じっさい、幕末までの日本人にとって「くに」とは、自分が生まれ育った地域のことでした。今でも、「おくにはどちらですか？」という問いかけはそれほどめずらしくはありません。その「くに」を総合したのが、全国、つまり日本国となるわけですが、当時は「天下」といいました。「天下統一」「天下泰平」の天下です。

このように国（国家）を知らなかった日本人が、自分たちの国を意識しはじめるのが、一九世紀半ばの幕末です。「異人」の乗る「異国」の黒船が、あいついで出現したからです。したがって、この危機的状況に直面して、日本の国内からナショナリズムが生起してきたのだというのが、一般的な理解です。

「はじめに」で引用した橋川文三の『ナショナリズム――その神話と論理』でもこう述べられています。

「普通、日本人の前に、ネーションという未知の思想が浮かび上がって来たのは、十九世紀の半ばごろ、いわゆる『西欧の衝撃』（Western Impakuto）がきっかけであったとされる。具体的には一八五三年、ペルリ艦隊の来航がそれである。そこにひきおこされた軍事的・政治的ショックがあたかも仙境にあるもののようにまどろんでいた日本人の心に、はじめて『日本国民』『日本国家』の意識をよびおこしたというのである。

この見解は、概括的に見るかぎり、ほとんど疑問の余地はないであろう。」

あいつぐ黒船の来航という危機的状況が日本のナショナリズムを呼び覚ましたことは「ほとんど疑問の余地はない」というのです。

このように日本におけるナショナリズム成立の時期は一九世紀半ばだというのが一般的な見方なのですが、ナショナリズムについて何冊もの著書がある大澤真幸・京大教授の比較的新しい『近代日本のナショナリズム』（二〇一一年、講談社）では、その時期はさらに押し下げられます。

「いくつもの実証的な事実から判断して、本格的なネーションとナショナリズムは、一八世紀末期から一九世紀にかけて、新大陸の植民地と西ヨーロッパでまずは発生し、やがて世界中に波及していったと結論するのが、やはり妥当であろう。日本がネーションと見なしうる状態に達したのは、一九世紀の最末期から二〇世紀のごく初頭である。」

一九世紀の最末期といえば、一八九四、五年の日清戦争を指しているのでしょう。たしかに大国・清国を「敵国」として、自分たちの村や町から徴兵による兵士を前線に送り出し、相次ぐ勝利の知らせに国じゅうが沸いた近代日本最初の本格的対外戦争が、この列島に住む人々の意識に「日本国民」の自覚を吹き込み、「国民国家」をまとめ上げていったのはその通りでしょう。

しかし、社会的事象にはすべて〝前史〟があります。プロセスがあって結果があるのです。日清戦争の前には大日本帝国憲法による〝国のかたち〟の整備があり、その前にはそれを促した自由民権運動による国民意識の覚醒があり、また庶民への歴史教育の機能も果たした軍人勅諭があり、さらにその前には日本社会の構造を一変させた廃藩置県があり、その大変革をもたらした「脱封建革命」明治維新があり、幕末の動乱と内戦があり、そしてその大変動を生み出した「黒船来航の危機」があったのでした。

したがって、「日本ナショナリズムの歴史」をたどるとなると、当然そこまでさかのぼることになります。そしてそのさかのぼった地点が、一般には「黒船の危機」とされてきたわけですが、しかし、そういう見方でほんとにいいのだろうか、と私は考えたのです。黒船来航以前に、「他国」の存在を前提にして、その「他国」との対抗関係で、自分たちの国、この日本とはどういう国なのかということについて、危機意識をもって考察した人物はいなかったのだろうか……。

そういう人物はいた、というのが私の答えです。「黒船」の到来よりほぼ一世紀前、江戸時代中期から後半にかけ、その人物は強大な「他国」に対抗して、日本とはどういう国か、日本国のアイデンティティーは何かについて、半生を費やして考え抜いたのです。ただし、このときの「他国」は政治的あるいは軍事的脅威としての「他国」ではありません。いわば〝文化的脅威〟としての「他国」です。しかしその人は、自国がその「他国」のまぎれもない〝文化的植民地〟状態にあることを認識し、その状況に自国のアイデンティティーの差しせまった危機を見て取り、その危機からの脱却の方途を探し求めたのでした。

❖本居宣長の「古事記」読解と「やまとことば」の〝発掘〟

その人物とはだれか。国学者・本居宣長です。

宣長は一七三〇年、伊勢・松坂に生まれ、一八〇一年、同地で生を閉じました。生業は医師でしたが、その名を不滅にしたのは、何といっても三五年をかけて仕上げた『古事記伝』四四巻です。

「古事記」は、周知のように日本最古の歴史書であり、文芸書です。西暦七一二年に完成し、その八年後に「日本書紀」が作られたとされています。どちらも同じ題材を扱っており、したがって内容は相当部分が重なっていますが、しかし決定的に異なっている点があります。

表記です。「日本書紀」が漢文で書かれているのに対して、「古事記」は漢文混交ではありますが、日本固有の言語、いわゆる「やまとことば」を使って書かれているということです。

もっとも、八世紀初頭の日本には、まだ日本独自の文字（仮名）はありませんでしたから、文字そのものは漢字を借りて、漢字の音で「やまとことば」が表記されました。いわゆる万葉仮名での表記です。

たとえば、古事記本文の冒頭はこう書かれていました（句読点のみ補足）。

天地初発之時、於高天原成神名、天之御中主神、次、高御産巣日神、次、神産巣日神、此三柱神者、並独神成坐而、隠身也。

いきなりこの文章を示されて、日本語で読める人はまずいないでしょう。昔の人だって、万葉仮名が使われなくなった平安時代半ば以降に生きた人なら、同じだったはずです。

したがって、古事記そのものは存在していたが（いくつもの写本が作られていた）、それが読まれることはほとんどなかったのです。

この〝読まれざる本〟に挑戦し、三五年もの歳月をかけて読み解き、綿密な注釈を加えたのが、本居宣長だったのです。先の二行は、宣長によって、こう読み解かれます。

天地《あめつち》の初めの時、高天《たかま》の原になりませる神の名《みな》は、天之御中主《あめのみなかぬし》の神、次に高御産巣日《たかみむすび》の神、次に神産巣日《かみむすび》の神、此の三柱《みばしら》の神は、みな独《ひと》り神《がみ》成《な》りまして、身《みみ》を隠《かく》したまひき。

こうして『古事記伝』完成後の日本人は、自分たちの国の最古の歴史書、最古の文芸書を読むことができるようになったのです（現在読まれている「古事記」の読み方もその七、八〇パーセントは宣長によると言われています）。

と同時に、宣長による「古事記」読解は、もう一つ、重要な業績を生みました。古代日本語がどういうものであったかを明らかにしたのです。つまり、それまでは口から口へと伝えられてきた「やまとことば」を、漢字を表音文字として使うことによって定着させたのが「古事記」だったわけですが、その「古事記」を読み解くことによって、宣長は「やまとことば」の世界を〝発掘〟したのです。

❖本居宣長の中国への罵詈雑言《ばりぞうごん》

さて、このように画期的な業績をあげた本居宣長ですが、その大学者が、特定の「外国」に対して、対抗心をむき出しにして、ナショナリスティックな言辞を激烈に吐いているのです。

ではこの「外国」とはどこの国か。日本とは古代から最も縁の深い国、中国です。その中国を宣長は激しく論難しているわけですが、それは別に中国からの政治的・軍事的な脅威を感じてのことではありません。何の脅威も威嚇もないのに、中国という国、中国の存在そのものに対して一方的に悪罵を投げつけているのです。

一例を引きます。そのままでは読みにくいと思いますので、原文に忠実に、また原文のニュアンスができるだけ伝わるような形で現代文に訳します。

中国は、天照大御神《あまてらすおおみかみ》の御国《みくに》ではないから、日本のように定まった君主がいない。そのため人の上に立ちたい連中が夏の蝿（狭蝿《さばえ》）のように群がって勢力争いをしている。よって人心は荒れ、風習も乱れっぱなしである。

今は身分の賤しい奴であっても、権力を取ればたちまち君主となるので、現在君主の地位にあるものは家来にその地位を奪われまいと構え、家来の方は隙あらば主君の座を奪おうとたくらんで、互いに敵視してやってきたので、中国は昔から国が治まりにくかったのである。

そうした中にあって、他人を服従させる威力をもち、知力にたけたものが、人を手なづけ、人の国を奪い取って、その国を守り、しばらくはよろしく治めて、後世の手本ともなったものを、中国では聖人というのである。

これが、中国の政治のあり方、政治史に対する宣長の見方です。言いたい放題、中国はまるで弱肉強食、力あるものがバッコする下克上の戦国時代がつづいてきたかのようです。

儒教には「神」は存在しません。代わりに崇拝されるのが孔子をはじめとする「聖人」です。そして一般の人々も志操かたく、行い正しく生きれば聖人に近づけると説かれます。

ところが、宣長によれば、威力と知力あるものが人々を手なずけ、人の国を奪って君主となり、うまく国を治めたものが「聖人」だというのです。キリスト教における「神」の否定がキリスト教そのものの否定であるのと同様に、「聖人」の否定は儒教そのものの否定を意味します。宣長は儒教を否定し、同時に儒教の国・中国そのものを否定しているのです。

❖「儒教の国」への挑戦状

宣長の中国否定はこのように罵詈雑言《ばりぞうごん》といえるものですが、この一節が含まれているのは、いわゆる漫筆、漫文のたぐいではありません。宣長にとって最も重要な文章、最も心血をそそいだにちがいない文章の中に含まれているのです。

三五年を費やして完成させた、文字どおり畢生《ひっせい》の大作である『古事記伝』の巻頭に、宣長は〈序説〉を置きました。古事記を読み解くに当たっての方法論のほか、古事記とはどういう書物であるか、古事記をどう読むのか、古事記から何を学ぶのかについて記したものです。

この〈序説〉の最後に、「直毘霊《なおびのみたま》」という標題のついた独立した論文が配置されています。この論文は、最終稿にいたるまでに、三回、書き直されたことがわかっています。そういう重要な文章の中に、先に引いた一文は含まれているのです。たんなる思いつきで書いたのではないのです。

文芸評論家というより文芸思想家と呼ぶのがふさわしい小林秀雄の最晩年の著作は『本居宣長』です。新潮文庫で上下巻それぞれ四百ページを越す大作ですが、その下巻で「直毘霊」についてはこう書かれています。

――「『直毘霊』を度外視して、『古事記伝』を読む事は、決してできないのである。」（一二三頁）
――「『直毘霊』は、彼自身にとっては、どうあっても、推敲を重ねて、仕上げねばならなかった文章であった。」（三三四頁）

こういう重要な論考の中で、宣長は先のような敵愾《てきがい》心に満ちた一文を書いているのです。

では、宣長はどういう考えからこのような文章を書いたのか。先の一文につづくあたりから、ごく部分的ですが抜き出して紹介することにします。やがて、宣長の意図が浮かんでくるはずです。

さて、その聖人たちがつくり、説いたことを、「道」と称する。しかし聖人というのは先に述べたような人物を言うのだから、「道」というのもせんじつめれば、人の国を奪おうとするのと、奪われまいと構えるのと、要するにこの二つのことを言うに過ぎないのである。

「道」も、「聖人」と並んで、儒教のキイワードです。その「道」についても、宣長は一笑に付して、こう続けるのです。

そもそも人の国を奪い取ろうとたくらむには、いろいろと気をくばり、それなりに苦労もし、善行も重ねて、人びとを手なずける必要があることから、聖人はまことに善き人のように語られ、またその説いた道もうるわしく満ち足りて、すばらしいもののように見えるけれども、しかし事実は、まず自分自身がその道にそむいて、主君を滅ぼし、国を奪ったのであるから、その説くことはすべて偽りであって、本当は善き人であったのではない。実に実に悪い人間だったのである。

だいたいこのように醜悪な心でもってつくった、人をあざむく「道」だからであろうか、後世の人もうわべは尊んで従うような振りはするものの、本当のところはそれを守る人は一人もいないので、国を治める何のたしにもならず、結局その名分だけは広がるが遂に実行されることはなく、「聖人の道」はただいたずらに人に説教ばかりして暮らす世の儒学者どものさえずりぐさ（おしゃべりのタネ）になってしまったのである。

それなのに、儒学者たちが易経、書経、詩経など六経といった書籍だけを取り上げて、中国は「道正しい国」だと大声で言い立てるのは、まったく事実とは違うのである。だいたいあの中国という国は、事ごとにあれこれと議論して決めてゆくために、おしなべて人の心は悪賢くなって事柄をこじらせ、それでいっそう国が治まりにくくなっているようである。

という次第だから、「聖人の道」は国を治めるために作ったもののはずなのに、かえって国を乱すタネとなっているわけだ。

以上のように、「聖人の道」なるものの欺瞞と虚構、その原因を暴《あば》き立てたあと、宣長は一転してわが国（皇国《すめらみくに》）がなぜ優れているかについて述べます。

すべて何ごとも、おおらかで、それで何も問題が起こらないというのがいいのである。だから、わが皇国《すめらみくに》の昔は、小うるさい教えも何もなかったけれども、下々《しもじも》まで乱れることなく、天下泰平に治まって、天孫による皇統も絶えることなく連綿としてつづいてきた。これこそが、あの中国の言い方に習って言うならば「大いなる道」ということになろう。皇国には、現実に「道」があるからこそ「道」という言葉がなく、あるいはまた「道」という言葉はなくとも、「道」は実際にあったのである。そのことを仰々《ぎょうぎょう》しく言い立てるのと、そうでないのとの違いを考えてみるがよい。

わが国にはごく当たり前に「道」が存在したから、とりたてて「道」ということを吹聴《ふいちょう》することはなかったのだ、と宣長は逆説的に述べています。

儒教において「道」は、前にも言ったように重要なキイワードです。現代の日本でも、「道」は、「道理」「道義」「道徳」といった人間の思考と行いの基本にかかわる言葉を構成し、それをベースに「人道」はじめ「武士道」「武道」「歌道」「書道」「華道」「茶道」「剣道」「柔道」から「空手道」などまで、それぞれの世界をつらぬく精神のあり方を示す文字として使われています。

「道」とは何か、は儒教にとって大テーマです。その大テーマに挑んだのが、この論文「直毘霊《なおびのみたま》」でした。第一草稿ではタイトルそのものが「道テフ物ノ論」（道というものの論）とされていたのです。ところがその結論は、肩すかしともいえるほど単純なものでした。中国でいう「聖人の道」とは、人をあざむいて国を奪い取る権謀術数にすぎない、ただそれを美辞麗句で飾っているにすぎない、と宣長はいうのです。

にもかかわらず、その空虚な言辞をわが国の儒学者たちは有難がっている。何と情けないことかと宣長は冷笑します。

とりたてて口に出して言わないのは、日本人は中国人のように仰々《ぎょうぎょう》しく言い立てることを好まないからである。たとえば個人でも、本当に才能のある人は自分から吹聴したりしないものだが、小才《こさい》のあるものに限ってちょっとしたことでも得意然と言い立てるように、中国などは「道」が乏しいためにかえって「道々《みちみち》しい」ことを好んで言い合っているのである。

儒学者たちは、そこがわからないから、わが国には「道がない」と言って、自らへりくだっている。それは、中国は万事すぐれていると思い込んでいるからだ。儒学者だけでなく、ものの分かっていると思える人たちでさえ、「道」なるものがあるという中国をうらやんで、いや、わが方にも「道」はあるのよ、と何の関係もないことなどを言い争っている。これはちょうど、猿が人間を見て「毛がないぞ」と笑うのに対して、人間が「いや、おれにも毛はある」とわずかに生えている毛を掻き出して見せているのに似ている。馬鹿者のしわざではないか。

❖この国の〝中国化〟を憂える

このように宣長は、儒教の説く「聖人の道」は欺瞞であると宣告し、あわせてそんな儒教の教えを信じている儒学者たちをあざ笑います。そして論点は、次に、かつては「道」はだれもが余りにも自然に実行していたために「道」なる言葉も必要としなかったわが国が、なぜ今日のような問題のある国になったのか、ということに移ります。

それなのに、少し時代が下って、書籍《ふみ》というものが渡ってきて、それを学んで読むことが始まってから、その国、つまり中国の風俗習慣を見習い、わが国にも取り入れるようになった。そして時代をへるうちに、ますます中国の風習を慕い、真似るようになっていき、ついに天下を治める政治のありようもすっかり中国式になってしまった。

やがて、大化の改新から天智天皇の御代《みよ》にいたっては、国の制度もすべて中国と同じになってしまった。そのため、いにしえの風習は、ただ神事《かむわざ》にだけ残ることになった。

その結果、青人草《あおひとくさ》、つまり人民の心まで中国風に染まってしまった。天皇尊《すめらみこと》の大御心《おおみこころ》を心とせず、めいめいが自分勝手に考え、振る舞うようになったのは、中国の悪しき思想に感染させられたからである。

そのようなわけで、ずっと平安だったこの国にも波乱が見えはじめてきて、中国に似たことも起こってきた。

まことにうるわしいこの国の「道」を忘れて、他国のこざかしく仰々しいだけの思想や行いを、善いこととして習い真似るから、正しく清らかであった心も行いも穢《きたな》く曲がってきて、あの中国の厳しいやり方でないと治まりにくくなってしまったのだ。

そうした現状を見て、やはり「聖人の道」でなくては国は治まりにくいんだな、と思うのは、こう治まりにくくなったそもそもの元凶が「聖人の道」であったことを知らぬからである。いにしえの天皇のお治めになった時代は、「聖人の道」を借りる必要など全くなかったことを思ってみるがよい。


以上のように、中国の書籍の伝来から中国文化が入ってきて、日本の政治から人々の考え方までが中国化していったことを宣長は述べています。中国からの先進文化の伝来は日本にとっていわば最初の〝文明開化〟だったわけですが、宣長にはこれが〝俗悪化〟だととらえられます。中国文化の流入によって古代日本の美風が穢され、歪められたというのです。

しかし、まだ望みはある、と宣長は続けます。

そうではあるけれども、しかし天照大御神《あまてらすおおみかみ》は高天原《たかまのはら》におわしまして、その御光《みひかり》はいささかも曇ることなくこの世をお照らしになっており、大御神《おおみかみ》から下された神器《じんぎ》も葬られることなく伝わって、この世はつつがなく天孫がお治めになっている。

それに対し、外国は、国を治める主体が定まっていないため、ただの人が王になることもあれば、その王がたちまちただの人となって亡びさるのも古くからのならわしである。

国を取ろうとたくらんで失敗した者を、賊といってさげすんで憎み、一方、成功した者を聖人といって仰ぎ見る。されば、いわゆる聖人も、しょせんは「成功した賊」にほかならぬわけである。

その点、わが天皇命《すめらみこと》は、そうした賎しい国々の王どもとは同列ではいらっしゃらない。皇統《あまつひつぎ》は、この御国《みくに》を生み成された神祖――伊邪那岐命《いざなきのみこと》の授けられたものであり、天地《あめつち》の始めから天皇がお治めになる国と定められていて、天照大御神のお言葉にも、かりに天皇が悪《あし》くても従わなくてはならない、と述べられているのだから、天皇が善くても悪くても、傍《かたわ》らからその地位を奪い取ろうと窺うことはできないのである。

天地のある限り、月日の照らす限り、幾万年たとうとも、大君《おおきみ》の地位は動かない。だから昔の言葉でも、当代《そのよ》の天皇《すめらみこと》を「神」と申し上げている。実際、天皇は神でいらっしゃるのだから、善いとか悪いとか論じることは捨てて、ひたすら敬い、奉仕するのが、まことの道なのである。

❖「日の神」の御子《みこ》が治められる皇国

このように宣長は、わが国の俗化、世の乱れを招いたのは、中国の書籍の伝来から始まる文化・政治の中国化によるものだと決めつけるのですが、しかしわが国にはまだ天照大御神が燦然としておいでになり、その大御神にはじまる皇統も連綿とつづいているから、その原点に戻ればいいのだ、と説きます。

そもそも、この世を照らしておられる日の神のことは必ず尊ばなければならないことは知っていても、天皇《すめらみこと》を尊ぶことを知らぬ連中もいるというのは、中国の書籍に惑わされ、あの国の迷妄の文化・制度を優れたもののように思い込み、わが皇国《すめらみくに》の正しい道を知らないからである。つまり、いま世界を照らしておられる日の神は、すなわち天照大御神であり、その大御神の御子《みこ》こそが、すなわち現在の天皇《すめらみこと》であることを忘れているからである。

こうして以下、この国の天皇がいかに尊く、敬うべきものであるかということがくり返し説かれてゆきます。

天皇の血筋を「日嗣《ひつぎ》」というのは、日の神の御心《みこころ》を御心として、そのお仕事を嗣《つ》いでおられるからである。またその御座所《ござしょ》を「高御座《たかみくら》」というのは、ただ位置が高いというだけではない、太陽神のおられるところだから「高御座」というのである。

さて、その日の神の御座《みくら》を次々に受け継がれて、いまその御座におられるのが天皇命《すめらみこと》であるのだから、その地位が日の神と同列にあることは疑いない。であるなら、日の神の恩恵をこうむっているものは、だれしもが天皇命を敬い、尊ぶのは当然ではないか。

ここで強調されているのは、天皇のありがたさ、尊さのおおもとは太陽神・天照大御神であるということです。そしてこの日の神とともにある天皇の皇統は、永遠につづく――「天地のある限り、月日の照らす限り、幾万年たとうとも、大君の地位は動かない」と、宣長は宣言していたのでした。結論はしたがって、次のように導かれます。

いにしえの昔には、下々《しもじも》の民にいたるまで、天皇《すめらみこと》の大御心《おおみこころ》を心として、天皇のお思いになることに従ってお仕《つか》えし、自分の思うままに振る舞うことなど決してなかった。ただひたすら、天皇のおっしゃることを謹んで聞き、従って、その大いなる慈しみの蔭で、それぞれが自分の祖先を祀ってきたのである。

そして最後は、儒教で説く「神の道」の問題を受けて、次のように結ばれます。

もし強いて「神の道」を求めるとすれば、中国の書籍《ふみ》に塗り込められた汚い心を祓《はら》い清めて、清々《すがすが》しい御国《みくに》の心をもって、古事記をはじめこの国の古典《ふるきふみ》をよく学ぶがよい。そうすれば、中国の書籍が語るような、行うべき「道」などないことは、おのずからわかるだろう。そのことを知ることが、すなわち「神の道」を信じ、かつ実行することになるのだ。

というわけであるから、こんなことを論じること自体が「道」の真意にそぐわないのだけれども、悪い事態を引き起こす禍津日《まがつび》の神の所業《しわざ》を黙って見ているわけにもいかず、凶事《まがこと》を正す神直毘《かむなおび》の神、大直毘《おおなおび》の神の御霊《みたま》をたまわって、この禍《まが》を直そうとした次第である。

以上のことは、私が自分の個人的な考えでもって述べたことではない。すべては古典《ふるきふみ》に依拠している。よく見ている人は疑わぬはずである。

表題の「直毘霊《なおびのみたま》」の意味が、やっとこの最後の一節で分かります。直毘の二柱《ふたはしら》の神は、古事記の神代の巻にある、黄泉《よみ》の国から逃げ帰った伊邪那岐命《いざなきのみこと》が川に入って禊《みそぎ》をしたさいに生まれた神々の中の二神で、凶事あるいは曲がったことを正す神のことです（本書四二ページ）。つまり宣長は、儒教によって歪められたこの国の思想・文化を正し、この国本来の姿に戻さなくてはならぬという思いから、人々を古事記へといざなう道筋として、この「直毘霊」を執筆したわけです。

❖民族の「言語」と「歴史」の発見

以上が、本居宣長による『古事記伝』の〈序章〉に当たる「直毘霊」の大筋の内容です。原文のニュアンスを含め、できるだけ正確に伝えるため、要約でなく、部分、部分を現代文に移しかえ、それをつなぐことによって紹介しました。

初めの引用で、宣長の「中国非難」のあまりの激しさにあっけにとられた読者もあるかと思いますが、読みすすむうちに、それが必ずしも非難だけで終わるのではないことがわかってきます。

宣長が言いたかったことは、わが国に本来そなわっているものがいかにうるわしく尊いものか、ということです。では、なぜ尊いのか。「日の神」天照大御神に始まり、その御子《みこ》である天皇によって代々治められてきたからです。青人草《あおひとくさ》（人民）はただ天皇のお言葉のままに従っておればよく、そうすれば日々の行いもおのずと「道」にかなうものであったから、取り立てて「道」ということを論じる必要もなかった。

ところが、中国から漢文による書籍（漢籍）が流入してきて、そこに書かれていることが立派なことだと信じ込んで、それを真似、学んでいるうちに、ものの見方・考え方もすっかり中国風に染められ、中国の思想（漢意《からごころ》）に支配されるようになった。

しかし中国という国は、実は古代から権力闘争ばかりやっている国である。「聖人の道」などと深遠そうに言っているが、知力にたけた者が要領よく立ち回って勢力をたくわえ、権力を奪い取ったのを聖人と言っているにすぎない。こういう考え方、やり方に従っていると、世の中は乱れるばかりである。

したがって、漢籍《からふみ》（中国の書籍）は早く捨て去って、漢意《からごころ》（中国の思想）を洗い流し、わが国本来の姿に立ち戻らなくてはならない――というのが、「直毘霊《なおびのみたま》」の結論でした。

では、その、わが国の本来の姿はどこにあるのでしょうか。

それこそが、わが古事記の中にある、と宣長は言うのです。

「直毘霊」は『古事記伝』の〈序章〉に当たる、と書きましたが、その前に、宣長自身による古事記の位置づけ・評価や、文体・仮名など古事記解読の方法論が解説されています（その最後が「直毘霊」）。

その解説の冒頭で、宣長は古事記と日本書紀とを比較してこう述べています。

「古事記」はわが国で最も古い書籍であり、太安万侶《おおのやすまろ》による「序」には、文も飾らず、もっぱら古語《ふること》を使い、記述に当たってはいにしえのありのままの姿を失わないようにつとめた、と書かれている。ところが、八年後に漢文で書かれた「日本書紀」が作られると、世の人々はそちらだけを尊重して、「古事記」の方はその名前さえ知らぬものも多くなった。なぜそうなったかというと、漢籍《からふみ》の学問《まなび》がさかんに行われて、何ごとも中国風のものがよいと思い、「日本書紀」が中国の国史というのに似ているのを喜んで、この「古事記」の素直な叙述は正しい国史の体裁ではないと考えるようになったからである。

このように宣長は、古事記と日本書紀が同時期に作られ、書かれた内容も重なっているにもかかわらず、両書の性格は決定的に異なることを指摘した上で、さらに次のようにその相異を分析します。

そもそも意《こころ》（思想）と事《わざ》（事柄）と言《こと》（言葉）とは互いに相応しているものであり、上つ代《かみよ》（上代、太古）は、思想と事柄と言葉も上つ代、後の代《のちのよ》は、思想も事柄も言葉も後の代、そして中国は、思想も事柄も言葉も中国のものと決まっている。ところが「日本書紀」では、後の代の思想をもって上つ代のことを記述し、中国の言葉をもって皇国《すめらみくに》の思想を記述している。そのため叙述に齟齬《そご》をきたしているところが多い。

その点、「古事記」は、いささかも作為を加えず、いにしえから言い伝えられてきたままを記述したものであるから、その思想も事柄も言葉もしっくりと呼応し、すべてが上つ代の真実である。これはもっぱら、いにしえの言葉を用いたからである。

このように宣長は考え、「古事記」を読み解くことによって、漢籍が入ってきて漢語が混入する前の、上代（太古）の純粋な「日本語」の姿を浮かび上がらせようととりくんだのです。言いかえれば、他国・他民族の言語による影響を取り払い、やまと民族固有の言語の姿を科学的な方法論によって、復元しようとしたのです。言うならば、やまと民族固有の言語、純粋な「やまとことば」の〝発掘〟です。

一方、その上代の純粋な「日本語」によって伝えられていたのが、上代の思想と事柄です。上代に生きた人々の思想と、生起した出来事、つまり「歴史」です。

こう考えると、宣長による「古事記」を通しての民族固有の「言語の発掘」は、同時に民族の「歴史の発見」でもあったといえます。

民族意識、つまりナショナリズムを喚起し、支えるのに決定的に重要なのは、民族固有の「言語」と、その民族の「歴史」です。「言語」と「歴史」が、その民族のアイデンティティー形成の支柱となるからです。民族のアイデンティティーとは、その民族がほかならぬその民族であるという証明、です。

一八九三年、ハワイの白人植民者たちは米国海兵隊にも支援されてハワイ王朝を倒し、翌年「ハワイ共和国」を作り統治権を掌握します。そして九六年にはハワイの公私立すべての学校でハワイ語を教えることを禁止しました。ハワイ語を使うと生徒は体罰を受け、教師は解雇されたといいます（スコット・サフト・ハワイ大学ヒロ校助教授による）。

いや、よその国の例を引くまでもありません。日本が朝鮮を植民地支配していた当時（一九一〇―四五年）、とくにその後期、日本政府が朝鮮民族から剥奪したのが、言語と歴史でした。小学校では朝鮮語（国語）の時間が縮小されるのに反比例して日本語の授業時間が拡大され、ついには日本語の使用が強制されました。アジア太平洋戦争期には、「朝鮮語辞典」の編纂に参加していた学者たちが治安維持法違反で検挙・起訴され、うち二名が獄死させられたのでした。

また歴史については、小学校では朝鮮の歴史は教えられず、代わりに日本歴史が教えられました。自国の歴史は学べず、他国の歴史を学ばされたのです。朝鮮総督府は朝鮮史編纂委員会を設け、一九三三年から『朝鮮史』を編纂しましたが、そこから引き出された結論は「朝鮮人は団結より分裂ばかりしている」「朝鮮の歴史は、自律ではなく他律によってつくられてきた」といった否定的な見解ばかりでした（『日本・中国・韓国＝共同編集／未来をひらく歴史』高文研）。

民族から言語と歴史を奪うことによって民族意識を消滅させ、同化政策をすすめる——これが日本の植民地政策でした。


こうした例からもわかるように、「言語」と「歴史」は民族のアイデンティティー確立の支柱となるものです。

宣長は、古事記の読解をとおして、この民族の「言語」と「歴史」の発掘・発見というまことに壮大な課題にとりくんだのです。

では——「言語」の方はともかく、古事記から浮かんでくる「歴史像」はどういうものでしょうか。

事実に即して具体的に見てゆくために、以下、古事記の「神代の巻」を、こんどは要約して現代文で紹介しようと思います。
周知のように、この部分はいわゆる日本神話です。しかし宣長はこれをフィクションだとは見ていません。先の「直毘霊」でもこのように述べていました。

この御国《みくに》を生み成された神祖――伊邪那岐命《いざなきのみこと》、伊邪那美命《いざなみのみこと》の授けられたものであり、天地の始めから天皇がお治めになる国と定められていて、天照大御神《あまてらすおおみかみ》のお言葉にも、かりに天皇が悪くても従わなくてはならない、と述べられているのだから、天皇が善くても悪くても、傍《かたわ》らからその地位を奪い取ろうと窺うことはできないのである。

宣長は古事記の記述を「事実」、つまり「歴史」と受け止めているのです。実際、のちに詳しく見てゆきますが、近代日本を創り上げてゆくそのナショナリズムの基軸となったのが近代天皇制であり、その近代天皇制の土台にすえられたのが、この古事記・日本書紀の「神代《かみよ》」の記述でした。ただの空想的な物語ではなく、歴史的事実と公認したからこそ、それを近代国家建設の理念的基軸となし得たのです。そしてこの「神代の記述」を歴史的事実として断定したのが、宣長の研究だったのでした。
したがって、神話は神話でも、もっぱら絵画や文芸のモチーフとして使われたギリシャ神話などと、宣長の説く日本神話とでは、そこに込められた思想的・政治的意味は決定的に異なるのです。

古事記「神代の巻」はこのように日本のナショナリズムの原典であり、同時に原点でもあって、その形成において決定的な役割を果たしましたし、この後もくり返し登場しますので、そのあらましを要約して紹介しておくことにします。

要約ではありますが少々長くなるので、よく知っているという方は、どうぞ飛ばして読みすすめてください。ずっと以前に読んだ記憶があるという方は、もう一度読んでみてください。きっと新しい発見があるはずです。

2　古事記・神代《かみよ》の巻を読む

※国土と神々を産む

天と地がはじめて分かれたとき、高天原《たかまのはら》（天上界）に出現した神の名は、天之御中主神《あめのみなかぬしのかみ》、次に高《たか》御産巣日神《みむすびのかみ》、次に神産巣日神《かみむすびのかみ》である。しかしこの三柱《はしら》の神はみな独り神で、やがていなくなられた。次に、地はまだ固まらず、水面に脂《あぶら》が浮いているように、あるいは海月《くらげ》のように漂っているとき、葦芽《あしかび》が萌《も》え出るようにして現れた神は、宇摩志阿斯訶備比古遅神《うましあしかびひこぢのかみ》、次に天之常立神《あめのとこたちのかみ》であるが、この二神も独り神で、やがていなくなられた。

その次が、国之常立神《くにのとこたちのかみ》、豊雲野神《とよくもののかみ》であるが、この二神も独り神で、やがていなくなられた。

さらに続いて、宇比地邇神《うひぢにのかみ》以下八柱《はしら》の神が現れたが、いずれもいなくなられた。

その次に姿を現したのが、伊邪那岐神《いざなきのかみ》、伊邪那美神《いざなみのかみ》である。この二柱《ふたはしら》は夫婦《めおと》神であった。

この夫婦神に対し、天上の神々は「漂っているこの地を固めて整えよ」と指示し、天《あめ》の沼矛《ぬぼこ》をさずけられた。そこで夫婦神は天《あめ》の浮橋《うきはし》に立って、その矛《ほこ》で潮水をこをろこをろとかき回して引き揚げたところ、矛の先から潮水がしたたり落ち、それが重なって島が出来上がった。これがおのごろ島である。

そこで二神は、この島に降り立ち、神聖な柱を立て、広い御殿を建てた後、伊邪那岐命が伊邪那美命に対し、こう問いかけられた。

「おまえの体はどうなっている?」

伊邪那美命が答えられた。

「わたしの体はじゅうぶんに成長しましたが、ただ成りあわないところがひとところだけあります」

それを聞いて、伊邪那岐命が言われた。

「わたしの体もじゅうぶんに成長したが、成り余ったところがひとところだけある。その成り余ったところで、おまえの成りあわないところを挿しふさいで国土を産みたいと思うが、どうだろうか」

「けっこうですわ」となって、二神は神聖な柱をまわって契《ちぎ》りを交わし、次々と国土を産んでいった。

最初に産んだのが淡路島、次が四国、次が隠岐島、次が九州、次が壱岐島と対馬、次が佐渡島、最後が大倭豊秋津島《おおやまととよあきつしま》である。全部で八つになるので、ここからわが国を大八島国《おおやしまくに》という。

国土を産み終えた二神は、次に森羅万象《しんらばんしょう》の神々を産みはじめた。石の神や土の神、屋根の神や海の神、河口の神、風の神、木の神、山の神、野の神などなどである。

そして最後に、女神は火の神を産む。ところがその際、女神の産道が炎で焼かれ、女神は病の床についた。

やがて女神は息を引き取る。愛しい妻の死に、男神は枕元にはらばって嘆き、足元にはらばって悲しんだ。

伊邪那美命は出雲の国と伯伎《ははき》の国の国境の山に葬られた。そのとき伊邪那岐命は、怒りと悲しみのあまり、剣を抜いて妻の命を奪ったわが子、火の神の首をはねた。

❖黄泉の国

死んだ伊邪那美命は、死者の国である暗黒の黄泉《よみ》の国へ去る。しかし伊邪那岐命は妻が忘れられない。もう一度会いたいと、黄泉の国へ追ってゆく。出迎えた妻に対し、「愛しい伊邪那美、おまえと作った国はまだ作り終えていない。だから、帰ってまたいっしょに作ろう」と必死にかきくどく。伊邪那美が答えて言う。

「そう。でももっと早く来てくだされればよかった。わたしはもうこの黄泉の国の食べ物を食べてしまったのです。でも、あなたがこうして来てくれたのだから、黄泉の国の神に相談してみましょう。ただし、そのあいだ、あなたはけっしてわたしの姿をのぞき見してはなりませんからね」

しかしその後が長かった。心配になった伊邪那岐は、頭に挿していた櫛の歯を一本折ってそれに火をともし、歩いていくと女神の姿が見えた。ただしその全身には蛆がたかってうごめき、頭には大雷《いかづち》、胸には火雷、腹には黒雷、さらに股の間、両手足にも雷《いかづち》が取り付いて火を吐いていた。

あまりの恐ろしさに伊邪那岐はきびすを返していっさんに逃げ出した。

女神は「よくもわたしに恥をかかせたな」と怒り狂い、ただちに黄泉の醜女《しこめ》に後を追わせた。追いつかれそうになった男神が髪飾りの蔓草《つるくさ》を投げると、それが山葡萄《やまぶどう》になった。醜女が拾って食べている間に逃げるが、また追いつかれそうになる。そこで頭の櫛を投げると、筍《たけのこ》になった。醜女がそれを掘って食べている間にまた逃げた。

そのあと女神は、こんどは体に取り付いていた八つの雷神《いかづちがみ》に千五百の黄泉軍《よもついくさ》をつけて追わせてきた。男神は十拳剣《とつかつるぎ》を抜いて後ろ手に振り回しつつ逃げる。ようやく黄泉比良坂《よもつひらさか》の坂本にたどりつき、そこの木になっていた邪気をはらう桃を三個取って投げつけたところ、雷神はやっと逃げ帰っていった。

最後は、伊邪那美命みずからが追ってきた。そこで伊邪那岐命は黄泉比良坂を巨大な岩でふさいだ。すると、女神が言った。

「あなたがこんなことをするのなら、わたしはあなたの国の人々を毎日千人、絞め殺しましょう」

男神が答えた。

「ならばわたしは、毎日、千五百の産屋《うぶや》を建てよう」

そういうわけで、一日に必ず千人の人が死に、一方、千五百人が生まれるのである。

❖天照大御神の生誕

こうして恐ろしい黄泉の国から逃げ帰った伊邪那岐命は、穢れを払い落とす禊《みそぎ》をすることにし、九州の川へ行った。帯を解き、衣をぬぎ、川の中ほどに行って水中に身を沈め、体をすすがれたとき、まず洗い落とした汗垢《けがれ》から八十禍津日神《やそまがつひのかみ》、大禍津日神《おおまがつひのかみ》の二神が生まれ、次にその禍《まが》を直そうとして神直毘神《かむなおびのかみ》、大直毘神《おおなおびのかみ》、そして伊豆能売《いずのめ》の三神が生まれた。

さらに命《みこと》が、水底にもぐって体をすすがれたときに二神が、また水面ですすがれたとき二神が生まれた。

そして最後に、伊邪那岐命はその御目《みめ》と御鼻《みはな》をお洗いになった。そのとき、左の目から生まれたのが天照大御神《あまてらすおおみかみ》、次に右の目から生まれたのが月読命《つくよみのみこと》、鼻から生まれたのが建速須佐之男命《たけはやすさのおのみこと》である。

この最後の三柱《はしら》の神を得て、伊邪那岐命は大いに喜び、こう言われた。

「吾《あ》は子を生み生みて、生みの終《はて》に三《みはしら》の貴き子を得たり」

そして首飾りの玉を揺らしながら、まず天照大御神にこういわれた。

「汝命《いましみこと》は高天原《たかまのはら》を治めよ」

続いて月読命には「汝命は夜の国を」、そして建速須佐之男命には「汝命は海原を」治めるようにと命じられたのだった。

❖スサノオの乱暴・姉弟の戦い

こうしてスサノオは海原を治めるように命じられたのに、どうしたわけか泣きわめき、その激しさで山の木々は枯れ、河海の水は乾し上がり、それに乗じて悪しき神々が五月蝿《さばえ》のようにうるさく充満する始末となった。

そこで伊邪那岐命がスサノオに対し、「なんでおまえは命じられた国を治めないで、泣きわめいているのか」と尋ねられた返事は、こうだった。

「僕は母のいる根《ね》の堅州国《かたすくに》に行きたいと思って泣いているんだ」

これを聞いて伊邪那岐命は激怒し、「では、おまえはこの国に住むことは許さぬ」と宣告してスサノオを追放してしまった。

追放されたスサノオは、「だったら、姉のアマテラスに事情を話して、それから根の国に行くよ」と言い、高天原に向かった。

スサノオが天に向かうと同時に、山川はどよめき、国土は地震のように揺れた。その異様な音を聞いたアマテラスは、「弟はきっとこの国を奪おうと思ってやってくるのにちがいない」と言い、武装して待ち構えた。その姿は、頭髪と両腕に勾玉《まがたま》を連ねた紐を巻きつけ、背には千本もの矢の入る靫《うつぼ》を負い、腰にも五百本の矢の入る箙《えびら》を付け、弓を振り立て、地面を踏みしめ、その勢いで土を淡雪のように蹴散らすという勇ましいものだった。

ほどなく昇ってきたスサノオに対し、アマテラスはさっそく問いつめた。

「何のために来た？」

そこでスサノオは、父神とのいきさつを伝え、この事情を伝えてから母のいる国に行こうと思ったんだ、と話した。

アマテラスはそれを聞き、「では、おまえの心が清く明るいことをどうしたら証明できるの？」と尋ねたところ、スサノオは、それぞれが子を生む「うけひ（誓約）」で決めましょう、と答えた。

二神は天《あめ》の安河《やすのかわ》をはさんで立ち、まずアマテラスが、スサノオの腰の十拳剣《とつかつるぎ》を受け取り、それを三つに折って噛みに噛んで吐き出した息の霧の中から、三柱の女神が生まれた。

次にスサノオが、アマテラスの頭髪の左側に巻かれた勾玉を受け取り、噛みに噛んで吐き出すと男の神が生まれた。次いで右の勾玉を噛みに噛んで吐き出すとまた男の神が、さらに中央の勾玉からも男の神が、つづいて左右の腕にまとった勾玉を噛んで吐いた息の霧の中からもそれぞれ男の神が生まれた。あわせて五柱となる。

この結果に対し、アマテラスはこう結論した。

「この後で生まれた五柱の男の子は、みなわたしの持ち物から生まれたのだから、当然、わたしの子です。先に生まれた三柱の女の子はおまえの持ち物から生まれた。だからおまえの子です」

これを聞いて、スサノオが言った。

「僕の心が清く明るいからこそ、僕が生んだ子はやさしい女の子たちだった。だから、僕が勝ったんだ」

勝った、勝ったとスサノオは叫んで、アマテラスの所有する田んぼの畦《あぜ》を壊して水路を埋め、神聖な御殿に糞をまきちらした。これに対しアマテラスは、とがめるどころか、「糞を落としたように見えるのは酔って吐き散らしたのでしょう、畦を壊したのも土地がもったいないと思ったのでしょう」とかばわれたが、スサノオの悪行はやまなかった。

アマテラスが神聖な機屋《はたや》で神衣を機織女《はたおりめ》に織らせていたとき、その機屋の棟を壊し、そこから皮をはいだ馬を投げ込んだのである。機織女はあまりの恐ろしさに機織機の梭《ひ》で自分のホトを突き刺し、命を落としてしまった。

ここに来て、アマテラスは絶望し、天《あめ》の岩屋戸《いわやと》に引きこもってしまった。

❖天の岩屋戸

太陽神が身を隠したことによって、高天原は真っ暗闇となってしまった。弱りぬいた八百万《やおよろず》の神は天の安河の河原に集まって、アマテラスを引き戻すための方策を相談しあった。

まず、常世《とこよ》の長鳴鳥《ながなきどり》を集めて鳴かせる。次に、金山《かなやま》の鉄《まがね》を取ってきて鏡を作り、あわせて勾玉を連ねた長い緒を作った。それから天の香具山の枝の繁った賢木《さかき》を根ごと掘り起こしてきて、上の枝には勾玉の緒をかけ、中の枝には鏡をかけ、下の枝には白と青の布を垂らして掛けた。

こうした舞台装置が出来たところで、天手力男神《あめのたぢからおの》が岩屋戸の陰に隠れて立った。続いてアメノウズメが登場、天の香具山の日影かずらをたすきにかけ、頭にもかずらを巻き、手には束ねた笹の葉を持ち、岩屋戸の前に伏せて置いた桶を踏み鳴らして踊った。やがて神がかりしたアメノウズメは、胸乳《むなじ》をむき出し、腰の紐をホトまで押し下げた。八百万《やおよろず》の神がいっせいにどっと笑い、高天原がどよめいた。

岩屋の中、不思議に思ったアマテラスが岩屋戸を小さく開けて、アメノウズメに聞く。

「わたしが隠れて暗闇のはずなのに、どうしてあなたが踊り、みんなが笑ったりしているの？」

アメノウズメが答える。

「あなた様にも勝る尊い神がいらっしゃるので、みんなで喜んで遊んでいるのです」

そう言っている間に、賢木《さかき》に掛けておいた鏡を差し出すと、アマテラスはなお不思議に思い、そろそろと岩屋戸から身を乗り出して鏡の中をのぞき見ようとしたときに、隠れていた天手力男神がその手をとって外に引き出した。アマテラスが姿を現し、高天原に再び光が戻った。

その後、八百万《やおよろず》の神は相談のすえ、スサノオに山ほどの贖罪の品物を科し、鬚《ひげ》と手足の爪を切って高天原から追放した。

＊

このあと『古事記』は、高天原から追放されたスサノオが出雲の国の肥《ひ》の河で八俣《やまた》の大蛇《おろち》を退治してクシナダヒメを娶《めと》る話から、大国主神《おおくにぬし》を主人公とする「因幡《いなば》の白兎」をはじめとする出雲神話に移ります。

そこでこの部分は割愛して、再び天照大御神の住む天上界から地上の国への「天孫降臨」の話へと要約をつなげることにします。

❖天孫降臨

地上の国のことを古事記では「葦原中国《あしはらのなかつくに》」あるいは「豊《とよ》葦原の千秋長五百秋《ちあきながいおあき》の水穂国《みずほのくに》」と呼んでいる。稲が豊かに実る国という意味である。

その水穂国へ、天照大御神はわが子を送って統治させることにし、天忍穂耳命《あめのおしほみみのみこと》以下三柱の神を送ったが、乱暴な土着の神どもに恐れをなしたり、葦原中国に勢力を張っている大国主神に取り込まれたりして失敗した。

そこで四番目に送ったのが、建御雷之男神《たけみかづちのおのかみ》と天鳥船神《あめのとりふねのかみ》である。二柱の神は出雲の国の浜辺に降り立ち、剣を抜いて突き立て、大国主神に向かって、こう迫った。

「この葦原中国は天照大御神がわが子に治めさせると言われた、あなたの心はどうか」

これに対し大国主神は「わたしには答えることができません。二人の子に尋ねてください」と言った。そこで天界から来た二神は二人の子を探し出し、最後は力くらべで打ち負かした。

こうして葦原中国は、大国主神のために壮大な神殿を建てる約束と引き換えに、大国主神から天照大御神へ譲り渡された。

平定された水穂の国に派遣されたのが、天津日子番能邇邇芸命《あまつひこほのににぎのみこと》である。このニニギノミコトが天上から中途まで降りてきたとき、天の八衢《やちまた》に立って強烈な光を放ち、上は高天原を照らし、下は地上を照らしている異形の神がいた。それを見て天照大御神が、天の岩屋戸の前で奔放に踊ったあのアメノウズメノ神に対し、あんな所に突っ立っているのは何という神か聞いてきなさい、と命じられた。戻って伝えた答えはこうだった。

「わたしは国つ神で猿田毘古神《さるたひこのかみ》といいます。天つ神の御子《みこ》が天降《あまくだ》ってこられると聞いて、先導役を務めさせていただこうと思って待っていたのです」

こうしてニニギノミコトは天照大御神からさずけられた八尺瓊《やさかに》の勾玉《まがたま》と鏡、それに草なぎの剣《つるぎ》をたずさえ、供の神々と連れ立って、天空に幾重にもたなびく雲を押し分け、九州・日向《ひゅうが》の高千穂の峰に降り立たれたのだった。

❖コノハナサクヤヒメ

地上に下ったそのニニギノミコトが、さっそく麗《うるわ》しい乙女と出会う。「どちらの娘さん？」と尋ねると、「大山津見神《おおやまつみのかみ》の娘で、名は木花之佐久夜毘売《このはなのさくやびめ》といいます」と答えた。さらに、「きょうだいはいますか？」と尋ねると、「姉の石長比売《いわながひめ》がいます」と答えた。

そこでミコトが「あなたと結婚したい。どうですか」と単刀直入に申し出ると、ヒメは「わたしは何とも言えません。父に話してください」という答えだった。

そこで大山津見神に会って申し込むと、父神は二つ返事で喜び、たくさんの品物を添えてコノハナサクヤヒメを差し出したが、そのさい姉の石長比売もいっしょに差し出した。ところがそのイワナガヒメは恐ろしく醜かったので、ミコトは鄭重に送り返し、サクヤヒメと一夜の契りを結んだ。

姉娘を送り返された父神は、こう語ったという。――私が二人の娘を並べて差し出したのは、石長比売と結べば、天つ神の御子の命《いのち》は石のごとく固く動かず、あわせて木花之佐久夜毘売と結べば、木の花の栄えるごとくに栄えると誓約した上でのことだ。しかし、ミコトは石長比売を返されてしまった。ミコトの命は木の花のごとくはかないであろう、と。

さてそれから月日がたち、コノハナサクヤヒメがミコトのもとにやってきて言った。

「わたしは身ごもって産み月を迎えました。生まれるのは天つ神の御子ですから、こうして伝えにきました」

それに対し、ミコトは冷たくこう返した。

「サクヤヒメと寝たのは一夜限りだ。それは私の子ではなかろう。だれか国つ神の子ではないか」

サクヤヒメが言い放った。

「このおなかの子が、もし国つ神の子だったなら、産むときに無事ではすまないでしょう。もし天つ神の御子だったら無事に生まれるでしょう」

そして直ちに広い産屋《うぶや》を造り、その中に入ると内側から戸口を土で塗り固めて密封し、いよいよ出産の時を迎えると、なんとその産屋に火を放つ。その炎の燃えさかる時に生まれた子が火照命《ほでりのみこと》、次に生まれたのが火須勢理命《ほすせりのみこと》、最後に生まれたのが火遠理命《ほおりのみこと》である。

❖山幸彦と海幸彦

さて、成長した火照命は海佐知毘古《うみさちひこ》（海幸彦）として海の幸を獲《と》り、火遠理命は山佐知毘古《やまさちひこ》（山幸彦）として山の幸を獲って暮らした。

ある日、山幸彦が兄の海幸彦に向かって、一度、お互いに道具を取り換えてやってみませんか、と提案したが、にべもなく断わられた。何度も拒絶されたすえ、兄はやっと承知してくれた。

山幸彦は釣道具を借り、勇んで海辺に行って糸を垂れたが、一匹の魚も釣れず、おまけに釣針を取られてしまった。

海幸彦は弟に向かい、やっぱり道具は使い慣れた自分のものでなくてはだめだ、と言い、釣道具を返してくれと言った。弟は釣針を失くしてしまったと頭を下げたが、兄は承知しない。

そこで弟は、腰に提げていた十拳剣《とつかのつるぎ》をつぶして五百本の釣針を作り償《つぐな》ったが、兄は承知してくれない。さらに一千本の釣針を作って差し出したが、兄は受け取らず、元の釣針を戻せと言い張った。

そこで山幸彦はなすすべなく、海辺に来て泣き悲しんでいると、潮流をつかさどる塩椎神《しおつちのかみ》が寄ってきて、そのわけを尋ねた。山幸彦が正直にすべてを話すと、塩椎神は「わかりました。私がいい計画を立ててあげましょう」と言い、さっそく竹で編んだ小船を造り、そこに山幸彦を乗せて、こう教えた。

「私がこの舟を押し流します。やがていい潮路にのりますから、そのまま進んでいくと、魚の鱗《うろこ》のように軒を並べた宮殿に行き着きます。それが綿津見神《わたつみのかみ》、つまり海の神の宮殿です。その門の傍《かたわ》らの井戸のそばに神聖な桂の木がありますから、その上にのぼって待っていると、海の神の侍女たちが見つけてくれるでしょう」

ことはその通りにはこび、山幸彦が桂の木の上で待つ。やがて海の神の娘、豊玉毘売《とよたまびめ》の侍女たちがやってきて井戸の水を汲もうとすると、井戸の水に光が反射しており、見上げると桂の木の上に美しい青年の姿があった。

青年は水がほしいと言い、侍女が水を汲み入れた玉器《たまもい》を差し出すと、水は飲まず、首飾りの玉を一つ解いて口に含み、玉器に落とした。玉は玉器にはりついて取れなかったので、侍女はそのまま持ち帰り、豊玉毘売に差し出した。

それを見て、トヨタマヒメが「門の外にだれか人がいるの？」と問うと、侍女はいま見たとおりのことを話した。

急いで外に出たトヨタマヒメは桂の木の上の山幸彦とじっと見つめ合って、互いに魅入られた。

次いで、父の海神も自ら門の外に出てきて、「この人は天つ神の御子、ホオリノ命だぞ」と言い、さっそく宮殿の中に導き入れ、アシカの皮を八枚、その上に絹の畳を八枚敷いたその上にすわらせ、たくさんのご馳走を用意してトヨタマヒメとの婚礼を祝った。

こうして山幸彦は三年もの間、海神の国に滞在した。

三年がたったころ、トヨタマヒメは夫の山幸彦が深く長いため息をつくのを見た。きっと大きな心配事があるのだと思い、父の海神に相談したところ、海神が山幸彦に向かい、そのわけを尋ねた。山幸彦は兄とのいきさつをくわしく話した。

そこで海神はさっそく大小の魚を呼び集めて聞いた。

「釣針を呑み込んだ魚はいないか？」

何匹もの魚が答えた。

「赤鯛が、のどに骨が刺さってものが食べられないと言っております。きっと赤鯛でしょう」

そこで赤鯛を呼んでのどを探ってみると、たしかに釣針が刺さっていた。そこで取り出して清め洗い、山幸彦に手渡しながら、海の神はこう教え諭した。

「この釣針を兄さんに返すとき、『この釣針は、気が滅入る釣針、気がいらだつ釣針、貧乏になる釣針、馬鹿になる釣針』と唱えて、手を後ろに回して渡してください。そして兄さんが高いところに田を作ったら、あなたは低い土地に、逆に兄さんが低いところに作ったら、あなたは高いところに作りなさい。そうしたら、私は水を支配していますから、三年の間は兄さんは必ず凶作で苦しむことになるでしょう。そしてもし、兄さんがそれを恨みに攻めてきたら、この潮満珠《しおみつたま》を出して潮水に溺れさせ、許しを請うたら潮干珠《しおふるたま》を出してたすけてあげたらいいでしょう」

そして、潮満珠、潮干珠の二つを差し上げ、一尋《ひとひろ》ワニの頸に乗せて一日で送りとどけた。

地上に戻った山幸彦は、海の神に教えられた通りに兄に釣針を返した。その後、兄はしだいに貧しくなり、予想されたように攻めてきたが、潮満珠、潮干珠によってさんざん翻弄された。そこで海幸彦は頭を下げ、今後はおまえの昼夜の守護人となって仕えると誓った。

❖神武天皇の生誕

海の宮殿で三年間連れ添ったトヨタマヒメが山幸彦を訪ねてきて、こう言った。

「わたしは身ごもって、産み月を迎えました。でも、天つ神の御子を海原で産むわけにはいきません。それでこうしてやってきたのです」

そこで海辺に、大急ぎで鵜《う》の羽を葺草《かや》にして産屋《うぶや》を造った。ところが、その産屋の屋根がまだ葺《ふ》き上がらぬうちに陣痛が始まり、ヒメは産屋に入られた。そのさい、ヒメは夫の山幸彦に対し、こう堅く言われた。

「すべて、異郷で出産するときは、元の国での本来の形に戻って出産するものです。わたしもこれから、元の国の形になって産みます。どうかわたしの姿を見ないでください」

おかしなことを言うな、と思い、山幸彦が産屋の中をひそかに窺うと、中ではなんと八尋《やひろ》（一〇数メートル）ほどもある巨大なワニが、はらばって身をくねらせていた。山幸彦は腰を抜かさんばかりに驚き、逃げていった。

それを知ってトヨタマヒメは、

「わたしは海の道を通ってかよってこようと思っていたのに、元の姿を見られて恥ずかしくてなりません。もはやここにくることはできません」

と言い残し、産んだ子を残して帰ってしまった。その生まれた子は、天津日高日子波限建鵜葺草《あまつひたかひこなぎさたけうがや》葺不合命《ふきあえずのみこと》という。

海の底に帰ったとはいうものの、トヨタマヒメは夫を恨めしく思いながらも恋しさは押さえきれず、生まれた子の養育のために送った妹の玉依毘売《たまよりひめ》に歌を託したのだった。

山幸彦、すなわち火遠理命はこののち高千穂宮で五八〇歳の生涯を全うした。

ウガヤフキアエズノミコトは、叔母のタマヨリヒメと結婚し、四柱の御子を生んだ。その御子たちの名は、五瀬命《いつせのみこと》、次に稲氷命《いなひのみこと》、次に御毛沼命《みけぬのみこと》、最後が若御毛沼命《わかみけぬのみこと》、またの名を神倭伊波礼毘古《かむやまといわれびこの》命《みこと》である。この四番目のカムヤマトイワレビコノミコトがやがて南九州を出て東へ向かい、近畿地方を平定したあと大和の橿原《かしはら》で即位して初代の天皇、神武天皇となる。

3　宣長による民族的アイデンティティーの目覚め

❖宣長は「古事記」をどう見ているか

以上が、古事記・上巻の出雲神話を除いた部分の要約です。

改めて読んで、いくつか〝発見〟があったのではないでしょうか。たとえばアマテラスの生誕です。尋常な生誕ではありません。黄泉《よみ》の国から逃げ帰ったイザナギノミコトが、死者の国の穢れを洗い清めようと川に入ってミソギをした、その際にイザナギの左の眼から生まれたのが、あの太陽神「天照大御神」だというのです。

頭のてっぺんからでもない、胸からでもない、何と「左の眼」から、「日の神」が誕生したというのです。奇想天外というか、そのキバツな発想には何とも言いようがありません。

スサノオの乱暴狼藉ぶりも凄まじいものです。アマテラスに命じられて織女《しょくじょ》が木製の梭《ひ》を使って縦糸に横糸を通しながら神衣を織っています。その機屋《はたや》の屋根をぶち壊し、その穴から皮を剥いだ馬一頭の屍体を投げ込んだのです。驚きの余り、織女は、手に持っていた梭で自分のホトを突き刺して絶命します。

また、天から下ってきたニニギノミコトは、土着の神の娘コノハナサクヤヒメと交わり、海幸彦、山幸彦の兄弟が生まれます。

弟の山幸彦は海神の娘トヨタマヒメと結婚、ウガヤフキアエズノミコトが生まれますが、その出産のとき固く禁じられていたにもかかわらずヒメの正体を見てしまい、ワニであることを知られたヒメは海に帰ってしまいます。

成人したウガヤフキアエズノミコトは、母のトヨタマヒメの妹、つまり叔母のタマヨリヒメと結婚します。姉がワニだったのですから、妹もワニに違いないでしょう。しかしめでたく四人の男の子が生まれます。その四人目の子が、のちに初代の天皇、神武天皇となる——というのです。

まさに、あれよ、あれよ、の展開です。ほとばしるような想像力の噴出です。これほど意外性に満ちた物語はそうざらにあるものではありません。

ところが宣長は、ここに述べられていることは「真実」であると言います。たとえば、先に紹介した「直毘霊《なおびのみたま》」の中の一節です。

「神祖《かむろぎ》伊邪那岐《いざなき》の大神・伊邪那美《いざなみ》の大神の始め給ひて、世の中にあらゆる事も物も、此の二《ふた》柱《はしら》の大神より始まれり。」

この世に起こる出来事も、存在する物も、いっさいがイザナギ・イザナミの大神から始まっている、というのです。

古事記には、大地がまだ水に浮いた脂《あぶら》のように、また海月《くらげ》のようにただよっていたとき、この夫婦神が天の浮橋に立ち、天の沼矛《あめぬぼこ》で潮水をこをろこをろとかき回して引き揚げたところ、矛の先から潮水がしたたり落ち、それが重なって島が出来上がった。そのおのごろ島に降り立って、そこで島々を生み、山川草木《さんせんそうもく》の神々を生み出したのがこの二神だと書かれていました。

それをさして、そうなのだ、そのようにして世界はつくられたのだ、と宣長は言っているのです。

本当に？　だれもが首をかしげるにちがいありません。しかし宣長には次のような文章もあるのです。宣長六九歳、『古事記伝』四四巻を完成させた年、門人たちに請《こ》われて語った『うひ山ぶみ』の中の一節です。わかりやすい文章なので、一部、注を補って、原文のまま引用します。

まことに古事記は、漢文のかざり（修飾）をまじへたることなどなく、ただ古《いにし》へ（古代）よりの伝説《つたえごと》のままにて、記《しる》しざま（記述の仕方）いといと（実に実に）めでたく（魅力的で）、上代《かみつよ》の有《あり》さまを知るに、これにしく（及ぶ）ものはなく、そのうへ神代《かみよ》のことも、書紀（日本書紀）よりは、つぶさに（くわしく）多く記されたれば、道を知る第一の古典にして、古学のともがら（古代について学ぶ仲間）の尤も（最も）尊み学ぶべきはこの書《ふみ》なり。然《しか》るゆえに、己（自分は）壮年（の頃）より数十年の間、心力をつくして、この記（古事記）の伝四十四巻をあらはして（執筆して）いにしへ学びのしるべ（道しるべ）とせり。

「伝説のまま」、つまり伝えられるままに書かれたものであって、この国の歴史の始まり（神代）を知るのに古事記ほどくわしく魅力的に書かれたものはないのだから、古代について学ぶものが何にもまして尊ばなければならないのはこの書物である、と宣長は断言しています。

『うひ山ぶみ』にはまた、次のような一節もあります。

（世の中には学ぶべきことが数々あるが、すべてを究《きわ》めるのは不可能だから、その中で中心的に学ぶべきことをまず定め、全力でとりくんで、そのあと他の分野にも手を伸ばしてゆけばよい。で、その中心的に学ぶべきものは何かといえば――）

道の学問なり。そもそもこの道は、天照大御神の道にして、天皇の天下をしろしめす（お治めになる）道、四海万国にゆきわたりたる、まことの道なるが、ひとり皇国に伝はれるを、その道は、いかなるさまの道ぞといふに、この道は、古事記日本書紀の二典《ふたふみ》に記されたる、神代《かみよ》上代《かみつよ》の、もろもろの事跡のうへに備はりたり。この二典の上代の巻々を、くりかへしくりかへしよみ見るべし。

文中の「道」については、先に見た「直毘霊」の中でさんざん議論されていましたが、それは置くとして、この国に伝わっている「道」は、古事記、日本書紀に記された「神代上代の、もろもろの事跡のうへに備はりたり」と述べています。

上代とは、大昔、太古のことです。「神代上代の、もろもろの事跡」とはしたがって私が要約・紹介した神代の巻で展開されていたすべての出来事にほかなりません。そのすべての出来事の中に「道」は示されているというのです。

つまり、あの神代の巻に書かれていることを、宣長はフィクションとは見ていないのです。すべてを事実に近い、あるいは事実に重なることとして見ているのです。だからこそ、特にその上代の巻を「くりかへしくりかへし」読むようにと指示しているのです。

❖実証主義者・宣長にみる二つの矛盾

先に、宣長は明確な方法論をもって古事記を読み解いた、と述べました。その方法論をひと言でいえば、実証主義といえるでしょう。

宣長が読み解くまで古事記が〝読まれざる本〟となっていたのは、それが漢文と万葉仮名の混交によって書かれていたからでした。

仮名がまだなかったその時代、日本語の音はそれに対応する音をもつ漢字で表記されました。したがって、それを読解するためには、まず日本語の一音、一音に対応する漢字を確定しなければなりません。宣長の『古事記伝』の巻頭の解説には、この古事記で用いられた万葉仮名の漢字表が示されています。こういうものです（一部、簡略化）。

ア＝阿――このほかに別の写本で「亜」というのがあるが、誤用と見られる。

イ＝伊

ウ＝宇、汙――但し、この中の「汙」は、上巻「岩屋戸」の段に、伏二汙気一とただ一カ所にあるのみ。

エ＝延、愛――但し、この中の「愛」の字は、上巻の愛袁登古愛袁登売、また愛比売などにのみ使用。

オ＝淤、意、隠――このほかに、下巻高津宮段歌に、於志弖流と、ただ一カ所、於の字が使われているが、ある写本に淤とあるのを見ると、後の誤りである。隠の字は、国の名の隠伎のみ。

このようにして四七文字に対応する漢字が示されています。こうしてみると、さして難しかったようには見えませんが、しかし古事記全文を一字、一字読み解きながら帰納的にその音を割り出し、しかも一冊だけでなく複数の写本、さらに後代の書物にも当たって確定するのは大変な作業だったに違いありません。

次に、こうして確定した文字による用語と文章の読解です。『日本書紀』との対比は言うまでもなく、万葉集や風土記、さらには後代の源氏物語などまで参考にしながらの読解作業でした。先に掲げた「神代の巻」冒頭の二行（四六字）を読み解いて注釈をつけるのに、宣長はなんと、びっしりと活字が組まれたページでほぼ一二ページ（『本居宣長全集』第9巻一二一～一三二頁）、約一万三千字を費やしています。

このように考証に考証を重ねる読解作業であったために、その完成までに三五年もの歳月が必要だったのです。

こうした事実から浮かんでくるのは、徹底した実証主義者としての本居宣長の姿です。原文を前に、残存する他の書籍と突き合わせながら、一字、一語、その読み方、意味を確定していったその作業は、実証主義そのものです。

ところが、宣長の実像をこのような実証主義の学者としてとらえると、ここに素朴な、しかし学者にとっては致命的ともいえる疑問が生まれます。

このように徹底した実証主義者が、古代人の奔放な想像力の所産としか思えない物語を、事実ないしは事実に重なるものとして受けとめている、ということです。

神話学というのがあります。神話の中にさまざまの暗喩を見いだし、そこに託された意味を読み解いてゆくものです。しかし宣長は、古事記の叙述に何の隠喩も見いだしてはいません。それどころか、この世界はいっさいが「伊邪那岐の大神・伊邪那美の大神より始まれり」として、古事記に書かれていることすべてを「上つ代の清らなる正実」（『古事記伝』総論）として受け取っているのです。つまり、古事記の読解に当たっては実証主義をつらぬいた学者が、古事記に書かれている内容の解釈・評価についてはその実証精神を完全に放棄しているのです。

これを一体、どう考えたらいいのでしょうか。

もう一つ、宣長の厳密すぎるほどの実証主義からすると不可解なことがあります。「直毘霊」で見た、中国の政治史に対する決めつけです。宣長による中国は、とにかく人々の心は悪意に満ち、隙あらば他人を蹴落とそうと隙をうかがっている、権力争いの絶えない国です。先に引用したのとは別の箇所を紹介します。

中国（漢国《からくに》）などは、道という言葉はあるが、実際に道はないため、時代がすすむにつれて世の中はますます乱れに乱れ、とうとう周辺の民族に国を奪われてしまった。その民族は「夷狄《いてき》」と称して卑しんできたものであるが、国を奪われては仕方がなく、その首領を「天子」と仰ぎ見ている。何ともあさましい有様ではないか。それでも儒者はなお中国は良い国と思うのだろうか。

中国は、王だけでなく、総体として貴賎の血統が定まっていない。周の代まではこの区別がついていたようであるが、秦から以降はすっかり乱れてしまい、賎しい奴の娘も君主の寵愛を受ければ、たちまち后《きさき》の位にのぼり、逆に王の娘であってもただの男にめあわせ、それを恥とも何とも思っていない。また、昨日まで山暮らしの賎しい者が、今日はにわかに国の政治をつかさどる高官となったりする。すべて貴賎の品格が定まっていないからである。鳥獣の有様と何ら異なるところはない。

これが、宣長の中国観、中国評価です。たしかに中国の歴史は一面、北方の民族との抗争の歴史でした。秦の始皇帝が万里の長城を千五百キロまで拡大したのが、紀元前三世紀です。しかし、それ以後も中国は北方からの侵攻を受け続けました。島国で、たった一度、モンゴル軍が襲来した日本とは地理的条件がまったく違うのです。それなのに宣長は、こうした子供でも気がつくことを無視して、中国は内政が乱れたために隙を突かれて国を奪われたのだといっています。

また宣長は、中国は権力闘争に明け暮れ、そのためたえず王朝が交代したかのように述べています。しかし仮に古事記が作られた八世紀以降、宣長の時代までを見ても、中国に出現した王朝は――唐、宋、金、元、明、清、と六つです。では日本はどうだったか、わかりやすいように時代区分で見ると、奈良時代（天皇専制）、平安時代（摂関政治）、鎌倉時代、室町時代、戦国時代、江戸時代と、これも六つです。日中どちらも同程度の政権交代が行われているのです。

これくらいのことを、宣長ほどの学者が知らなかったはずはありません。ところが宣長は、中国（漢《から》、唐土《もろこし》）という国は、権力の座をねらう者が常に五月蝿《さばえ》のごとくぶんぶんと飛び回っており、そのため政治は安定せず、人心は荒れ、世の中は乱れていると、口をきわめて非難するのです。しかもこのいわれのない中国非難は、「直毘霊」だけでなく他の著作、たとえば宣長晩年の随想集「玉勝間」にも繰り返し出てきます。

宣長の古事記読解に当たっての、わからないことはわからないとする、あの慎重すぎるほどの実証主義、実証精神は、いったいどうしたのでしょうか。どこに消えたのでしょうか。

❖宣長はなぜ中国非難をあれほど激しく繰り返したのか

まず宣長の、常軌を逸したともいえる中国非難から考えてみます。どうして宣長は、中国に対する対抗心をあれほどむき出しにして非難・中傷を繰り返したのでしょうか。

奈良時代から平安時代にかけ、漢文で書かれた『日本書紀』につづいて、同じく「正史」とする歴史書が編纂されました。『続《しょく》日本紀』『日本後紀』『続日本後紀』『日本文徳《もんとく》天皇実録』『日本三代実録』などです。合わせて六国《りっこく》史と呼ばれますが、これらはすべて漢文で書かれていました。

また九世紀はじめには「唐風文化」が花開くなかで最初の勅撰による漢詩文集『凌雲集』や『文華秀麗集』『経国集』などが編纂されます。他方、最初の勅撰和歌集『古今和歌集』が編まれるのは、次の一〇世紀に入ってからです。

この時代、詩文や歴史書だけでなく、公式・正式の文章はすべて漢文で書かれました。国家を運営するには漢文（文章）が不可欠だとする「文章経国思想」が行きわたり、漢文で記述できることが官人、知識人の条件であるとされたのです。

この〝文化的伝統〟は江戸時代まで絶えることなくつづき、さらに江戸時代には儒教（朱子学）が幕府により官学とされ、武家の子弟の教育は漢文による儒教の教典の素読から始まりました。宣長自身も、伊勢での少年時代から京都での遊学時代、たっぷりと儒学を学んでいます。

ところが、江戸時代に入ってようやく、学問の世界が外国の教学に支配されるのはおかしいとして、自国の古典を研究する学者が現れました。漢学に対して国学と称されます。まず契沖《けいちゅう》（一六四〇～一七〇一、著作に万葉集を注釈した『万葉代匠記』他）、荷田春満《かだのあずままろ》（一六六九～一七三六、『万葉集訓釈』他。最晩年に賀茂真淵が入門）、賀茂真淵《かものまぶち》（一六九七～一七六九、『祝詞解』『万葉解』『冠辞考』他）という系譜です。

この国学（古学）については前に紹介した『うひ山ぶみ』に宣長自身の解説があります。

古学というのは、何ごとも古書（古典）によって物事のおおもとを考え、上代のことを明らかにする学問であり、近世に始まったものである。

まず契沖法師が、歌書に限ってではあるが、この道筋を開き始められた。古学の始祖というべき方である。次に、荷田東麻呂という方が歌書だけでなくすべての古書にわたってとりくまれた。

かくて、わが師・賀茂真淵先生がこの荷田先生の教えを継がれて、江戸へ行き、さかんにこの学問を説かれてから、世にあまねく広がったのである。

文学青年だった宣長は、郷里の伊勢・松坂にいた当時から和歌を作り、和歌に関する研究（歌学）をすすめ、一方、源氏物語の世界に傾倒していました。つまり、日本文学に深くのめり込んでいたということです。

医学の修得のため二三歳で京都に上った宣長は、儒学を学ぶために堀景山に師事しますが、景山は儒学者であるにもかかわらず和歌や和文に造詣が深く、さらに古学の始祖・契沖の孫弟子とも親しく、契沖の著作を何冊も所持していました。その契沖の本を、宣長は師に借りて熟読します。

二八歳で松坂に帰った宣長は小児科医を開業しますが、文芸の研究にも没頭し、京都時代から温めていた独自の歌論をまとめます。『排蘆小船《あしわけおぶね》』と題されました。水辺にびっしりと生い茂った丈の高い蘆の中を掻き分けてすすむ小舟、という意味です。この国で生まれた和歌とは何か、それを成立させているものは何か、といった「歌道のマコトの処」を探求した宣長最初の著作でした。その題名から、前人未到の世界を開拓するのだという若い宣長の意気込みがうかがわれます。ただしこの原稿はそのまま篋底《きょうてい》にしまい込まれ、何と近代（大正時代）に入って発見されたとのことです。

それから六年後、三四歳のとき、宣長は源氏物語の研究書『紫文要領』を完成させ、あわせて『小船』を発展させた『石上私淑言（いそのかみのささめごと）』を執筆します。この中で有名な「もののあはれ」論が展開されるのです。この本は、問いと答えで構成されていますが、「物のあはれを知るとはいかなる事ぞ」の問いに、宣長はこう答えています（一部、仮名を漢字に変えました）。

「すべて世の中に生きとし生けるものはみな情《こころ》あり。情《こころ》あれば、物にふれて必ず思ふことあり。このゆへに、生きとし生けるもの、みな歌ある也。」

「……又かなしかるべき事にあひて、かなしく思ふは、そのかなしきことの心をわきまへ知る故にかなしき也。されば事にふれてそのうれしくかなしき事の心をわきまへ知るを、物のあはれを知るという也。その事の心を知らぬときは、うれしき事もなくかなしき事もなければ、心に思ふ事なし。思ふ事なくては、歌はいでこぬ也。」

そしてこのあと、万葉集や古今集などから数十首の歌を引いて、具体的に「もののあはれ」を解説しています。

中国には「漢詩」という定型詩があります。先に述べたように、わが国にも古い時代から漢文とともにこの漢詩が伝えられ、それを作れることが知識人の一つの条件でもありました。

一方、和歌は、わが国に生まれた独自の定型詩です。言葉も、わが国固有の「やまとことば」を使います。

つまり、中国の文芸が漢詩によって代表されるとすれば、わが国の文芸は和歌によって代表されます。

そしてその和歌とは、宣長流にいえば、「心の世界」を表現したものです。「心の世界」、言い換えれば「精神世界」です。その精神世界を、日本人は古代以来、何十万首、何百万首もの和歌を作ることによって築いてきたのです。つまり、春夏秋冬の移り変わりの際立った、国土の大半が山岳地帯で占められて平地の少ない、地震の多発するこの列島に生きる人々の暮らしの中ではぐくまれてきた、家族の情愛、男女の恋愛感情、人生観、死生観、自然観、季節感、美意識などなどによって構成される日本人の独自の精神世界、すなわち日本文化をつくりあげてきたのです。

にもかかわらず、学問の世界は相も変わらず中国の学問・儒教によって占められ、文章表現も漢文が最上等、漢文が書けることが知識人の条件とされている。

これでいいのか？――若いころから和歌に親しみ、歌とはいかなるものかを探求して「もののあはれ」論による独自の歌論＝日本文化論をつくりあげてきた宣長の胸中に、懐疑と憤懣がたぎっていたろうことは容易に想像できます。

❖宣長の「日本」へのこだわりと「民族」の奪還

『石上私淑言』には、「やまと」についてのいくつもの「問い」が連ねられており、それに対して丁寧な「答え」が述べられています。「問い」だけを列挙してみます。

四三「やまとに倭の字をかく事はいかが」
四四「倭の字を夜麻登とよむ事はいかが」
四五「倭を和ともかくはいかが」

四六「和の字に改められしはいずれの御世の事ぞ」
四七「年号に和銅あり。また続日本紀第八に二処《ふたところ》まで大和国とかき、和琴ともかけり。また万葉第七にも和琴とかけり。これらは勝宝より以前の事なるに、和の字はいかが」
四八「日本といふ号はいかが」
四九「日本となづけられたるゆへはいかに」
五〇「ひのもとといふは古語か」
五一「やまとといふに日本を用いるはいつのころよりぞ」
五二「吾御国の号はおほくある中に、やまとをしも日本とかくはいかが」
五三「大日本、大和などかく大の字は、もろこしにて当代の国号をうやまひて大漢、大唐などいふにならへるか」

以上、一一の設問について、宣長は該博な知識をもって綿密に解説しています。宣長がすでに三〇代前半のこのころから、自分の国である、やまと＝日本について深くこだわり、考え、研究していたことがわかります。（宣長は後年、詳細な考証による論稿「国号考」を発表しています。）

このように文芸の研究にもとづいて独自の日本文化論を築きつつあった宣長に、一七六三（宝暦13）年、決定的な出会いが訪れます。伊勢にやって来た賀茂真淵との出会いです。宣長三四歳、真淵はすでに六七歳の老齢でした。このとき宣長が、古事記の読解にとりくむ意思を伝えたのに対して、真淵が語った教えと励ましを、後年、宣長自ら「玉勝間」の中で述べています。

——自分（真淵）ももとより神の御典《みふみ》を解きたいと思っていた。それにはまず「漢意《からごころ》」を清く離れて、古《いにしえ》の「まことの意」を探求しなくてはならない。しかるに、古の心をつかむには、古言《ふるごと》を習得することが不可欠だ。その古言を習得するには、まず万葉集を研究するのがよい。それで自分はもっぱら万葉集を研究してきたが、すでに年老いて、余生はいくばくもない。もはや神典《かみのふみ》を解くことはできないが、しかしそなたは壮年で、人生の先も長い。今から怠ることなく励んで学べば、きっとこころざしを遂げることができるだろう。

そしてこの後、宣長は正式に賀茂真淵に入門し、残りの後半生三五年を注ぎ込んで『古事記伝』四四巻を完成したのです。

漢文混じりの万葉仮名によって書かれた、一見、漢字による暗号文にしか見えない古事記を読み解くことによって、宣長は日本語の古言「やまとことば」を〝発掘〟、その「やまとことば」で書かれたこの国（民族）のなりたちから始まる「歴史」を〝発見〟しました。さらにその歴史の上に、やまとことばによって豊かな文化が築かれていることも明らかにしました。つまり日本民族は、固有の言語、固有の歴史を有し、独自の文化を持っていることを〝証明〟したのです。

にもかかわらず、この国は依然として、他国の学問（儒学）、道徳（儒教）、思想（漢意《からごころ》）、文章（漢文）によって支配されている。情けない話ではないか。したがって、この国本来の精神世界＝文化を取り戻すには、一日も早くこの〝他国の文化〟を一掃しなくてはならない。

ところがこの漢意《からごころ》というもの、「これ千有余年、世の中の人の心の底に染《し》み着きてある、痼疾《こしつ》なれば」（「うひ山ぶみ」）そう簡単に除去することはできない。「何ごとも漢国をよしとして、かれをまねぶ世のならひ、千年にもあまりぬれば、おのづからその意《こころ》世の中にゆきわたりて、人の心の底にそみつきて」（「玉勝間」）自分の価値判断の基準そのものが漢意に影響されていること自体わからなくされている。したがって、漢意を取り除くことはきわめて難しい……。

このように宣長が概嘆する日本の学問状況を、宣長より百年ほど後になりますが、明治の歴史家・竹越与三郎も『新日本史』の中ではずばりこう指摘しています（岩波文庫、下巻59ページ）。

「維新以前、日本の学問社会は、純然たる支那の植民地たり。」

そしてその根拠を、こう述べます（文中「朱程」とあるのは、朱子学を築いた南宋の朱熹《しゅき》と、同じ儒学の大家である北宋の程顥《ていこう》、程頤《ていい》兄弟のこと）。

「読む所は六経四書、奉ずる所は孔孟朱程、その極、孔子を祭るに至れり。されば学問の上に自由思想の行わるる極めて少なく、間々《まま》陽明等異説を祖述する者あるも、畢竟《ひっきょう》孔門の外に出でず。政制の上に君主専制あるがごとく、学問の上にも孔孟専制あり。」

つまり日本の学問は中国から輸入した儒学一辺倒で、儒学に呪縛された「儒学専制」だというのです。

しかもそれが何百年もつづいてきた。そのためこの国の学問は自由に、かつ主体的に考える力を失ってきた。この、火山灰が何層にも降り積もったように、他国の教学・文化の下敷きになっている状況を放置しては、生きいきとした民族の魂（やまとたましひ）を取り戻すことはできない。

だからとにかく、漢国《からくに》の影響を一日も早くこの国から追い払わなくてはならない。それが果たせぬ限り、自分たちが見つけ出した日本民族独自の文化、樹立しつつある学問（古学＝国学）も正当な位置を確保することができない――。

そういうせっぱ詰まった思い、追い立てられる気持ちが、宣長に、あのような実証主義（事実検証）を放擲した中国非難、儒教攻撃をくり返させたのです。そこにはまた、先進国・中国による長い長い「文化的植民地支配」に対する後進国の反発・対抗意識が含まれていたはずです。

❖宣長はなぜ古事記の全記述を「事実」としたのか

以上の理由から、宣長は激烈な中国非難をくり返したのですが、その中心的な攻撃目標は、中国における権力抗争の激しさと政治の乱れでした。先に「直毘霊」を紹介した最初の部分で、宣長はこう言っていました。

――中国という国は、人の上に立ちたい連中が夏の蝿（狭蝿《さばえ》）のように群がって勢力争いをしている。よって人心は荒れ、風習も乱れっぱなしだ。今は身分の賤しい奴であっても、権力を取ればたちまち君主となれるので、現在君主の地位にあるものは家来にその地位を奪われまいと身構え、家来の方は隙あらば主君の座を奪おうとたくらんで、互いに敵視してやってきたので、中国は昔から国が治まりにくかったのである。

そうした中にあって、他人を服従させる威力をもち、知力にたけたものが、人を手なづけ、人の国を奪い取って、しばらくはよろしく治めて、後世の手本ともなったものを、中国では「聖人」というのである。

この独自の「聖人」論の続きで、宣長はこうも言っています。

――すべてあの国は、何かにつけ、あれこれと議論して決めるために、人の心は悪賢くなり、そのため事態をこじらせ、国はいよいよ治まりにくくなる一方である。

だから、聖人の道というのは、国を治めるために作ったものだと言いながら、実はかえって国を乱す種ともなっているわけだ。

こう述べて、宣長はあたかも中国で智謀にたけた「聖人」による王権簒奪がひんぱんにくり返されてきたかのごとく主張します。ただし宣長は、その根拠となる歴史的事実はまったく提示しません。古事記成立後の日本と中国の政権交代の頻度がまったく同じだったことは、先に見たとおりです。

このように中国の政治を一方的にくさした宣長は、それに対しこの日本国を治められる方《かた》は国が生まれたときから定められており、絶対に揺るがないのだと誇ります。

まずこの「直毘霊」そのものが、次の宣言から始まるのです。

皇大御国《すめらおおみくに》は、掛《か》けまくも可畏《かしこ》き神御祖《かむみおや》天照大御神《あまてらすおおみかみ》の、御生《みあ》れ坐《ま》せる大御国《おおみくに》にして、万《よろ》づの国に勝《すぐ》れたる所由《ゆえ》は、先づここに著《いちじる》し。国といふ国に、此の大御神の大御徳《おおみめぐ》み被《かがう》らぬ国なし。

（この御国は、口に出して言うのも畏れ多い神のご先祖、天照大御神のお生まれになった国であって、この国がどの国よりも勝れている理由は、日の神（太陽神）がお生まれになったという、まずこの一点だ。国という国で、この太陽神のお恵みをこうむらぬ国はない。）

そして皇統は、この天照大御神から始まっており、原初から天皇がお治めになる国と定められていて、天照大御神のお言葉にも、かりに天皇が悪くても従わなくてはならない、と述べられているのだから、天皇が善くても悪くても、傍《かたわ》らからその地位を奪い取ろうと窺うことはできない。

天地のある限り、月日の照らす限り、幾万年たとうとも、大君《おおきみ》の地位は動かない。だから昔の言葉でも、当代の天皇を神と申し上げている。実際、天皇は神でいらっしゃるのだから、善いとか悪いとか論じることは捨てて、ひたすら敬い、奉仕するのが、まことの道なのである。

このように言って、宣長は、中国の政治が有為転変、不安定きわまりないのに対して、この国の統治の絶対的安定を強調します。

そしてその根拠はといえば、宣長自身が読み解いた日本最古の歴史書『古事記』にほかならないのです。

イザナギ、イザナミの二柱《はしら》の神によって天地が生み出され、日の神が生まれ、その日の神の指示によってニニギノミコトが地上に降り、その皇孫によってこの国は統治される、と古事記に記されている。それはすべて事実であり、この国の歴史である、というのが宣長の立場なのです。その立場に立って、中国の政治、ひいては儒教、儒学を批判したのです。

したがって、日の神を皇祖とする皇統による統治をフィクションだとするならば、宣長の中国批判も根底から崩れることになります。

であるならば、その日の神がイザナギノミコトの左眼から生まれたという記述がどんなに荒唐無稽に思われようとも、それを事実と認めるほかはないのです。

『古事記伝』というあれほどの緻密・綿密な大業を成し遂げた宣長が、その中国非難に当たってなぜ自らの実証主義を完全に封印したのか、また、なぜ自らの実証精神を密封して古事記の空想的記述を〝事実〟としたのか？――この二つの謎は、このようにコインの裏表の関係にあったのです。

❖宣長を日本ナショナリズムの源流とした理由

対抗的な「他国」の出現が、ナショナリズムを覚醒し、喚起する、とこの章の冒頭で述べました。宣長は「直毘霊《なおびのみたま》」の中で「他国」のほか「異国」「彼の国」「外《と》つ国」、さては「悪《あし》き国」といった用語まで使っています。もちろん、すべて漢国《からくに》（中国）をさしています。

対抗的「他国」の登場によるナショナリズムの目覚めは、おのずから自国のアイデンティティーの確立を要請します。他国の示威、圧力、攻勢に対抗するには、守るべき自国の価値――アイデンティティーがなくてはならないからです。

この民族的アイデンティティーをささえる二大支柱が、民族固有の「言語」であり、独自の「歴史」についての認識であるということは、先に述べました。宣長による古事記の解読は、このやまと民族固有の言語の〝発掘〟であり、同時にそのやまとことばでこの国最古の書物に書かれた民族独自の「歴史」の〝発見〟であったことも先に述べました。宣長の場合、それに加え、文芸を中心とする日本文化論がありました。

しかし、この言語と歴史と文化論で構築された宣長の日本国アイデンティティーの前に、のしかかるように立ちふさがっている壁がありました。この列島に住む人々、とくに知識層に対して、漢文、漢籍、儒教等により千年以上にもわたって影響力を行使してきた中国文化の壁でした。
この壁を突き崩さぬかぎり、日本国（民族）のアイデンティティーの確立は望めない。燃えるようなその対抗意識から、宣長は口をきわめて中国非難をくり返し、中国の政治的・文化的権威の引き下ろしに躍起になったのです。

年表で確かめるまでもなく、中国がこの時代に何か日本にとって脅威となる行動をとった事実はありません。中国は、千年以上も前からさまざまな文化を伝えてくれた有難い先進国でした。漢文・儒教文化の習得は、依然として武士や知識層の教養の中心部を占めていました。中国を脅威などと見る人はどこにもいなかったはずです。

しかし、それこそが、宣長には〝脅威〟だととらえられたのでした。この国の知識層が今なおまるごと中国文化にからめ取られ、しかもそのこと自体に気がついていない、その事実こそがこの国のアイデンティティーの確立を阻害している最大の要因にほかならないと宣長はとらえたからです。

中国文化の傘の下にある限り、日本民族は文化的アイデンティティーを確立することはできず、したがって完全な精神的独立を達成することはできない。その文化的危機意識によって宣長のナショナリズムが激しく突き動かされ、それが中国に対する常軌を逸した非難・中傷を噴出させ、一方、古事記の記述に対して問答無用の「事実」承認を強いることになったのです。

さて、では、宣長の考える日本の国家的アイデンティティーの核心となるのは何なのでしょうか。その答えを、宣長は自らが読み解いた古事記の中に見いだします。

「日の神に連なる天皇によって統治される国」。

これがその答えです。関連する宣長の言葉を、これまでに紹介した「直毘霊」の中の言葉から拾ってみます。

まず冒頭。「この御国は、口に出して言うのも畏れ多い神のご先祖、日の神・天照大御神のお生まれになった国であって、国という国で、この太陽神のお恵みをこうむらぬ国はない。」

「天皇の血筋を『日嗣《ひつぎ》』というのは、この日の神のお仕事を嗣《つ》いでおられるからである。またその御座所を『高御座《たかみくら》』というのは、ただ位置が高いというだけではない、太陽神のおられるところだから『高御座』というのである。」

「その日の神の御座《みくら》を次々に受け継がれて、いまその御座におられるのが天皇命《すめらみこと》である。したがって、その地位が日の神と同列にあることは疑いない。」

「この大君《おおきみ》の地位は、天地のある限り、幾万年たとうとも動かない。だから昔の言葉でも、当代の天皇を神と申し上げている。実際、天皇は神でいらっしゃるのだから、善いとか悪いとか論じることは捨てて、ひたすら敬い、奉仕するのが、まことの道なのである。」

天皇と皇統に関する以上の宣長の定義は、三つの要素によってなりたっています。

第一は、日本は「日の神」天照大御神の生まれた国であるということ。

第二は、天皇はその日の神の座を代々受け継いできた、日の神と同列の「神」であること。

第三は、天皇の地位は、天地のある限り、永遠に受け継がれるということ。

つまり天皇は、日の神を神祖として代々受け継がれてきた（万世一系）神（現人神《あらひとがみ》）であり、日本はその天皇によって統治される国である、ということです。


この宣長が古事記の読解を通して生み出した天皇論は、宣長の死去から半世紀後、黒船による危機状況を迎える中で湧き起こった尊皇論・勤皇思想の結晶核となり、明治維新をへて制定された帝国憲法において日本の「国体《こくたい》」を規定することになります。

第一条　大日本帝国ハ万世一系ノ天皇之を統治ス
第三条　天皇ハ神聖ニシテ侵スベカラズ

この憲法による「国体《こくたい》」の規定によって、少なくとも公式には、日本の古代史は古事記の記述に従うことになります。つまり、宣長が主張したように古事記の記述を「事実」として読むということです。

古事記に記された神武天皇の即位の日は紀元節（建国の日）として国家の重要な祝日に指定されます。日本ナショナリズムの熱狂がピークに達した昭和前期には学校で教えられる歴史は古事記そのままとなり、神話が歴史的事実として子どもたちの頭脳に刻み込まれました。

こうして、宣長がつくり出した「天皇の国＝国体」論は、やがて形成される日本ナショナリズムの中軸となり、強化・拡大されて、日本近代史のなかに脈々と生きつづけます。

幕末・維新後に展開される、このような歴史的経過から、私は本居宣長を「日本ナショナリズムの源流」と位置づけたのです。

❖ナショナリズムの定義

以上、宣長におけるナショナリズムの形成について、彼の思想の核ともいえる「直毘霊《なおびのみたま》」を中心に私の見方を述べてきました。ところが実は、このような宣長論はけっして一般的ではないのです。

現在も新本が発売中で、宣長の姓名「本居宣長」そのものを書名とした本が、何冊もあります。まず先にふれた小林秀雄の上下巻（新潮文庫）、相良亨・東大名誉教授の本（初版は東大出版会、現在は講談社学術文庫）、また子安宣邦・大阪大学名誉教授の本（初版は岩波新書、現在は岩波現代文庫）、新しいところでは田中康二・神戸大学大学院教授の中公新書（二〇一四年新刊）、芳賀登・筑波大学名誉教授の本（二〇一七年、吉川弘文館、初版は一九七二年、清水書院）などです。

このうち初めの二冊では、ナショナリズムの視点からの考察はまったく見られません。子安氏の『本居宣長』には、たとえば「彼方に立てられた『異国（中国）』を反照板として『自己（日本）』へと振り向けられた視線」とか、あるいは「一方における否定的な『異国』像が設定されると、それに対応して他方に『皇国』像が形成されるという関係のありかた」といった表現はありますが、そこから踏み込んでの宣長のナショナリズム論への展開はありません。（なお子安氏には『日本ナショナリズムの解読』〈二〇〇七年、白澤社〉という著作があり、その冒頭の二章が宣長に当てられていますが、『古事記伝』における言語の問題をナショナリズムの成立に引きつりての「解読」は見られません）。また田中氏の本でも「宣長の自意識と『日本』」という節は立てられていますが、ナショナリズムにつなげての言及はありません。

この五冊のほか、宣長について書かれたものを目についた範囲で読み、参考にさせてもらいましたが、私の見た限りでは、宣長を日本ナショナリズムの源流として位置づけた見解には出会いませんでした。

したがって、ここに述べた私の宣長論は「新説」ということになるかも知れません。「新説」とは、既存の宣長論からすれば「異端の説」ということになりますが、これがはたして受け入れられるかどうか、判定は読む人に委ねるほかありません。

ところで、この章の始めの方で、ナショナリズムを定義することの困難さについて述べました。

しかし、本居宣長による日本ナショナリズムの目覚めを見たところで、私なりのナショナリズムの定義を示しておきたいと思います。

ナショナリズムとは、他国との対抗関係において、自分たちの国（民族）の独自の歴史・文化を確認し、かつそれを誇示したいと思う、その心情をいう。

この短い定義には、次の三つの要素が含まれています。

❶は、他国との対抗関係において、ということです。ナショナリズムはあくまで他国との比較、競争という対抗的な関係を前提にしているのです。

❷は、しかし単に他国に負けたくない、支配されたくないというだけでなく、ナショナリズムは、同時に自分たちの国（民族）はどういう国（民族）であるかという自己認識、アイデンティティーの確立をともなう、ということです。具体的には、歴史と、言語を含む文化の独自性の発見・確認です。

❸は、プライドの問題です。自国（自民族）の歴史・文化を確認するだけでなく、それを誇示したいと思う心情が、ナショナリズムには根深くひそんでいます。したがって、他国に比べ、自国（自民族）の優越を誇りたいという衝動から、ナショナリズムは逃れられないのです。

宣長によって道筋をつけられた、こうした属性をもつ日本ナショナリズムが、幕末を迎え、外国船の到来が頻繁になってゆくなかで、どのように広がり、深まっていったか、それを次章で見てゆくことにします。

Ⅱ 国学と水戸学にみる初期ナショナリズム

1　「異国船」の来航と危機意識の深まり

本居宣長は七二年の生涯を閉じます。

❖最初に〝鎖国の門〟をたたいたロシア

『古事記伝』の完成は一七九八年、その三年後の一八〇一年、本居宣長は七二年の生涯を閉じます。

それからほぼ半世紀をへた一八五三年、アメリカ東インド艦隊ペリー司令長官が大統領の国書をたずさえ、軍艦四隻をひきいて東京湾口の浦賀に来航します。

「泰平の眠りをさます正喜撰《じょうきせん》　たった四はいで夜も眠れず」

蒸気船にかけた正喜撰は当時の茶の銘柄、四はいとはペリー艦隊の軍艦四隻をさしています。四隻とはいえ、旗艦サスケハナ号は二四五〇トン、ミシシッピー号は一七〇〇トンという、当時の千石船など比較にならない、蒸気を動力とする巨艦でした（他の二隻は蒸気船用の石炭などを運搬する帆船）。

幕末の危機はここから始まったと思っている人は多いかも知れません。じっさい、幕末・維新に関する本は普通ここから書き起こされています。

しかし日本の対外危機は、もっとずっと早くから訪れていました。開国を求める欧米の外国船の来航は、宣長のまだ存命中から始まっているのです。

公式の開国要求をもって最初に〝鎖国の門〟をたたいたのは、ロシアでした。一七九二年の秋、シベリア総督の通商要求の文書をたずさえたラクスマンが、北海道東端の根室に来航したのです。北海道を領有していた松前藩は使者を送って幕府の指示を仰ぎます。それに対し老中の松平定信は、使者を送ってラクスマンに函館へ回航するように指示、その指示どおりに函館へ回航してきたラクスマンに対し、ここでは要求文書は受け取れないが、どうしても通商を求めるなら正式の交渉窓口である長崎まで行くようにと伝え、長崎への入港許可証を与えて何とか当座をしのいだのでした。

このときラクスマンは、伊勢の船頭（船長）大黒屋光太夫《だいこくやこうだゆう》ほか一名を伴っていました。光太夫はそれより一〇年前、伊勢から江戸へ向かう途中、遠州灘で暴風に遭い、七カ月間の漂流のすえアリューシャン列島の孤島にたどりつきますが、そこでロシア人の毛皮を獲る猟師らと出会い、ロシア語を習得します。そこで四年を過ごした後、流木で作った船で島を脱出、シベリアを横断してイルクーツクまで行き、そこでラクスマンの父に会ってその手引きで首都ペテルスブルクへ行って女帝エカテリーナ二世に謁見、帰国を許され、ラクスマンに連れられて帰国したのでした。

幕府によるラクスマンへの長崎港入港許可証が使用されたのは、それから一一年たってからです。一八〇四年、ロシア初の世界一周航海艦隊がペテルスブルクを出航、大西洋を横断して南米のホーン岬を回り、太平洋を斜めに縦断してロシアの基地があるカムチャツカ半島に到達します。その隊長がレザノフでした。

皇帝の親書をたずさえたレザノフはカムチャツカで艦隊を離れ、ナジェシダ号に搭乗して千島列島から日本列島沿いに南下、長崎港に入って約束どおり通商交渉を待ちます。ところがラクスマンとの交渉を指揮した老中・松平定信はとっくに幕閣を去っていました。

長崎港の出島に半年間も足止めされ軟禁状態にされた後、レザノフは結局、長崎奉行から通商拒否を通告されます。一八〇五年、レザノフはむなしく長崎を引き揚げ、カムチャツカへ向かいました。彼には別に北米大陸のアラスカなどを所有する露米会社の総支配人としての役目があったからです。

こうした日本側の仕打ちに対し、〇七年、レザノフの部下、フヴォストフは樺太《からふと》の松前藩の番所や択捉島《えとろふ》を襲撃、略奪や放火を重ね、利尻島では幕府の船を焼きます。松前藩は応戦しますが、その軍事力の差は明らかでした。

なお、レザノフもまた日本の漂流民四名を伴ってきていました。津太夫という水夫（船員）ら四名です。一七九三年、石巻から江戸へ向かう途中、暴風で遭難、やはりアリューシャン列島の一つに漂着、ロシア人に助けられイルクーツクへ行って七年間、アレクサンドル一世の命令でペテルスブルクへ移動した後、レザノフの世界一周に同行して戻ってきたのでした。津太夫らは日本人として初めて世界一周をしたわけですが、大黒屋光太夫が井上靖『おろしや国酔夢譚』など小説や映画で広く知られているのにくらべあまり知られていません。

さて、この二度にわたるロシアの来航に対する幕府の対応を見ても、当時の日本政府が対外的にどんなに無策、無能だったかがわかります。二〇〇年近く鎖国政策の下で眠り込んでいる間に、外交能力をすっかり失っていたのです。いや、それ以前に、対外関係（外交）というものの存在そのものを否認していたようにさえ思えます。

その証拠に、幕府は外国からの脅威に対する防衛問題を論じること自体を禁じていました。一例が、林子平《しへい》に対する出版弾圧です。

一七三八年に幕臣の次男として生まれた林子平は、一家を構えることなく、北は松前から西は長崎までを踏破し、長崎と江戸で学んで大著『海国兵談』を書き上げます。一七八六年のことです。すでに北方にちらつくロシアの影に対し、海防の必要を説いた本でした。

しかし、幕府によって防衛問題がタブーとされていた当時、出版を引き受けてくれる版元がありません。そこで子平は、やむなく自費出版します。自費出版といっても、現代のそれとは違います。全一六巻を一字一字、自分の手で版木《はんぎ》を彫ったのです。ちょうどラクスマンが通商要求をたずさえて来日する前年、一七九一年のことでした。

ところがそれに対し、幕府は、無断で国防を論じたとして子平を蟄居《ちっきょ》させた上、それこそ命よりも大事な版木を没収してしまいます。蟄居中、子平は、

親も無し　子無し妻無し版木無し　金も無けれど死にたくも無し

と自嘲し、「六無斎」と称しますが、二年後の一七九三年、失意のまま世を去ったのでした。

このように幕府は、最も必要な時期に、最も必要な才能を圧殺し、その識見と知識を葬り去ったのです。危機に直面して無為無策のままさまよったのは当然でした。

❖相次ぐ「異国船」の来航と幕府の対応

しかし、世界の情勢は否応なく進展してゆきます。一九世紀に入り、日本へやってくる外国船があいつぎ、年を経るにつれてその頻度が高まってゆきます。発禁処分となった『海国兵談』も、一九世紀に入って危機が深まると書写によって広まり、ペリー来航のころにはついに復刻、出版されたといいます。

さて、ではレザノフの来航に続く欧米列強の船の来航はどうだったのでしょうか。

以下、主要なものを年表から拾ってみます。

■一八〇七年、ロシア船が択捉島や利尻島を襲撃したのと同年、アメリカ船も長崎に来航、薪水《しんすい》を求める。

■一八〇八年、イギリス軍艦フェートン号、長崎港に侵入、オランダ商館員二名を捕らえ、食料や飲料水を要求。この事件の不始末で長崎奉行と警備担当の鍋島藩の家老らが切腹自決させられた。

■一八一〇年、幕府、浦賀等に台場（砲台）を設置、城ヶ島には遠見番所を併設。このあたりから幕府は外国船をはっきり「敵視」することになる。

■一八一一年、国後島《くなしり》へ測量に来たロシア軍艦のゴローニン艦長ら八名を松前藩が捕らえて抑留、それに対しロシア側も回船商人の高田屋嘉兵衛らを抑留、一三年、両者を交換することで解決した。

■一八一八年、イギリス人ゴルドン、浦賀に来て通商を要求、幕府、拒否。

■一八二二年、イギリス船、浦賀に来航、薪水を求める。

■一八二四年、イギリス捕鯨船員、薪水を求めて常陸《ひたち》大津浜に上陸、水戸藩に捕らえられる。

同年、イギリス捕鯨船員、薩摩の宝島に上陸して略奪。

■一八二五年、幕府、諸大名に「異国船打ち払い令」を指令。

■一八三一年、オーストラリア捕鯨船、北海道厚岸《あつけし》に渡来、乗員が上陸して松前藩と交戦。

■一八三七年、アメリカ商船モリソン号、漂流民を護送して浦賀に入港。浦賀奉行、これを砲撃。

■一八四〇年、長崎に入港したオランダ船、前年のアヘン戦争の勃発を伝える。

■一八四二年、幕府、「異国船打ち払い令」を撤回、薪水と食料の給与を認める。

■一八四四年、オランダ使節コープス、「開国」を勧告するオランダ国王の将軍宛書簡を提出。
■一八四五年、アメリカ捕鯨船マンハッタン号、日本人漂流民を伴って浦賀に来航。幕府、これを受け取る。
同年、イギリス測量艦サマラング号、長崎に来航し、測量許可と薪水を求める。
■一八四六年、アメリカ捕鯨船員七人、択捉島《えとろふ》に漂着。
同年、アメリカ東インド艦隊司令官ビッドル、軍艦二隻を率いて浦賀に来航、通商を求めて浦賀奉行と交渉。幕府、拒絶する。

同年、フランス・インドシナ艦隊司令官セシュ、長崎に来航、薪水と難破船の救護を求める。
■一八四八年、アメリカ捕鯨船が松前に漂着。幕府、乗員を長崎に移送。
同年、デンマークの軍艦、相模鶴ヶ丘沖に来航。
■一八四九年、アメリカ軍艦プレブル号、長崎に来航、難破捕鯨船乗員を引き取る。
同年、イギリス軍艦マリナー号、漂流民・音吉を通訳として浦賀に来航。浦賀水道、下田港を測量する。
■一八五〇年、オランダ船、アメリカの対日通商要求を伝える。
同年、幕府、相模観音崎砲台を改築。
■一八五一年、土佐の漁民・中浜（ジョン）万次郎ら、アメリカ船により琉球に上陸。

■一八五二年、オランダ商館長クルチウス、幕府に東インド総督の書簡を渡し、明年、アメリカ使節が開国を求めて来航することを告げる。
同年、ロシア軍艦メンチコフ、下田に来航、漂流民を引き渡して去る。

■一八五三年6月、アメリカ東インド艦隊司令長官ペリーの率いる艦隊四隻（乗組み総員約一千人）、浦賀に来航。久里浜に上陸、「日本国皇帝（将軍）」にあてた大統領の国書を浦賀奉行に渡す。なお艦隊はこのとき浦賀沖から羽田沖まで江戸湾を測量。
7月、ロシア使節・極東艦隊司令長官プチャーチン、軍艦四隻を率いて長崎に来航。幕府、勘定奉行の川路聖謨《かわじとしあきら》を長崎に派遣して交渉させる。

8月、幕府、品川台場（砲台）築造に着工。

8月、ロシア軍艦、北蝦夷地に来航、上陸して兵営を築く。

9月、幕府、大船建造の禁を解く。

12月、ロシア艦隊、長崎に再来航、国境画定や通商・開港をめぐって交渉。

■一八五四年1月、ペリー艦隊（七隻）再来、横浜・小柴沖に停泊。横浜に上陸して交渉、3月、日米和親条約締結。下田、函館の二港を開港。
8月、日英和親条約締結。

9月、プチャーチン、軍艦ディアナ号で大阪に来航、次いで下田に回航するが、途中で地震による津波に遭い沈没。乗組員五百人を帰国させるため、伊豆半島の戸田《へだ》にて五〇人乗りの「ヘダ号」を建造。これにより、日本の造船技術は飛躍的に進展した。

12月、日露和親条約締結。これにより、千島列島の国境をエトロフ・ウルップ間とし、樺太は両国の雑居地帯と決める。

■一八五五年　12月、日蘭和親条約締結。

■一八五六年　7月、アメリカ初代駐日総領事タウンゼント・ハリス、下田に着任。

❖危機意識から突きつけられた「問い」

以上が、外国船が公式の通商要求をもって来航してから、ペリー艦隊の圧力に屈してついに開国、以後、各国との和親条約に応じるまでの約半世紀の経過です。つまり、日本の対外危機はペリーの黒船艦隊とともにやってきたのではなく、一八世紀末から始まり、一九世紀に入って急速に深まっていったのです。

そのため幕府は、先の年表で見たように、一八二五年には諸大名に「異国船打ち払い令」を指令しました。見つけ次第、打ち払え、という指令です。後に開国してからは、幕府は「攘夷」勢力から総攻撃を受けますが、幕府も当初は欧米列強を敵視し、交戦も辞さぬ構えだったのです。

スピルバーグ監督の「未知との遭遇」をはじめ、ハリウッド映画には宇宙からの異星人を迎え撃つ作品がいくつもあります。

そこで描かれる異星人は、ほとんど例外なく得体の知れない敵性の生命体です。広い宇宙のどこかからやってきた正体不明の恐ろしい存在です。

こうした描き方からも分かるように、外の世界からやってきた未知の外来者が、人間の心理として、友好的に迎えられることはまずありません。必ず、「何者か？」という警戒心で迎えられるはずです。映画では、しばしばパニックが生じる場面が描かれます。

さらに出現した相手が、自分たちの経験を超える強大なものであるとき、警戒心は容易に脅威や恐怖へと転化します。

しかも、幕末に日本にやってきた相手は、単独でたまたま出現したのではありません。それぞれ自分たちの知らない文明と歴史をもつ「異国」を代表してやってきたのです。強大な「異国」を背負ってやってきたのです。

最初のロシア船の場合はなんとかごまかしたものの、こう「異国船」の来航があいつぐと、もはやその場限りの対応でやり過ごすわけにはいきません。どう向き合えばよいのか？　どう対応すべきなのか？　そう主体的な対応を問われるなかで、脅威や恐怖は深刻な危機意識へと深まっていきます。

危機意識の深まりはさらに、「異国」に対峙する自分たちは、いったいいかなる存在であるのか、という問題意識を呼び覚まします。やってくる「異国」は自分たちとは別の文明を持っている。それは、船の形や大きさを見れば、ひと目でわかる。当然、それなりの歴史を持っているだろう。
では、自分たちの国はどうなのか？　いかなる文明を持ち、いかなる歴史を持っているのか？「異国」に対して対抗し得るもの、誇るべき何があるのか？

ひと言でいえば、一つの国・民族としてのアイデンティティーです。考えてみれば、この列島はそれまで三〇〇近い小さなくに（藩）に分割され、列島全体を「国」として意識することもほとんどありませんでした。当然、「日本国」のアイデンティティーなど考えてみることもなかったはずです。だいたい比較対照する「異国」がないところで、日本国が日本国であることの核心部分（アイデンティティー）は何か、ということなど考える必要がなかったからです。

しかし、今や独自の文明と歴史をもつ「異国」があいついで現れたのです。彼らに対抗できる、われわれの文明、われわれの歴史とはどういうものか？　彼らに優越するわれわれのアイデンティティーは何か――？

そういう問題意識が、この国の知識人たちの胸を激しく噛んだにちがいありません。

そしてこの問題意識に正面からこたえたのが、本居宣長によって確立された国学であり、もう一つ、水戸藩の「大日本史」の編纂事業の中から生まれた水戸学だったのです。

2 「国学」が描く日本像と天皇像

❖国学者・竹尾正胤《まさたね》の「大帝国論」を読む

やまとことばで書かれた日本最古の歴史書『古事記』の解読を通して、また中国を〝文化的対抗国〟と措定することによって、本居宣長は、独自の言語と歴史をもつ日本の国家的・民族的アイデンティティーを見いだします。その核心は、この国は「日の神」（太陽神）天照大御神の生まれた国であり、代々、その「日の神」の子孫である天皇をいただいてきた「神の国」であるということでした。

この「日本神国論」を軸に確立された国学は、宣長の死後も門人たちに受け継がれ、全国に広がっていきました。

その門人群は、二つの系統に大別されます。一つは、宣長の直接の門人たち（鈴の屋門）、いま一つは宣長の門人である平田篤胤《あつたね》の下に集まった門人たちです。芳賀登氏『幕末国学の展開』（一九六三年、塙選書）によれば、宣長門では四九一名、篤胤門では五二五名が数えられるそうです。

宣長の確立した国学に傾倒するこれだけの人が、全国各地に散在したということです。
そしてこの門人たちに特徴的だったのは、その大半が武士ではなく、豪農層を中心とする農民や町人、それに神官で占められていたことでした。宣長門では武士の比率はわずかに一四％、篤胤門でも三一％にすぎなかったとのことです。

では、この非武士層、つまり被支配層によってになわれた国学はどのように発展していったのか、途中経過は省略して幕末の一八六一年、三河（愛知県東部）の神官、竹尾正胤によって執筆され、六三年に発表された論文「大帝国論」を見てみることにします。竹尾は平田篤胤門下で、このときまだ三〇歳です。斬新な表題で、江戸時代末期に書かれた国学者の論文のうち代表的なものの一つと見られています（以下、典拠は『日本思想大系51　国学運動の思想』岩波書店）。

さて、「大帝国論」は次のように書き出されます（読みにくい漢字は一部平仮名に変更）。

　およそこの地球の中にて、西夷《せいい》等が帝国と称する国六つあり。いわゆる亜細亜洲にて、皇国《みくに》・支那、欧羅巴洲にて、独逸《ドイツ》・都児格《トルコ》・魯西亜《ロシア》・仏蘭西《フランス》、すなわち右の六国にて、その外は、王侯、あるいは共和政治等の国柄なれば……帝号を言はず。

つまり、世界には現在、「帝国」と名乗っている国が、アジアに二つ、ヨーロッパに四つ、合計六つある（その他の国は王国や共和国であって帝国とは称していない）。わが国（皇国《みくに》）のほか中国、ドイツ、トルコ、ロシア、フランスの六カ国であるが、しかしその実態は、わが国を除いていずれも真の帝国ではなく「偽帝国《にせていこく》」である――ということを、国ごとに歴史を洗うことによって論証してみせたのがこの論文なのです。

キイワードとして表題を含め「帝国」という単語が使われています。近代の用語のように思われるかも知れませんが、必ずしもそうではありません。「帝」はもともとは最高神を意味し、中国では天帝、上帝などと言い、日本では訓読みで「みかど」とよんできました。古代以来の用語です。「帝国」はしたがって「みかどの治める国」ということです。

なお、出だしから「地球」という単語が使われていますが、当時すでに中国で布教中のアメリカ宣教師が書いた『地球説略』という本があり、それに訓点（返り点や送り仮名）を施したものが日本でも出版され、かなり広く読まれていたのでした。

「大帝国論」では、この『地球説略』のほか『西洋列国史略』『西洋小史』『英国志』『洋外紀略』『洋外通覧』『新撰年表』『坤輿《こんよ》図識』『増訳采覧』などが出典として挙げられています。こうした翻訳書、解説書によって、竹尾はヨーロッパ各国の歴史を知り、この論文を書いたのです。

各国史に入るまでに、まずヨーロッパの先史・古代史が語られます。ローマの建国神話からノアの箱舟、エデンの園の話などの後、シユリウス・カアイサル（ジュリアス・シーザー）からローマ史に入り、ネロを含む暴君や王権争奪の歴史が語られ、そのあと東ローマ帝国、フランク王国の興亡から神聖ローマ帝国の成立へと移ります。そしてこのウイーンを本拠とする「神聖ローマ帝国」が、竹尾が最初に挙げたヨーロッパの四つの帝国のうちの「ドイツ帝国」に該当するのです。しかしこの「ドイツ帝国」は一六世紀に入りオスマントルコにより首都を包囲攻撃され、さらに一八世紀末にはナポレオンと戦って敗れ、その「酋長」（皇帝をさす）は他国に逃れて、帝国は瓦解したと語ります。

以上のような歴史を紹介した後、竹尾は、西洋ではこのドイツ国王を「正統の帝」としているというので、西洋学をものする者たちは「雷同して、ドイツ国酋長を、天子・皇帝などと言うものもあるが」「その国の簒奪」はここに述べたような次第なので「不正の王統」なのである、と宣告します。

ドイツに次いで「帝国」を「僭号」しているのがトルコ「酋長」である、として竹尾はやはりその略歴を紹介します。その歴史とは、まず始祖は地中海の盗賊だったとして、それがユダヤの地ほかを略奪し、小アジアからギリシャの国々を攻め取り、コンスタンチノープルを奪い、周辺諸国に国威をふるって、帝国であると誇ってきた、というのです。

しかし、と竹尾はこう切り捨てます。トルコの酋長は「帝号」を称しているが、「盗賊より出でたる国系なれば」いかなる者の子孫であったとしても「卑しき極みにぞありける」。したがって、どんなに強大であっても、「賎劣なる王統」であるから、わが皇譜《こうふ》にくらべられるようなものではない。

三番目がロシアです。ロシアはヨーロッパの北方の僻遠の地に成立したモスコー侯国という小国から始まったとして、その後いくたの内乱・抗争をへて一六世紀にイワン雷帝の血を引くロマノフ王朝が立ち、一七世紀末から一八世紀にかけてのピョートル大帝の時代に帝国としてヨーロッパ列強に加わるまでの歩みを、竹尾は比較的くわしく紹介します。

しかしその結論は、次のようににべもないものでした。

ロシア国、今は領地も広く、国威また盛りにして、帝国と云ひて誇り驕れども、帝号を称せること新しく、かつ、その系統、連綿せるとも云ふべからず。されば、真帝国にあらざること、いと瞭然《あきらけ》くこそ。

最後は仏蘭西です。古代ローマ時代はガリアと呼ばれたことから始めますが、途中経過はほとんど省略してナポレオンに飛びます。彼はヨーロッパ中に兵威をふるい、自ら「仏蘭西第一世皇帝」を称するが、連合国との戦いに敗れ、亡びてしまう。その後、国中大いに乱れ、ルイ・フィリップが王位に就くが、庶民また反逆してこれを追い出してしまう。それからほどなくナポレオン三世という者が国を統一し、「仏蘭西皇帝」を称するまでを、駆け足で紹介します。そしてその診断は、というと――

フランスは、帝号を称すること、今年（一八六一年）でわずかに九年、出来立てもいいところで、その価値を論ずるまでもない。また、「土民」等、乱を起こし、たちまちにその王を国外に追い出すなど、かりそめにもわが皇国と比較できるような国ではない。

竹尾正胤によるヨーロッパの「帝国」の実体は、以上のようなものでした。ではアジアの「帝国」中国の実体はどういうものか。これについては、すでに宣長がくり返し取り上げ、ほとんど誹謗中傷同然の批判を加えていました。竹尾はそれを、より〝科学的〟に批判します。

――さて、亜細亜州の帝国、漢土《からくに》の王統は、古代より定まらない。放伐というのは、徳を失った君主を討伐して放逐することを言うが、これが万世乱逆の根源となって、下克上が絶えず、古代から今日の清国まで、王統の変わること二五度、酋長（君主のこと）の数は今の清《しん》の王までで二四四代、それにかの北朝と称する酋長二六人、遼と金を合わせると一九人、清の太祖、太宗二名を加えると全部で二九一名となる。そしてこのうち、討伐・弑殺《しいさつ》されたのが実に七〇余人に及ぶ。このような国は、聞いたためしがない。まさしく冠履《かんくつ》転倒（上下さかさま）の国と言うほかない。

したがって、この国のものが他国に向かって、「中華」「中国」と誇り、その酋長が「天子」「皇帝」と自称しても、それは僭称にすぎず、王統が確固として立つことはこの国にはないのだ――と竹尾は断定します。そしてこれも宣長にならい、知略奸勇あるものは、王政が衰弱し、あるいは暴政に及ぶと、隙をうかがって軍を起こし、王位を奪って、昨日までは賎民であった者が、今日は天子・

皇帝を名乗る、それが中国という国だと言うのです。

❖天皇は「地球中の総天皇」、日本は「万国の祖国」

こうして、世界の「帝国」を名乗る国が実際は帝国の名には価しない「偽帝国」であると決め付けた上で、竹尾は、次は一転して自国の天皇を称えます。

――わが大皇国《おおみくに》の天皇命《すめらみこと》は、戎《えびす》国の国長どもが僭称する皇帝のたぐいではなく、実に「一地球中の惣天皇（惣は総と同じ）」でおありになる。また、天照大御神が天孫・ニニギノミコトに対し、葦原水穂国はわが子孫が治めるところとして天上界から地上へ送り出されるさい、天壌無窮《てんじょうむきゅう》、すなわち天地とともにきわまりなく永遠に、とおっしゃられた。

この「天壌無窮」の神勅はずっとつらぬかれ、今の世に至るまで、御代《みよ》は一二〇余代、年数は五千余歳、日月とともに連綿として栄えてきた。また、天皇命だけでなく、天孫降臨のさいに随従してこられた廷臣（公家）の方々も一度も平民に下られることなく、今もって朝廷に奉仕しておられるのは、帝国の帝国たるゆえであって、この君臣の道が微動だにせず永遠に続くのは、この国が万国の惣君主であられる真天子をいただく皇国だからである。

あの中国や西洋の諸国のように、氏素性もわからぬ者が、権力をにぎればたちまち皇帝と称し、それを国中の民があがめるのは賎劣な風習ともいえるが、なんで各国おしなべて王統が続かないかというと、その酋長たちが時の勢いにまかせて成り上がった者たちであって、野卑不正、勝手に王位についたからである。

それに対し、わが国は「万国の祖国」であり、「惣天皇のおわします」国であって、一方、中国や西洋の国々には王統が続かないように、天地創造のさいの造化の神々の神慮によって定められている。したがって、先にあげた五つの帝国は、すべて僭称の号であり、「擬帝《ぎてい》の国」なのである。

さて、私（竹尾）がこのように言うと、西洋学に惑溺《わくでき》せる徒は、いたく笑ひて、「自国をのみ尊むは、ヨーロッパ地方のことを知らない井の中の蛙《かわず》にて、日本は普通の帝国にすぎず、ドイツ、ロシアのごときは領地も広大にて、国威もいたく強かれば、西洋地方の実際の帝国なり」とか何とか言うだろう。

しかし、そういう言い草こそ、神恩・朝廷の恩・国恩を知らない狂言であって、天照大御神につらなる皇統にくらべられるような王統がこの地球上に他にあるわけがない。

わが皇国は真の帝国であるから、天照大御神ほかの神々は「万世無窮の天統」をお定めになった。これほど正しい帝統《ていとう》は他の国にはあり得ず、また、廷臣の方々も永遠に仕えたまうのは、君臣の名分が実に正しいからであって、限りなく美しいことではないだろうか。

外国の酋長どもは、他国に対して、「皇帝よ、大帝よ」とうるさいほどに自称するが、皇国《みくに》はそんなことはしない。昔から「神在随事揚不為国《かむながらことあげせぬくに》」と言うように、謙虚なわが国は自ら帝国と誇るようなことはしないのだ。それなのに諸外国が皇国を指して帝国と言うのを見ても、この国が真の天子の国であることがはっきり分かるだろう。

以上が国学者・竹尾正胤の「大帝国論」の主張の骨子です。

一読して、本居宣長が確立した「日本神国論」の論理構成にぴったり重なっていることが読み取れます。

まず、自国に対抗する国として外国についての検証が行なわれます。宣長が「対抗国」として設定したのは中国でした。竹尾論文ではそれに西洋の四国が加わり、「対抗国」は五カ国となっています。外国船の来航によって視野を広げられ、あわせて欧米の歴史や政治、地理についての解説書が出版され、知識がグローバルに広がったからです。

しかしその検証軸は、宣長が中国を検証したのと同じ、王統の継続性と正統性に限られ、その点で独、露、仏、それにトルコ、中国の五カ国はいずれも失格とされ、「偽帝国」の烙印を押されたのでした。神聖ローマ帝国以来の長い伝統を引くドイツといえども、古事記に記された、「皇統にして一二〇余代、年数にして五千余年」という皇国とは比較にならなかったのです。

こうして、わが大皇国《おおみくに》こそが地球上にただ一つ存在する真の帝国であることを〝検証〟したあと、国学者・竹尾は、これも宣長にならって、わが国が太陽神・天照大御神の「天壌無窮」の神勅により、その子孫である天皇によって永遠に治められる「神の国」であることを説きます。そのさい、新たに付け加えたのは、この国の天皇がたんに一国の王であるだけでなく「地球中の総天皇」であり、その総天皇をいただく皇国は「万国の祖国」である、ということでした。

宣長も、「日の神」天照大御神はわが国だけの神ではない、世界中の国でその恵みを受けていない国はない、と説きましたが、竹尾はこの見方をさらに延長して、天皇もまた「地球中の総天皇」であるとしたのです。天皇は「日の神」の「御子《みこ》」であり、「日の神」と同列だというのですから、「日の神」が万国の神であるのなら、天皇もまたそうであるというわけでしょう。

これは実は「天皇万国総帝説」と呼ばれるもので、平田篤胤の学派で流通していた説だといいます。篤胤の門で竹尾の先輩になる大国隆正はこう述べています。

「皇国は万国第一の邦《くに》にして、わが天皇はただ皇国の天皇におはしますのみならず、世界万国の総王にておはしますなり」（前掲『国学運動の思想』補注から。次も）。大国は一七九二年の生まれで、自らも一派をなした国学者ですが、その主著「本学挙要」（一八五五年）でもこう述べています。

「わが日本国の人、外国の人にあひたらんには、わが日本国は、つねの帝爵の国とたがひ（異なり）、いまひときざみ尊き国なれば、おのづから大帝爵の国体をそなへてあるなり。いまよりのち、西洋にて国の位《くらい》を定むるとき、別に大帝爵のくにをたてて、日本国をその位におき、その他の帝爵の国王ども、わが天皇を世界の総王として、……せよといひさとすべきになん」

日本は普通の帝国ではなく、一段と尊い大帝爵——竹尾の用語でいえば大帝国——の「国体」をそなえている国である。したがって今後、世界中の国をランクづけするときは、日本国だけは別格の「大帝国」として、わが天皇を「世界の総王」として位置づけるように説得すべきだろう、というわけです。

イソップ寓話の中に、牛と大きさを競った蛙の話があります。本居宣長によってその基礎を確立された国学は、深まりゆく危機意識のなかで、その想念をここまで膨張させていたのです。

「大帝国論」の末尾に近く、竹尾は「大帝国」に生きる国民の心構えをこう説いています。原文のまま引用します。

いやしくも大皇国《おおみくに》に生れたらむ者は、上にあげつらへる条々（引用者注・人情あつく、慎み深く、欲をひかえる等）をよく心得て、夷狄《いてき》等が自立して、僭号せる擬帝国と混乱することなく、わが天皇命《すめらみこと》は、国土一体の惣天子にましまし、皇国《みくに》は、則《すなわち》、万国の祖国、君上《くんじょう》（天皇）の国なることを仰ぎ奉り、山行《やま》かば草むす屍《かばね》、海行《うみ》かば水《み》づく屍、事しもあらば、身命の限り、朝廷につかへ奉《たてまつ》る可《べ》しと、心がく可きことになむありける。あな畏《かし》こ。

文中、「山行かば草むす屍、海行かば水づく屍」の句があります。万葉集に収められた大伴家持《ほおとものやかもち》の長歌の一節です。のちに日中全面戦争開戦の一九三七年、作曲家・信時潔《のぶとききよし》により曲をつけられ、戦没将兵の遺骨を迎えるさいに歌われ、ニュース映画でも英霊に対し、またラジオで日本軍守備隊の玉砕（全滅）を伝えるさいなどにも流されました。荘重な名曲ですが、天皇命《すめらみこと》のためなら命を投げ出してもかえりみはしないというその歌詞が、幕末の国学者の論文にすでに引用されていたのです。

またその思想は、一八九〇（明治23）年に公布された教育勅語の核心にすえられます。宣長によって生み出された日本ナショナリズムの源流は、こうしてさらに拡大され固められて後代に受け継がれていったのです。

3 「水戸学」の神国論と国防論

❖水戸学・会沢正志斎《あいざわせいしさい》の「新論」を読む

国学と並んで、一九世紀前半の知識層の危機意識をひきつけていったのが、水戸学です。水戸学はその名のとおり、徳川御三家の一つ、水戸藩において第二代藩主、徳川光圀（水戸黄門）がはじめた「大日本史」編纂事業のなかで形成されました。事業は一七世紀の後半から約二百年間つづけられたのですが、全国にその名が知られるようになったのは最末期の天保《てんぽう》年間（一八三〇～四三年）後のことです。したがって、水戸学はまた天保学とも呼ばれました。

代表的な学者としては、藤田幽谷（一七七四～一八二六）とその子の藤田東湖（一八〇六～五五）、幽谷の弟子、会沢正志斎（一七八二～一八六三）が挙げられます。

現在の茨城県の地図を見ればわかるように、水戸藩は長い海岸線を保有していました。鹿島灘をのぞむ海岸線です。そのため、一九世紀にはいると、外国船接近の知らせが海岸の見張り所からたびたび注進されるようになりました。一八二四年5月にはイギリスの捕鯨船船員が薪水《しんすい》を求めて大津浜に上陸してくる事件が起こります。このとき正志斎は「筆談役」を任命され、訊問に立ち会いました。藤田東湖は父・幽谷から、「異人上陸のさいは斬るべし」と命じられて家を出たといいます。

この事件のあった翌年、会沢正志斎は対外政策を論じた「新論」を発表するのです。当時、四三歳でした。

水戸学は、儒教の一学派です。したがって、儒教とあわせて漢文を否定した本居宣長とちがい、この「新論」も原文は漢文で書かれています。しかし漢文そのままでは読めませんので、ここでは『日本思想大系53　水戸学』（岩波書店）に掲載されている訓読文によって輪郭を紹介することにします。

なおこの論文は前掲『大系』で一一〇ページにわたる長大なもので、その内容を簡潔に紹介するのは至難のわざなのですが、できるだけ本文のニュアンスをそこなわぬようにして紹介します。「新論」は、冒頭まず次のように書き出されます（カッコ内は筆者注）。

謹んで按《あん》ずる（考える）に、神州（神国日本）は太陽の出づる所、元気（万物の根源をなす気）の始まる所にして、天日之嗣《てんじつのし》（天皇）、世《よよ》（代々）宸極《しんきょく》（皇位）を御《ぎょ》し、終古易《かわ》らず（永遠に変わらない）。固《もと》より大地（地球）の元首にして、万国の綱紀（統括者）なり。誠によろしく宇内《うだい》（世界）に照臨（君臨）し、皇化の及ぶ所、遠邇《えんじ》（遠近）あることなかるべし。しかるに今、西荒《せいこう》（西洋）の蛮夷、脛足《けいそく》の賤を以て（日本が頭なら足にすぎない分際で）四海（世界）に奔走し、諸国を蹂躙し、眇視跛履《びょうしはり》（おのれの力のほどもわきまえず）、敢へて上国《じょうこく》（日本）を凌駕せんと欲す。何ぞそれ驕れるや。

神州は「太陽の出づる所」「元気の始まる所」、そして天皇は「地球の元首」「万国の綱紀」であり「世界に君臨」すると述べています。

国学の竹尾正胤は、天皇は「地球中の総天皇」、日本は「万国の祖国」と述べていました。同じことを、すでに三〇年以上も前に、水戸学の会沢正志斎は言っているのです。ここからだけでも、正志斎の「新論」がどのような思想的立場に立っているか、明瞭にわかります。

さて、右の一節を含む文章を前文として、「新論」の本論は次の五章から成っています。（カッコ内は筆者の注）

一　国体　上・中・下
二　形勢（世界の情勢）
三　虜情（敵の国々の動向）
四　守禦（国防問題）
五　長計（長期計画）

このうち「国体」だけは、上・中・下の三節に分け、全体の三分の一の文字数を使って論じられています。

現在、国体といえば国民体育大会以外の意味はありませんが、第二次大戦までの日本では、「国体」は口にするのも恐ろしいマジック・ワードでした。一九二五（大正14）年、普通選挙法の成立と引き換えに、思想・言論弾圧のための治安維持法が制定されますが、その第一条に挙げられたのが「国体の変革」でした。この重大犯罪に対する刑罰は、当初こそ最高刑一〇年以下の懲役でしたが、三年後の改正で死刑と変更されました。今日の辞書には、国体は「くにがら」あるいは「国家体制」とだけしか書かれていませんが、近代日本においてはへたにかかわると死刑にされかねない恐ろしいものだったのです。

そういう特殊の観念を込めた「国体」という用語は、この水戸学から生まれました。そのことをるる説いているのが、この「新論」の「国体　上・中・下」なのです。

❖なぜ「国体論」を冒頭にすえたのか

ではなぜ、正志斎は「国体論」を冒頭にすえ、多くの文字数を費やして論述したのでしょうか。

この「新論」が、外国船が押し寄せてくる危機意識の中で書かれたことは先に述べました。つまりこの論文は、迫り来る外国に対し、日本はどう立ち向かうのか、という問題意識をもって書かれたのです。

そのさい、まず問われるのは、立ち向かう〝主体〟の問題です。〝主体〟があいまい、あやふやであれば、敢然と立ち向かうことなどできるはずはないからです。

では、立ち向かうわれわれ、つまり日本とは、いかなる特質、いかなる伝統をもつ国なのか？そのことを明らかにし、主体性を確立することなしに、強大な敵を迎え撃つことはできない。

ところが、これまで一般に、日本国とはいかなる国なのか、正面から深く追求することは殆んどなかった。そのため、自分たちの国、日本国について確固たる共通認識をもつには至っていない。

そこでまず、本論において、日本国とはいかなる歴史をもち、いかなる独自性をそなえた国であるかを明らかにしたい。

――ということから、正志斎は「国体論」をすえたのではないでしょうか。「国体論」とは、したがって日本のアイデンティティー論なのです。現代風のタイトルをつけるとすれば、

「日本国とはいかなる国か」

ということになるでしょう。

ですから、「国体」というのは、かんたんに「くにがら」や「国家体制」と言いかえることはできません。その国が、まさにその国であるという独自性の証明、とでも言ったらいいのか、英語ですがやはりアイデンティティーという用語が一番ぴったり来るように思われます。

さて、水戸学は儒教の一派であり、「新論」の原文も漢文で書かれていることは先に紹介しました。したがって、中国の古典からの引用も多く、難解な漢語が縦横に使われています。次に引用するのは、「国体・上」の最初から二番目の段落です。いかにも漢文調であり（もとが漢文なのだから当然ですが）、また、宣長が儒教でいう「天命」について「天に心があるはずはない」と批判した、その「天」という文字が多用されていますが、古事記・日本書紀にもとづくその主旨は国学の主張と重なります。

昔者《むかし》、天祖《てんそ》（天照大神）、肇《はじ》めて鴻基《こうき》（国の大いなる基礎）を建てたまふや、位《くらい》はすなはち天位、徳はすなはち天徳にして、以て天業を経綸《けいりん》し（国家を治め）、細大のこと、一《ひとつ》も天にあらざるものなし。徳を玉《ぎょく》（この玉と、次の鏡、剣をあわせ三種の神器《じんぎ》となる）に比し、明《めい》を鏡に比し、威《い》を剣《つるぎ》に比して、天の仁《じん》を体し、天の明に則《のっと》り、天の威を奮ひて、以て万邦《ばんぽう》に照臨（君臨）したまへり。天下を以て皇孫に伝へたまふに迨《およ》んで、手づから三器を授けて、以て天位の信《あかし》となし、以て天徳に象《かたど》りて、天工（天の仕事）に代《かわ》り天職を治めしめ、然《しか》る後にこれを千万世《せんばんせい》に伝へたまふ。天胤《てんいん》（天祖の血統を引く子孫、すなわち天皇）の尊きこと、厳乎《げんこ》としてそれ犯すべからず。君臣の分《ぶん》定まりて、大義以て明らかなり。

少々意味がとりにくい文章なので思い切って意訳すると――、

この国のおもとは（太陽神）天照大神によってすえられたもので、人々の守るべき道徳や国の統治のあり方はそのとき定められた。大神は皇孫ニニギノミコトを地上に送られるさい、三種の神器――仁徳を表わす玉（勾玉《まがたま》）、明知を表わす鏡、勇威を表わす剣を授けて皇位の証とされ、以後、天皇による統治は万世へと伝えられた。天皇の尊さは「厳乎としてそれ犯すべからず」、それにより君臣のそれぞれの役割も決まり、何を守るべきかも明らかとなる。

述べていることの意味は先の前文と重なりますが、それに三種の神器を加えることによって、皇統の正統性を裏付けています。

そして以下、歴史を振り返ります。先述のように水戸藩では「大日本史」が編纂されていましたが、会沢正志斎はそのスタッフの中心メンバーでもありました。

さて、歴史を振り返るとなると、ここですぐに疑問が湧いてきます。古代こそ天皇が国を統治していましたが、中世以降は天皇は政治の後景にしりぞきます。とくにこの時代は徳川幕府が政権をとり、正志斎が勤務する水戸藩は、その幕府をささえる御三家の一つです。この問題を、「新論」はどう説明しているのでしょうか。該当部分を、なるべく原文を生かしながら現代文に訳します。

豊臣氏は匹夫《ひっぷ》より起こって、戦乱を平定し、関白となって天下に号令し、土地と人民を統一して、もって皇室を支え奉った。

次いで東照宮（徳川家康）が興り、もっぱら忠孝を基軸として、ついに二百年泰平の偉業をなしとげた。将軍は子孫のための計画をしっかりと守り、天下の諸大名をひきいて京都へ上り、天皇に拝謁した。天皇もこれを褒賞して、諸大名に官位を授けた。

こうして天下の土地と人民に対する統治は統一され、国中が一つになって、みんなが朝廷の仁徳を仰ぎ、幕府の統治に従った。

つまり、仁徳を体現するものを天皇とし、その天皇を尊重しながら土地と人民を統治するのが幕府であると位置づけているのです。

もう一つ、ここで気がつくのは、正志斎が「国の統一」ということを何よりも重視していることです。その背景に外国への危機意識があることは言うまでもありません。いまの引用文の後はこう続きます。

このように、幕府の統治によって世の中はぶじ治まってきた。しかし泰平があまりに長く続いたために、倦怠が生じてきた。諸大名は生まれながらにして安逸にふけり、凶作への備えがないのにそれを心配することもなく、「姦民横行する」もこれを禁じることなく、外敵が周辺をうかがっているのに、これを恐れることもない。これはつまり、土地と人民を棄てることにはかならない。こんなことでどうして「国体」を維持できるだろうか。

このように国の現状を憂え、危機的状況を指摘した上で、次に日本を取り巻く情勢把握へと移っていきます。

❖西洋列国の情勢分析と国内識者への警告

その最初は「形勢」、わかりやすく言えば「世界の情勢」です。
先の竹尾正胤の「大帝国論」もそうでしたが、この会沢の「新論」でも世界についての新知識が多用されています。

たとえばまず、出だしが「東半球」と「西半球」です。ただし、東半球を指して、アジア、アフリカ、ヨーロッパとは言わず、中国および海西諸国、南海諸島と呼びます。アジアなどというのは「天朝の命ずるところの名にあらず」したがって「公名」にあらずだからです。つまり知識は西洋からもらうけれど、命名は日本式でゆくというわけです。

さてその東半球でみずから「帝国」を名乗るものは、中国をのぞくと、ムガール帝国、ペルシャ、トルコ、ドイツ（神聖ローマ帝国）とロシアであるが、もっとも警戒を要するのがロシアである。わが国は四方を海で囲まれており、これまではこの海が天然の要害となってきた。ところが現在は、西洋敵国は巨艦大船をあやつり、数万里をものともせず、つむじ風のように走って、大洋もまるで平たい道路のように動きまわる。そのため今やわが国は、国土の全海岸を防備せざるを得なくなった。かつての天然の要害が、逆に敵を招き入れる要路になってしまったからだ。

西洋はすべてキリスト教国で、強国としてフランス、スペイン、スウェーデン、イギリスがあるが、中でも近年はロシアが勢いを伸ばし、東方のわが国をねらっている。つまり直接に中国を打倒することはできないので、まずわが国を配下に置き、我が民を往時の明《みん》の時代の倭寇《わこう》のようなものとして中国の東南地方を疲弊させ、その隙に乗じて満州を取り、北京を突こうという計略だ。

しかしまだその時期でないと考えたら、まずペルシャと組んでトルコを倒し、次いで東方の清《しん》国を破り、最後にわが国を攻めてくるのかも知れない。

ロシアは、航海の術はもとより長《た》けており、狂瀾怒涛も何のそのである。陸戦ではすでにトルコを圧倒している。そのロシアが、北方ではわが国と隣接しているのである。なのにこれを黙って傍観していられるだろうか。

以上が正志斎による世界の情勢分析の中心部分です。前年にイギリス捕鯨船員の上陸に立ち会ったばかりですが、その警戒心はここではもっぱら北方のロシアに向けられています。北海道へのおよそ三〇年前のラクスマンの来航、二〇年前のレザノフの来訪、その翌年のレザノフの配下と松前藩との紛争などについて、正志斎は若いころから論文を書いており、強い関心を抱いていたからだと思われます。

「形勢」の次は「虜《りょ》情」、つまり敵国の動向です（虜は敵という意味）。タイトルから類推できるように、前の「形勢」の続き、発展です。

それはまず西洋のキリスト教論から始まります。それがいかに邪悪な宗教であり、いかに巧妙に人心を惑わし、信者に引き入れるか、口をきわめて非難します。宣教師によってわが国も戦国時代以来、布教の対象とされたが、踏み絵による弾圧策や島原の乱の鎮圧でキリスト教が広がるのを防ぐことができたと述べます。

以後、長らく平和な時代が続いたが、いままた西洋敵国が現れて、イギリスは中国をねらい、ロシアはわが国の北方に出没している。

ロシアは、初めのうちは地形を測り、動静をうかがっていたが、ついに通商を請うてきた。それが受け入れられないと、松前藩の会所を焼き打ちにするなど暴力をふるった。

一方、イギリスはとつぜん長崎に現れて撹乱し（一八〇八年）、浦賀に闖入《ちんにゅう》してきた（一八一八年）。これまではほとんど現れなかったのが、突然やってきて、人のふところを探る。怪しい限りではないか。

かつてラクスマンが現れたとき、幕府は国法を持ち出して、「外国船がわが国に近づいてきたら、海上でこれを駆逐することになっている」と通告した。今日、イギリス船が浦賀に停泊していても、これを打ち払う気配もない。

それどころか、わが水戸藩の大津浜にイギリス船がやってきて、あろうことか乗組員が上陸してきた。しかし幕府役人は、この船が捕鯨船であると知ると、食糧を与えて帰した。

これについて、目先の安楽だけを求める偸安《とうあん》の徒は言うかもしれない。漁船や商船ならそう深く考えることはないのではないか、と。

こういうのを浅墓というのだ。敵は他国の隙をうかがって万里を航海しているのだから、「糧《かて》を敵に因《よ》らざるを得ず」（孫子）、つまり食糧は敵地で調達せざるを得ないのだ。

だいたい捕鯨だといって、はるか東洋まで危険を冒してやってくるのが怪しい。イギリスのすぐ近く、グリーンランドの海には鯨がたくさんおり、各国が出漁しているというではないか。

西洋の船の構造は、時と場合に応じて漁船ともなれば商船ともなり、いざ海戦となれば戦艦となる。その船で彼らが東南諸島をへて八丈島から屋久島、種子島を占拠すれば、中国をねらう恰好の戦略基地となる。つまり一挙両得だ。このように、敵がいかに狡知に長けているか、残念ながらわが方にはわかっていない。

あるいはまた、凡俗の徒は言うかもしれない。「昔から神州の兵は精鋭万国に冠たり。夷狄《いてき》（敵）は小醜、憂ふるに足らず」と。

しかし、わが国ではすでに二百年の長期にわたり、武士はいくさを経験していない。いざ戦争となると、気の弱いものは逃げ出し、勇者はいたずらに突っ込んで命を落とすだけだろう。昔、蒙古が襲来した折は、武士たちはまだいくさを忘れてはいなかったが、蒙古軍の戦法はこれまで見たこともないもので、どう対処していいかわからず、騎馬武者はただ猪突猛進して蒙古の飛び道具に倒れた。

したがって、今日の戦いでは戦略・戦術が最も重要だが、兵法といえばいまだに武田信玄や上杉謙信の段階にとどまっているのが現状だ。これではとても勝利の成算は立たない。

このほか、「敵は海を渡って遠くからやってくるから兵力は限られる、そう心配は要らない」という主張に対して、正志斎は明の時代の倭寇の例を引き、いくさで重要なのはたんなる兵力の多寡ではなく、勢いだと説きます。

また、「キリスト教というものは底が浅いものだ。愚民を欺くことができても、君子の心をつかむことはできない」という主張に対しては、天下の民はほとんどが愚民であって君子はきわめて少ない、ひとたび愚民大衆が傾けば天下を治めることはできない、と一蹴します。

以上のように論争スタイルをとって述べた後、西洋敵国に乗じられないためには、何としても敵国の情勢・動向をよく知らなければならない、と強調してこの章を閉じます。

❖政治改革と防衛政策

次は「守禦《しゅぎょ》」、すなわち国防問題です。「およそ国家を守り、兵備を修むるには、和戦の策、まづ定めざるべからず」と正志斎は説きます。和戦、つまり戦うのか、戦わないのか、それをまず決めなくてはならない、というのです。

ところが、ついに先月、幕府は「攘夷の令」(異国船打ち払い令)を布告した。和戦はここに決した。そこで正志斎は「守禦の策を陳《の》べん」として、以下にその方策を列挙していきます。

その一は、「内政を修む(修めること)」として、次の四項目を挙げます。

第一、士風(武士の気風)を興すこと。

第二、奢侈を禁ずること。

第三、万民を安んずること。

第四、賢才(才能ある者)を登用すること。

以上の四つにそれぞれ説明がつきますが省略します。

その二は、「軍令(軍の体制)を飭《ととの》ふ(整える)」。これには次の三項目が挙げられます。

第一、驕兵(口先ばかりの驕る兵)を排除すること。

第二、兵員を増強すること。

第三、訓練を重視すること。

以上は現代の私たちもだいたい首肯できる項目ですが、次の「その三」はユニークです。その三は、「邦国（国家）を富《と》ます」。

国を豊かにしなければならぬことは当然ですが、その前提となる現状認識がすごいのです。すなわち――天下の大名はおおむね贅沢をほしいままにして、民から税金をしぼりとりながら、それをいい加減に浪費しているため、自ら貧困に苦しんでいる。これはみな大名が奥御殿の女性の手で育てられ、生まれながらにして安逸だけしか知らず、日々接するのは巧言令色のみ、いまだかつて艱難《かんなん》を知らないからである。

痛烈な批判です。そしてこの現状を改革するために「その一」に挙げた項目を実行すべきだと説くのです。

あわせてこんな注目すべき批判も述べています。参勤交代批判です。大名は隔年ごとに国元を留守にして妻子の定住する江戸に住まわなければならない。そのため、天下の膏血《こうけつ》（領地の民が苦労して生産した物）も江戸に集められて消費される。物だけではない。領民もまた郷土を離れ、江戸に集まってくる。そうなると「野は荒れ民は散じて、国貧ならざるを得ん」のも当然ではないか、という国政への批判です。

その四は、「守備を頒《わか》つ」、つまり兵力を分散して全国の守りを固めることです。なぜなら、異国船はいまや江戸や長崎に来るだけでなく、全国どこにでも現れる可能性があるからです。

これについて正志斎は四つの方策を提案します。

第一は、屯兵《とんぺい》を設ける。屯田兵のことです。全国の海岸の多くは僻地です。そこに常駐して防備に就く兵には農具を支給して普段は農耕に従事させ、税も免除することにしてはどうか、というのです。後に明治政府は、北海道の開拓と防衛のため屯田兵を送り込みます。その政策を先取りしていたのがこの案です。

第二は、斥候《せっこう》を明らかにする。斥候とは、戦闘のさいに敵情を偵察する兵のことです。ここでは、接近する異国船をいち早く発見し、司令部に知らせる、そのシステムの構築のことを言っています。

第三は、「水兵を繕《そな》ふ」。海軍を整備せよという方策です。諸大名に割り当てて「巨艦を興造せしむべし」とも言っています。

第四は、「火器を練る」。大砲製造のことです。この当時は日本はまだ西洋列強の大砲には接していません。しかし正志斎はその威力を十分知っていたようです。こう書いています。

「それ大砲一発すれば、殺すところ幾人ぞ。しかもその声猛烈にして、天を震はし地を裂く。もし敵をして独《ひと》りよくこれを用ひ、我《われ》の以てこれに応ずるなからしめば、すなわち兵刃《へいじん》いまだ接せずして、三軍まず怖れ、何ぞよく闘はんや。」

大砲の製造はこれから十数年後に高島秋帆によって取り組まれ、海軍の創設は三〇年も後になって幕府により長崎海軍伝習所が設立されることになります。正志斎の慧眼のほどがわかります。

第五は「資糧を峙《そな》ふ」、戦備に必要な資材、資源を確保し、食糧をしっかり備蓄しておかなくてはならない、ということです。

以上のような具体的な提案をおこなった後、最後の「長計」に移ります。ところが、長期計画と称しながら、説いているのは精神論です。それも第一章の「国体論」に重なる精神論です。難解な漢語がじゅず繋ぎに出てくるので、訓読文に訳されていても読み取るのは厄介ですが、核心部分と思われるところを現代文にしてみます。

それ、神州（神国日本）は世界の首位に位置する。東方の、日が昇る朝の気（朝気《ちょうき》）であり、正気《しょうき》である。朝気・正気は明るい「陽」である。したがってその道は正大光明である。すなわち、人としての道を明らかにし、天の神を尊んで人事を尽くし、万物をはぐくめば、天地はハツラツと生気に満ちることになる。

一方、日本を首《かしら》とすれば、外国は手足に当たる。彼らは日の暮れ方の暮気《ぼき》であり、邪気《じゃき》である。暮気・邪気は「陰」である。ゆえに、彼らは暗い世界を求め、後ろ暗いことをおこない、人道を滅裂して、死者の論理を説く。

全体の趣旨は先に引用した「新論」冒頭の一節とほとんど同じです。そこでは日本をさして「元気の始まる所」と言っていたのを、ここでは「朝気・正気」の発する国と言っています。多少異なるのは、後半です。第二、第三章の西洋列強の情勢分析をおこなった後だけに、列強に対する敵愾心、警戒心がむき出しになっています。

そのため非難・攻撃の言葉も次のように激しさを増します。

西洋の敵の諸国は、いま大いに非望をたくましくし、この日本を彼らのやり方で変え、正道を死滅させ、神明を汚辱し、天をあざむいて人をたぶらかし、民をなびかせて国を奪い取ろうとしている。人をだます詭術《きじゅつ》と正道とは、氷と炭のように相反するものだ。この広大な宇宙に、野蛮な西洋諸外国のやり方が続くかぎり、正義の道は明らかにならない。正義の道が明らかにならなければ、野蛮な諸外国のやり方は続く。敵を変えることができなければ、敵に変えられてしまう。もはや妥協は許されない。深く考え、遠く思いをめぐらすものは、どうして正義をかかげて邪悪なものたちの息の根をとめ、その害を永久に取り除かないでいられるだろうか。

このように西洋諸国との闘争が宿命的に避けられないことを、会沢正志斎は「新論」最終章で宣言します。この後もまだ専門研究者でない私たちにはほとんど理解を超える、漢語を駆使した雄弁が続きますが、正志斎が最も主張したかったことは右の部分ではなかったかと思われます。

水戸学から生まれた「尊皇攘夷」スローガン

以上、国学と水戸学のそれぞれ代表的な論文を紹介しました。

立論の出発点というか、ベースは共通しています。どちらも「古事記」「日本書紀」にもとづいて、日本は太陽神である天照大神を皇祖として、その子孫である天皇により代々治められてきた「神の国」だという認識です。したがって他の国々とは別格の国であるということを、国学では「地球中の総天皇」「世界の総王」の治める「大帝国」「万国の祖国」であると言い、水戸学では「地球の元首」「万国の統括者」によって治められる「元気の始まる所」の国、「朝気・正気の国」と位置づけていました。とにかく、他の国よりは一段高い位にある特別の国だという認識です。

ただ、その後の展開は多少色彩が異なってきます。

国学の場合も他の国々を、自国と競い合う存在、つまり対抗関係において見ていました。その上で、自国を別格の国と位置づけたのです。

それに対し、水戸学の場合はさらに進んで、他の国々、とくに西洋諸国については、たんに競い合うだけでなく敵対する国、つまり敵国だと認識していました。しかも彼らは、大洋を縦横に航行しうる巨大な艦船や絶大な威力をもつ大砲を装備し、侵略のチャンスをつけねらっている邪悪な強国でした。したがって、それをいかに迎え撃つかが、水戸学の最大の問題意識となったのです。

国学の対外認識が、先の竹尾正胤の「大帝国論」に見たように、一八六一年の段階でも各国史論、政治体制論にとどまっていたのに対し、会沢正志斎はすでに一八二五年の段階で西洋諸国については迎え撃つべき敵国と設定し、そのための国内政治の引き締めから具体的な防衛の方策まで提起しているのです。

国学と水戸学とのこのような差異は、どこから生じたのでしょうか。最大の要因は、それぞれの学派に集まる人々の身分・階層の違いによるものと思われます。先に述べたように、国学に集まったのは、本居宣長がそうであったように、非武士層、つまり上層の農民や町人、それに神官などが大半でした。それに対し水戸学は、学派そのものが水戸藩の歴史編纂所から生まれたものであり、とくに後期はその編纂所「彰考館」のスタッフにしてもほとんどが武士で占められていました。

政治的な立場からすれば、武士が支配階級であるのに対し農民や町人は被支配階級です。当然、対外認識についても、武士の場合は政治的立場に立った認識、つまりどう対処するか、を含んだ認識となります。しかも武士は、もともと戦闘要員です。どう攻めるか、どう迎え撃つかの軍事的思考がはたらくのも当然だったといえます。

以上のような差異はありましたが、しかし国学と水戸学がよって立つ基盤はどちらも排外的な「日本神国論」であり、その対外認識も基本的には共通していました。そのことについて、前掲書『大系53　水戸学』の解説「水戸学の特質」で尾藤正英氏は次のように述べています。

「尊王攘夷をスローガンとする政治運動が全国に展開するにいたり、水戸学はこの運動に理論的根拠を与える役割を果たし、会沢正志斎の『新論』などが、諸藩の志士の間に愛読されて流布するとともに、各地から水戸に来遊して学ぼうとする者も少なくなかった。長州藩の若い兵学者吉田松陰もその一人であって、松陰が安政の大獄で刑死する直前に門人に宛てた書簡の中にも、『尊王攘夷の四字を眼目として、何人《なんぴと》の書にても何人《なんぴと》の学にても、其の長ずる所を取る様にすべし。本居学と水戸学とは、頗《すこぶ》る不同あれども、尊攘の二字はいづれも同じ』（安政六年十月二十日入江杉蔵宛書簡）と記し、本居宣長の国学と並べて、水戸学を尊王攘夷の思想を代表するものとみなしている。」

文中の松陰の言葉で、当時、国学と水戸学の関係がどう受け取られていたかがわかります。

さて、ここで「尊王攘夷」の四字が出てきました。「新論」の中にも「攘夷」の二字はありましたが、「尊王」と合体しての四字は見られませんでした。このスローガンは、実は「新論」の発表から一三年後、藤田東湖を中心に書かれた、水戸藩の藩校「弘道館」の建学宣言とも言うべき「弘道館記」の中にはじめて登場します。ただしそこでは四字熟語としてあるだけでその説明はありません。

それからさらに八年後の一八四六年、やはり藤田東湖が水戸藩主・徳川斉昭《なりあき》の命を受けて「弘道館記」の漢文による長文の解説「弘道館記述義」を執筆します。その中に、こんどは一項目として「尊王攘夷」が取り上げられるのです。

「弘道館記述義」の前半は、史論を含んだ日本歴史の叙述です。「新論」と同様、記紀に書かれた天地創世から始まりますが、ここでは同じ漢文で書かれた日本書紀（「正史」と称されています）が主体となります。冒頭からまもなく「国体の尊厳」についての興味深い記述がありますが、ここでは省略して中ほどの「尊王攘夷」の項を見てみます。いきなり、こう書き出されます。

謹んで考えるのに、堂堂たる神州（日本）は、天日之嗣《てんじつのし》（天皇）、世《よよ》（代々）神器を奉じ、万国に君臨し、上下・内外の分（区別・務め）は、天地を取り替えることができぬのと同様、変えることはできない。したがってすなわち、尊王攘夷は、高い志をもつ志士、高徳の仁者にとって、尽忠・報国の大義である。

それこそ「堂堂たる」書き出しです。「尽忠報国」という、のちのアジア太平洋戦争期の〝時代の言葉〟となる熟語も現れます。

ところがこのあと、戦国時代の織田信長や豊臣秀吉が朝廷をあがめて皇居の修理をしたり、伊勢神宮を造営したりしたこと、徳川家康も天皇家のための領地を確保し、皇居や上皇の御所の修理をおこなったことは語られるものの、志士や仁者にとって尊王が絶対に重要なことだという理由は述べられません。

また、攘夷についても、秀吉や家康によるキリシタン取り締まりと、中国古典にある「外夷妖教の毒」は断じて排除しなくてはならないといったことが述べられているだけです。

また「尊王」と「攘夷」がなぜ結びつくのか、なぜ結びつかなくてはならないのか、その理由もとりたてて述べられてはいません。文章としては、竜頭蛇尾の見本のような文章です。

しかし藤田東湖のこの不十分な説明文とは別に、「尊王攘夷」というこの四文字は幕末の激動の中で時代を突き動かすスローガンとなり、倒幕・維新という大変革を生み出していきます。「尊王」と「攘夷」は互いに結合する必然性を内包しており、この二つが結びつくことによって、七百年近くつづいたこの国の封建制が打破されていったのです。

＊

しかしそれについて述べる前に、もう一つ、どうしても避けて通ることのできない問題について見ておかなくてはなりません。こういう問題です。

国学と水戸学は、古事記・日本書紀にもとづき、この国は太陽神である天照大神によってその基礎を築かれ、神の子孫である天皇によって代々治められてきた「神の国」である、と規定し、したがって天皇こそがこの国の最高位に立つ最も尊い存在である、と主張しました。

しかし実際は、中世から近世を通してこの国は武家によって統治され、天皇は政治の世界から遠ざけられていました。とくに江戸時代の天皇は「禁中《きんちゅう》並《ならびに》公家諸法度《しょはっと》」によって物理的にも動きを封じられ、御所（皇居）から一歩も外に出ることのできない〝軟禁状態〟に置かれていました。政治的には〝仮死状態〟に置かれていたのです。

その天皇が、幕末を迎え、「尊王」の声が沸き立つなかで、まるで竜巻のように渦を巻いて政治の中心に登場してくるのです。

一般に、一つの権力が打倒されると、復活の道を断つためにその一族は次の権力者によって抹消されます。中国の歴史がそうでしたし、ヨーロッパの多くの王族の歴史がそうでした。

ところが、日本の天皇家の場合はそうではありませんでした。権力から遠ざけられ、さらには政治的に完全に無力化されても、その存在が抹消されることはなく、命脈を保ってきたのです。だからこそ、幕末にいたって不死鳥のようによみがえったのでした。

どうしてそんなことが可能だったのか――？

避けて通れない問題といったのは、実は日本史研究の全体をつらぬいて最大とも言われるこの大問題のことです。

明治維新以降、日本のナショナリズムの核心部は「天皇（制）」によって占められます。したがって、この問題の追究を抜きにして日本のナショナリズムを解明することはできません。

以上の理由により、次章では、古代から幕末までの天皇・天皇制の歴史を、政治権力との関係を中心に振り返り、なぜ千数百年の長期にわたって天皇家は存続できたのか、私なりに考察してみたいと思います。

Ⅲ 日本史の中の天皇制

―天皇制はどうしてかくも長く存続できたのか

❖作家・松本清張の問いかけ

中世以降の日本史上ただ一人、天皇家に取って代わろうと画策し、かつ実際に動いた人物は、室町幕府の第三代将軍・足利義満でした。その「足利義満の王権簒奪計画」を跡づけて歴史学界に問題提起した中世史家・今谷明氏の『室町の王権』（一九九〇年、中公新書）の冒頭はこう書き出されています。

〈天皇家がなぜ続いてきたか、これは歴史家に突きつけられた解かれざる千古の命題である。最近、松本清張氏は極めて直截な形でこの疑問を歴史学界に投げかけられた。いわく、

「その間、天皇家を超える実力者は多くあらわれている。とくに武力を持つ武家集団、平清盛でも源頼朝でも、北条氏でも足利氏でも、また徳川氏でも、なろうと欲すればいつでも天皇になれた。なのにそれをしなかった。（中略）どうして実力者は天皇にならなかったのか。歴史家はこれを十分に説明してくれない。」（『文藝春秋』八九年三月号）

このような素朴な疑問、また余りにも正当な疑問に対し、歴史学界は真摯に応える必要があるだろう。〉

この文章が書かれたのは、昭和天皇の没後まもないころで、それからすでに三〇年近くがたちます。しかし今日もなお、この「疑問」がアポリア（難問）であり続けることを、近世史家の藤田覚氏も、近世の天皇・朝廷に関する研究がめざましく進展していることを指摘しながらも、〈「なぜ天皇は続いたのか」、この問いに答えることは、日本史研究最大の課題の一つである。〉と述べています（『近世天皇論――近世天皇研究の意義と課題』二〇一一年、清文堂出版）。

このように、天皇制の問題は歴史学にとって最難問ともいえる問題なのですが、しかしこの問題を素通りして日本ナショナリズムを考えることができないのも確かです。なぜなら、幕末・維新をへて成立する近代国家の基軸となったのが「万世一系」を最高の価値とする天皇制であり、その天皇制をベースに構築されたのが日本ナショナリズムだったからです。つまり、天皇制の問題を抜きにして、日本のナショナリズムを考えることはできないのです。

天皇家はどうしてこんなに長期にわたって存続できたのか？　この問いの対象となるのは、武家が権力を掌握する中世以降の七百年に近い期間です。それ以前は、律令制の導入による統一国家の成立から摂関政治をへて上皇《じょうこう》（＝院、太上天皇《だいじょう》）による院政の時代にいたるまで、天皇自身が直接に権力を行使したかどうかは別にして、天皇家が国家権力と不可分に結びついてその頂点に位置したことは疑いないからです。

しかしここでは、古代の統一国家成立の時点まで立ち戻って天皇・天皇家の歴史を振り返ってみることにします。その古代六百年との対比で後半の七百年の理解が深まるということもありますが、もう一つ、明治維新による近代天皇制国家の創出に当たってそのリーダーたちが「王政復古」のスローガンのもと立ち戻ったのが、この天皇が専制君主だった時代の古代国家だったからです。

その律令制国家の時代はざっと二五〇年ですが、その歩みをたどるだけでも「血統を守る」ということが、どのような葛藤を引き起こし、どのような無理を強いるものであるか、よくわかるはずです。

古代から明治維新まで、天皇家一三〇〇年の歩みをたどるので、この章はだいぶ長くなります。あらかじめご承知おきください。

1　古代——天皇が統治者だった時代

❖古代統一国家の成立

大和朝廷による統一国家がいつごろ、どのようにして成立したのか、確かなところはわかりません。ただ、それまでは中国地方にも見られた大規模な前方後円墳の造成が、五世紀後半から近畿地方の中央部に限られてくることがわかっています。一方、中国で五世紀末に編纂された『宋書』倭国伝には、五世紀を通じていわゆる「倭《わ》の五王」が朝貢してきたことが書かれています。その五王とは、讃・珍・済・興・武の五人の王ですが、いずれも以前のたんなる「倭王」とは違って「倭国王」と名乗っています。

また、「大王」という呼称も五世紀の後半からあらわれます。一九六八年、埼玉県行田市の稲荷山古墳から発見された稲荷山鉄剣の銘には「ワカタケル大王（獲加多支鹵大王）」の文字が彫られていました。

このワカタケル大王は、「五王」のなかの五番目の武王であると考えられ、古事記ではオホハツセワカタケノ命（大長谷若建命、長谷は地名）、すなわち雄略天皇となります。古事記に登場する天皇のうち、考古学資料によって存在が裏づけられる最初の天皇です。

古事記ではこの雄略天皇の前に、神武から始まって二〇人の天皇の名が挙げられていますが、いずれも深い霧の中の存在です。そして雄略のあと、さらに一二人の天皇の名が挙げられ、三三人目の推古天皇（在位五九二～六二八）で古事記は終わります。

❶神武《じんむ》、❷綏靖《すいぜい》、❸安寧《あんねい》、❹懿徳《いとく》、❺孝昭、❻孝安、❼孝霊、❽孝元、❾開化、❿崇神《すじん》、⓫垂仁《すいにん》、⓬景行、⓭成務、⓮仲哀《ちゅうあい》、⓯応神、⓰仁徳《にんとく》、⓱履中《りちゅう》、⓲反正《はんしょう》、⓳允恭《いんきょう》、⓴安康

㉑雄略（＝倭国王・武＝ワカタケル大王）

㉒清寧、㉓顕宗、㉔仁賢、㉕武烈、㉖継体《けいたい》、㉗安閑、㉘宣化、㉙欽明、㉚敏達《びたつ》、㉛用明、㉜崇峻《すしゅん》、㉝推古《すいこ》（以上、古事記）

『日本書紀』ではさらにこのあと七世紀末の持統天皇（六九〇～六九七）まで八人の天皇が登場します。

㉞舒明《じょめい》、㉟皇極、㊱孝徳　㊲斉明、㊳天智、㊴弘文、㊵天武、㊶持統《じとう》

古事記に登場する天皇では最後の㉝推古天皇は最初の女性の天皇、女帝です。3代前の敏達天皇の皇后でした。敏達の次の用明天皇が短命で、次の崇峻天皇も即位四年で蘇我馬子に暗殺されたため、用明天皇の長子、厩戸皇子《うまやとのみこ》（聖徳太子）が次の天皇に指定されます。しかしまだ十代だったため、

中継ぎとして敏達天皇の皇后が即位して推古天皇となったのでした。推古天皇は用明天皇の妹ですから、聖徳太子とは叔母と甥の関係になります。西暦五九三年のことでした。（以下、系図参照）

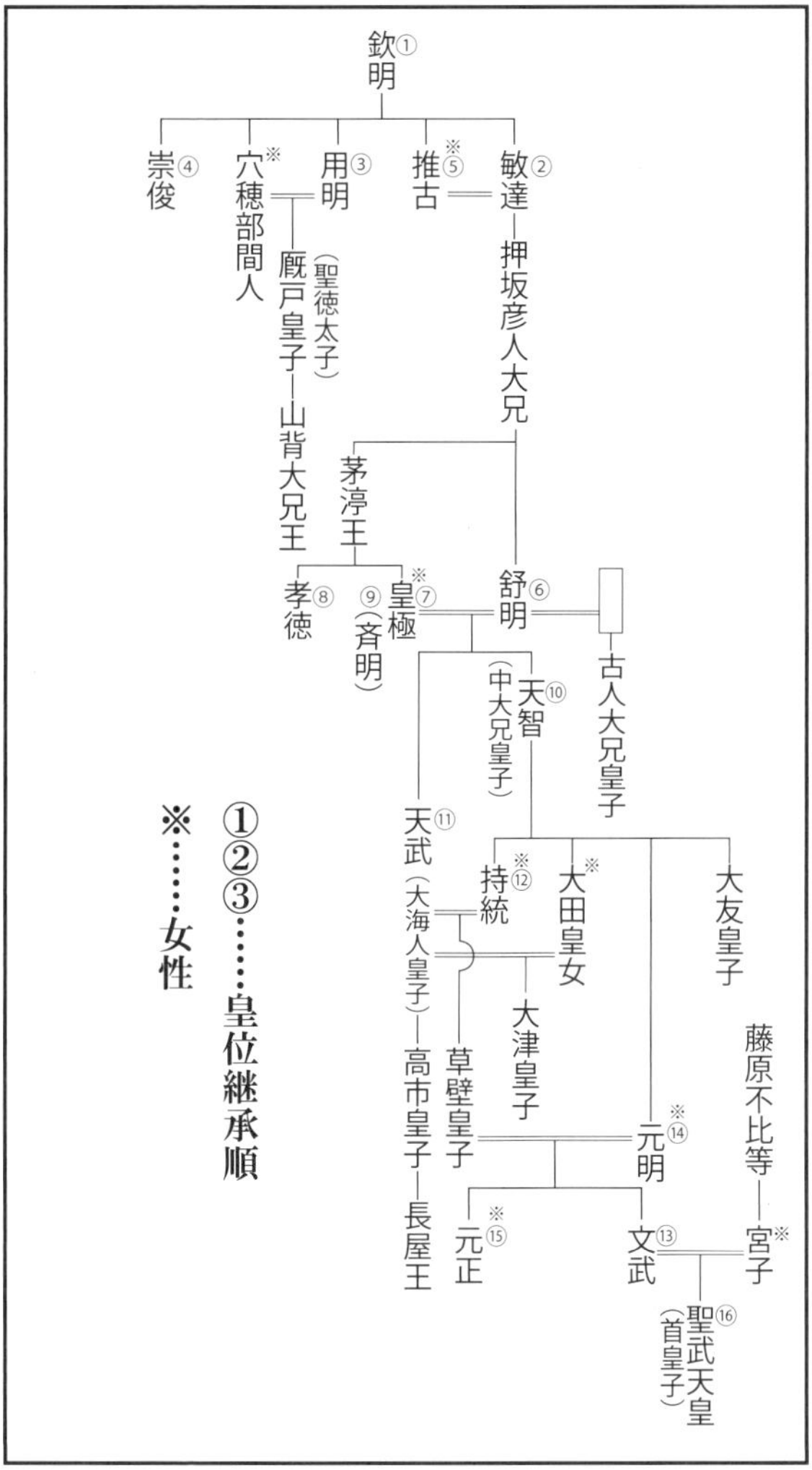

これより少し前、五八一年、中国には漢帝国の崩壊後四百年の分裂状態を克服して統一国家「隋」

が建国され、科挙制度をはじめとする行政法体系をととのえ、中央集権国家の体制を固めつつありました。その隋へ、推古天皇の下で摂政となった聖徳太子は使節（遣隋使）を送って、国家統治のための新知識を導入します。その結果、六〇三年には官僚制の始まりである冠位十二階が制定され、翌六〇四年には有名な憲法一七条が公布されます。

その第一条は例の「以和為尊（和を以て尊しとす）」ですが、第二条の「篤敬三宝（篤く三宝〈仏・法・僧〉を敬え」につづいて第三条は「承詔必謹（詔〈天皇の言葉、命令〉は必ず謹んで承《う》けよ）」となっています。

この第三条、「必従」ではなく「必謹」、つまり「必ず従え」ではなく「必ず謹め」と言っているのは、この段階では王家に並ぶ大氏族である蘇我氏のほか中臣《なかとみ》、物部《もののべ》、大伴《おおとも》など有力氏族も存在しており、いまだ天皇の絶対権力確立への途上にあったからでしょう。（ただしこの「承詔必謹」は、のちに二〇世紀の軍国主義時代になると、国民を国の方針に絶対的に従わせるスローガンとなります。）

❖「乙巳《いっし》の変」と「壬申《じんしん》の乱」

推古天皇の即位は次の聖徳太子への中継ぎ（リリーフ）でしたが、この女帝は当時としては異例の長寿（七五歳）で、当時はまだ生前の「譲位」の慣習もなかったため、聖徳太子は即位できないまま四七歳で先に亡くなってしまいました。

聖徳太子には山背大兄王《やましろのおおえ》という子息がありました。しかし次の王位を継いだのは敏達天皇の孫になる舒明《じょめい》天皇でした。（系図参照）

その舒明天皇も即位一二年で亡くなります。次に即位したのは、またしても中継ぎの女帝です。舒明天皇の皇后、皇極《こうぎょく》天皇でした。当時、皇位継承者には三人の候補者がいました。先の山背大兄王と、舒明と皇極天皇の長子である中大兄《なかのおおえ》皇子、それと舒明天皇と他の后《きさき》との間に生まれた古人大兄皇子です。複雑な勢力関係の中でこの三人の中の誰を指名するのか決めかねて、皇極天皇が中継ぎに立って決定を先延ばしにしたのでした。

翌年、最大の豪族・蘇我入鹿《そがのいるか》は配下に命じて斑鳩宮《いかるがのみや》を急襲、山背大兄王を自殺に追い込み、その一族を皆殺しにします。

続いて翌年、こんどは中大兄皇子が盟友の中臣鎌足《なかとみのかまたり》とはかって、宮廷での儀礼の最中に蘇我入鹿を襲って斬殺します。入鹿の父の蝦夷《えみし》も自殺して果てました。これで蘇我一族は断絶します。

こうした動きを見て、中大兄の異母兄弟である古人大兄皇子は僧形となり吉野に入りますが、まもなく「謀反」の罪を着せられてこれも殺されます。

以上の血なまぐさい事件を「乙巳《いっし》の変」といいます。六四五年（乙巳＝きのと・みの年）に起こった事件だからです。

こうして皇位継承者の候補は中大兄皇子ひとりだけになりました。しかしまだ一〇歳と若かったこともあり、すぐには即位せず、皇極天皇が退位したのを受けてその弟の孝徳天皇の登場となります。皇極天皇の退位は形式としてはこれが最初の「生前譲位」となりました。中大兄は皇太子となり、中臣鎌足とともに叔父の孝徳天皇のもとで国政を動かしてゆくことになります。「大化の改新」です。

中国の隋の王朝は短命で、六一八年には唐にとって代わられます。しかし唐は隋の政治体制を崩すことなくそれを受け継いで、官僚制の整備による中央集権国家への道をとります。

その唐に学んで、倭国《わ》も六三〇年には早くも第一回遣唐使を派遣し、中央集権国家体制を固めていきます。そのさいの二本の柱となったのが、「公民制」の断行と「官僚制」の整備でした。

公民制というのは、それまで地方の豪族など有力者が土地とともに私有していた人民を、国家民、つまり「公民」として政府が直接把握するという制度です。

そして一方、聖徳太子の時代に決めた冠位十二階を十九階にし、政府につかえる官人（官僚）の全員をこの位階制に組み込み、序列化することで官僚機構を整備したのです。これらにより、国の中央集権化をすすめてゆく足場がしっかりと固められました。

また六四五年には、これも唐にならって最初の年号「大化」が制定されます。「大化の改新」の「大化」です。

それから九年、孝徳天皇が亡くなります。こんどこそすでに三〇歳を目前にしていた皇太子が即位すると思われたのに、またも女帝の出現です。それも母である元「皇極《こうぎょく》天皇」で、その母が

「斉明天皇《さいめい》」として再度即位（重祚《ちょうそ》）したのです。現代の私たちには理解をこえたなりゆきです。その斉明天皇の即位から五年、朝鮮半島では新羅と唐の連合軍によって百済が滅亡します。六六〇年、百済救援のため倭国は派兵を決定、翌年、斉明天皇は大軍を率いて北九州へ遠征しますが、すでに七〇歳近い高齢だったためその地で生涯を閉じます。

母・斉明天皇の死で、ようやく中大兄皇子《なかのおおえの》の出番となります。しかし六六三年に白村江《はくそんこう》（「はくすきのえ」とも）の海戦で唐・新羅の水軍に大敗を喫したこともあり、七年間は即位しないまま（称制《しょうせい》という）国政の建て直しにとりくみ、六六八年になってやっと遷都した近江の大津宮で即位します。すなわち天智天皇です。

天智天皇の在位期間は短く、六七一年の暮れに世を去りますが、その生前、「乙巳《いっし》の変」いらい盟友として活動してきた中臣鎌足《なかとみのかまたり》を臨終の床に見舞い、大織冠の位とあわせて「藤原」の姓を与えます。のちの平安時代に摂政、関白の地位を独占してわが世の春を謳歌する「藤原氏」の起源です。

天智天皇の死によって再び、親族間の政権をめぐる争いが巻き起こります。「壬申《じんしん》の乱」です。（以下、前掲の系図参照）

天智には二人の有力な皇位継承者がありました。一人は自分の弟で共に国政をになってきた大《おお》海人皇子《あまのみこ》、もう一人が自身の第一皇子の大友皇子《おおとものみこ》です。

天智はまず弟の大海人に後事を託そうとしました。しかし天智のわが子・大友皇子への熱愛を知る大海人は、それを断わり、まだ二〇代前半の大友を皇太子（次の天皇になる皇子）とし、天智の皇后・倭姫《やまと》を中継ぎに立てることを進言します。そして自らは鬚《ひげ》と頭髪を落として僧形《そうぎょう》となり、天智の家族、側近を連れて吉野の山に入りました。大海人が天智の言葉を素直に受け取れなかったのは、その少年時代に「乙巳の変」の惨劇を至近距離で見ていたからではなかったでしょうか。しかし一方の大友も、叔父の大海人の引退をそのまま信じてはいませんでした。

折から、唐がかつての同盟国・新羅と戦うことになったため、倭国にも援軍を出すよう強く圧力をかけてきます。それに応えて、大友の率いる朝廷は臨戦態勢に入ることを決め、各地に徴兵令を発します。

それを、大海人はチャンスと見ました。美濃《みの》（今の岐阜県。当時はこの美濃と尾張地方を東国と呼んだ）を拠点に東国との関係が深かった大海人皇子は、六七二年6月24日、吉野を出ると伊賀・伊勢（今の三重県）を抜けて美濃に達し、そこで近江《おうみ》（今の滋賀県）の朝廷への「反乱軍」を編成します。

これに対し、朝廷側も応戦体制をととのえ、双方それぞれ数万の軍勢がぶつかります。戦闘は6月29日に始まり、ほぼ一カ月続きましたが、7月22日、大津の西側を流れる瀬田川の戦闘で大海人の軍が朝廷軍を圧倒します。大友皇子はかろうじて脱出しますが、逃げ場を失って自殺、その首級は大海人皇子のもとに届けられ、重臣たちも斬首や流刑に処せられました。

以上、叔父と甥の親族どうしが皇位をかけて戦った争いを「壬申の乱」（壬申＝みずのえ・さるの年の乱）といいます。

❖法治国家（律令国家）「日本」の成立

六七三年、天智天皇が朝廷を置いていた近江から、以前の飛鳥《あすか》に戻って即位した大海人皇子は、天武天皇となりました。歴代の天皇のなかで「天」の字がつくのは、先の天智天皇とこの天武天皇の二人だけです。

即位と同時に天武天皇は鸕野皇女《うののひめみこ》を皇后としました。天智天皇の皇女、天武にとっては姪に当たります。以後、壬申の乱で消えてしまった重臣たちの代わりに鸕野皇后が終生、天武天皇をささえます。

天武天皇は新たに建てた浄御原宮《きよみはら》で、天智天皇の残した「近江令」にさらに手を加えた「飛鳥《あすか》浄御原宮令《りょう》」の編纂を命じました。「令」というのは「命令」の令、要するに法律のことで、その法律の系統化、つまり法典の編纂を命じたのです。この浄御原宮令は二〇年後にさらに改訂されて大宝律令となり、律令国家＝中央集権国家・日本の骨格を完成させることになります。

法典の編纂とあわせて天武天皇は歴史書の編纂をも命じます。「古事記」の執筆者・太安万侶《おおのやすまろ》はその序文に、天武天皇はこれまでに作られた記録には多くの誤りが見られるので、今のうちに正しておきたいと言われ、二八歳の聡明で記憶力抜群の稗田阿礼《ひえだのあれ》に、正しい天皇家の系譜や伝承をヤマトコトバで記憶させられた、それを自分が文字にしたのだと書いています（完成は七一二年）。

「古事記」と同時に、漢文による歴史書「日本書紀」の編纂も天武天皇によって命じられたものです（完成は七二〇年）。

激動の天智天皇の時代に対して、天武天皇の時代は安定した歳月が続きましたが、天武は在位一三年、六八六年に亡くなります。

天武と鸕野皇后の間には草壁皇子がありました。だれもが次期天皇だと信じていましたが、不運にも病床にあり、まもなく二八歳で亡くなります。その一人息子、軽皇子《かるのみこ》はまだ七歳です。しかしその軽皇子にどうしても皇位を継がせたい鸕野皇后は、みずから中継ぎとなって軽皇子の成長を待つべく、六九〇年に即位しました。持統《じとう》天皇です（以下、前掲系図参照）。

七年後、まだ一五歳だった軽皇子は皇太子となり、続いて持統天皇の譲位により即位して文武《もんむ》天皇となりました。譲位した持統天皇は太上《だいじょう》天皇（上皇）として、若い文武天皇を後見してゆくことになります。これ以後、太上天皇と天皇とが並び立つのが天皇家の常態となるのです。

七〇一年、八世紀の最初の年、大宝律令の施行が始まります（律は翌年から）。前述の飛鳥浄御原宮令をさらに整備したものです。文字を見るとわかるように、今回は「律」の字が加わっています。この「律」は刑法のことです。これまでは、律についてはまわらず唐の律をそのまま流用していたのを、今回はいちおう自国流に取り入れて、たとえば刑罰についても、重度に応じて懲役、流刑、打ち首、縛り首などを規定し、役人が勝手に処罰の程度を決められないようにしたのです。令はずっと多岐にわたりますが、要するに税法を含む行政法です。これが整備され、施行されたことにより、国の政治、行政は令=法にもとづいて行なわれるようになりました。律令国家として完成したということは、したがって〝法治国家〟となったということです。七〇二年には遣唐使が派遣されますが、この遣唐使がはじめて「日本」という新しい国号を中国に伝えました。

❖長屋王《ながやおう》の暗殺とその「たたり」

　こうして八世紀の日本は明るく幕を開けましたが、七〇七年、早くも問題が生じます。文武天皇が父の草壁皇子と同様、二〇代の若さ（二五歳）で夭折したのです。その皇后で、藤原鎌足の孫に当たる藤原宮子《みやこ》との間の首皇子《おびと》はまだ七歳です。そこでまたも、リリーフ登場となり、草壁皇子の后《きさき》、つまり首皇子の祖母が即位して元明《げんみょう》天皇となります。その在位八年、首皇子はすでに一五歳、父の軽皇子（文武天皇）が即位した時と同じ年齢になっていたのですが、ところがさらに待たされて、祖母の次は伯母（文武天皇の姉）が即位して元正《げんしょう》天皇となります（在位九年）。

　こうして元明、元正と女帝が二代つづいた一七年の間に、律令体制は着々と整備され、完成に近づきます。

　七二四年、二四歳の首皇子はようやく即位して聖武《しょうむ》天皇となり、譲位した元正天皇は太上天皇となります。その青年君主を、元明天皇の姉の子である長屋王《ながや》（四〇歳）が政府の首班（左大臣）となってささえました。

ところが皇位継承をめぐって、またも血なまぐさい事件が引き起こされます。

聖武天皇は、実力者・藤原不比等《ふひと》（鎌足の子）の娘・光明子《こうみょうし》との間に女子（阿倍内親王）をもうけていましたが、男子の誕生を待ち続けていました。七二七年、やっと男子が生まれます。まったく異例のことですが、生後一カ月の赤ん坊を「皇太子」に指定しました。あまりに不見識と思ったのか、左大臣・長屋王は祝いの席に顔を見せません。

ところがその皇太子が一歳で夭折するのです。一方、聖武天皇の、光明子とは別の后《きさき》から男の子（安積《あさか》親王）が生まれます。もしこの子が皇位につけば、藤原氏は皇統から外れることになります。藤原氏としては黙って見てはいられない事態となりました。

皇位の継承者としては、長屋王の子息たちも有力でした。長屋王は天武天皇の孫に当たり、元明天皇の姉を母に持ちます。しかも数多くの子息をもうけていました。客観的には皇位継承では長屋王系統のほうが有利に見えたでしょう。事実、一九八八年に長屋王の屋敷跡から多数出土した木簡には、「長屋王王宮」や「長屋皇宮」といった文字が見られたのです。

しかし、長屋王もまたその血統を通じて藤原氏との関係はありません。長屋王の子息が皇位につけば、藤原武智麻呂《むちまろ》以下の藤原四兄弟（3頁後系図参照）は政権の中枢から遠ざかることになります。七二九年2月10日、突如、長屋王の屋敷は四兄弟の一人、藤原宇合《うまかい》の率いる兵によって包囲されます。長屋王による国家転覆の密告があったというのです。長屋王は捕らえられ、糾問されたすえ二日後には自殺に追い込まれ、夫人や男子たちも殺されました。

長屋王一族が抹殺されたこの年、年号が「天平《てんぴょう》」と改元されます。まもなく藤原四兄弟も全員が公卿《くぎょう》（三位以上の高官）に任じられます。ところが天平七（七三五）年、前代未聞の恐ろしい疫病と旱害《かんがい》が全国に蔓延、やがて藤原四兄弟を含め公卿の半数が死亡するという惨禍に見舞われます。当然、非業の死に追いやられた長屋王の「たたり」がささやかれました。

❖聖武天皇の「仏教国家」と「道鏡の変」

この天平七年、吉備真備《きびのまきび》と僧玄昉《げんぼう》が貴重な経典をたずさえて唐から帰国してきます。その僧玄昉と、聖武天皇を生んでから長年うつ状態にあった聖武の母・宮子《みやこ》が面会したとたんに正気に戻った、と伝えられます。

そうしたこともあり、聖武天皇は仏教の信仰と普及に打ち込んでいきます。天平九年には諸国に釈迦・文殊《もんじゅ》・普賢《ふげん》の三像を安置することを命じ、同一二年には国ごとに「法華経」を書写して、七重の塔を建てることを命じています。そして翌一三年には諸国に国分寺、国分尼寺建立の詔《こんりゅうみことのり》を下しました。

天平一五年、近江の国で聖武天皇が盧舎那仏《るしゃなぶつ》の金銅像を造るよう命じたさいの言葉が有名です。

盧舎那仏の像というのは奈良の大仏と同じ像です。

「夫《そ》れ天下の富をたもつ者は朕《ちん》なり。天下の勢《いきおい》をたもつ者は朕なり。この富と勢とをもってこの尊き像を造らむ。」

かつての聖徳太子の十七条憲法での遠慮がちな物言いとは比較にならない堂々たる専制君主の宣言です。

この勢威を背にして、聖武天皇は東大寺大仏の建立を計画、天平一九（七四七）年には大仏の鋳造が始まります。そして五年後、めでたく開眼《かいげん》にいたるのです。

しかしこの聖武天皇にも未解決の難題がありました。皇位継承問題です。やっと待望の男の子を得て、わずか一歳で異例の皇太子指定をしたのに、すぐに死なれてしまった天皇は、女子の阿倍内親王をこれまた異例の手法で「皇太子」に指定しました（系図参照）。一方、皇后・光明子とは別の后《きさき》から生まれた唯一の男子・安積《あさか》親王が一七歳で謎の死をとげます。七四五年のことです。

こうした悲運もあって、大仏開眼を三年後にひかえた七四九年、聖武天皇は譲位して聖武太上天皇となり、女性皇太子・阿倍内親王が即位して孝謙《こうけん》天皇となります。そしてこの女性天皇こそが、のちに天皇家を断絶させかねない大変な事態を招くのです。

七五六年、聖武太上天皇が亡くなった後、光明皇太后や孝謙天皇から頼りにされたのが、藤原仲

【天皇家と藤原家の関係図】

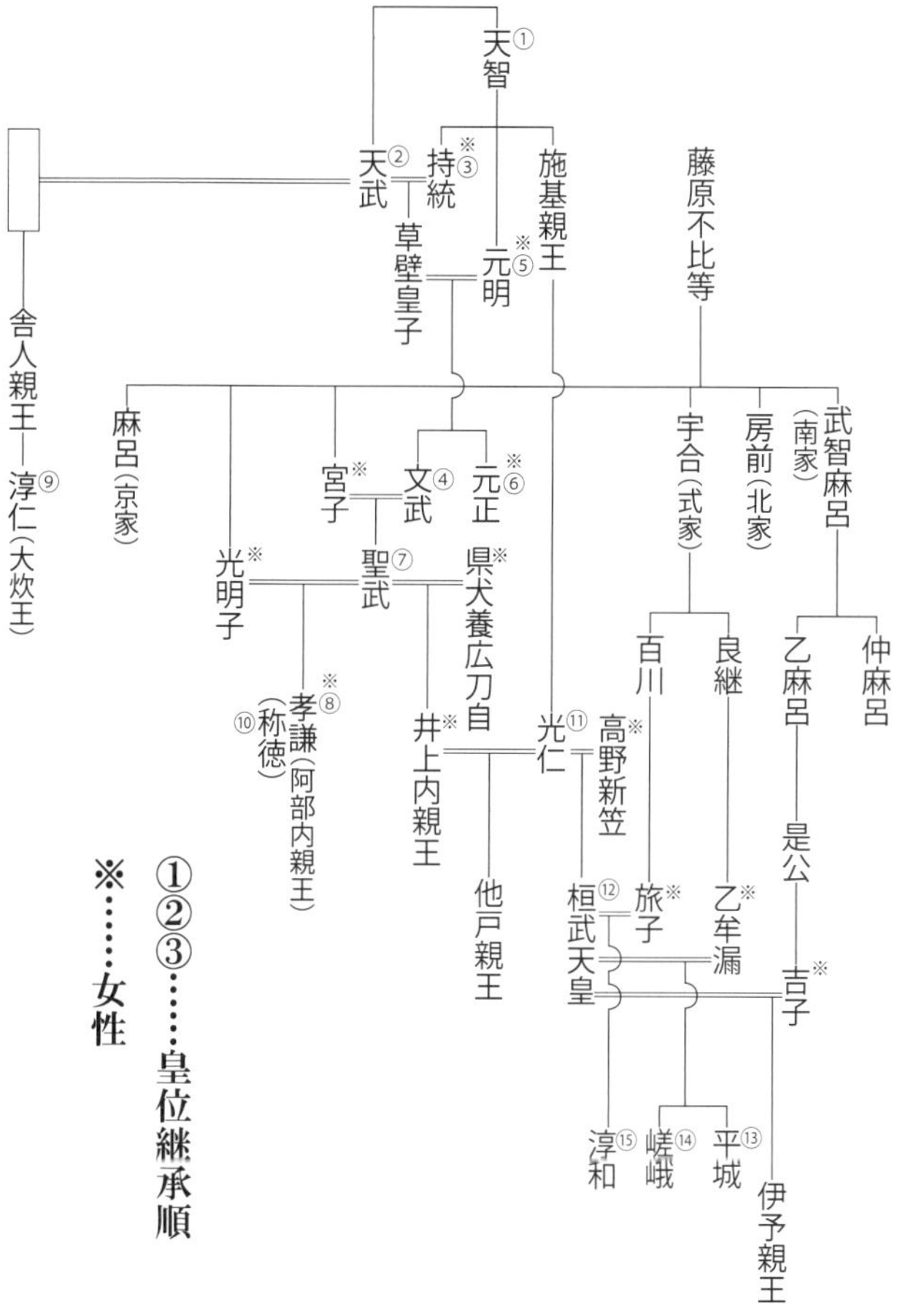

麻呂でした。仲麻呂は藤原不比等の孫で、光明皇太后の甥に当たります。次の皇太子も、聖武太上

天皇の遺志を排除して、この仲麻呂と親密な関係にあった大炊王《おおい》が決定されました。

七五八年、孝謙天皇は譲位して太上天皇となり、大炊王が即位して淳仁《じゅんにん》天皇となります。ところが、七六〇年、光明皇太后が没すると、太上天皇と天皇の関係は急速に悪化し、さらに太上天皇と仲麻呂との関係も冷えていきました。七六四年、焦った仲麻呂は一発逆転をねらい、太政大臣の地位を利用して兵を集め、別の天皇を立てて政権を奪取しようとはかります。「仲麻呂の乱」です。しかし戦いに敗れ、琵琶湖畔で斬殺されました。

同じ年、淳仁天皇も太上天皇により廃帝されて淡路島に配流《はいる》となり、ふたたび孝謙太上天皇が即位して「称徳天皇」となります。またしても女帝による重祚《ちょうそ》（二重の践祚＝即位）となったのです。

この称徳天皇が、七六六年、僧・道鏡を「法王」の地位につけます。五年前に女帝の病気を癒して以来、すっかりほれ込んでしまったのです。道鏡は皇族並みの待遇を与えられ、七六九年の正月には天皇に準じる立場で大臣たちの拝賀を受けたといいます。

さらにこの年、九州・大宰府から、宇佐八幡神のこんな神託が上奏されてきました。「道鏡を皇位に就かしめたなら、天下泰平となるだろう」というのです。そこで女帝は、それを確認するため、和気清麻呂《わけのきよまろ》を宇佐に派遣します。ところが、清麻呂が持ち帰った神託は前のとは逆で、「天《あま》つ日嗣《ひつぎ》（皇位）には必ず天皇の血統を立てよ」というものでした。女帝と道鏡は激怒し、清麻呂を遠く九州の南端、大隅半島へ流罪にしましたが、しかし清麻呂の持ち帰ったこの神託により、あわやというところで皇統の断絶は阻止されたのです。

七七〇年、称徳女帝は亡くなります。後ろ盾を失った道鏡は下野《しもつけ》（栃木県）に追放となり、清麻呂も都に帰還しました。

称徳女帝の後の皇位は、天智天皇の孫で、すでに六二歳になっていた白壁王が皇太子となり、即位して光仁《こうにん》天皇となります。

光仁天皇は混乱をきわめた政治の建て直しにとりくみ、行財政の簡素化や公民の税負担の軽減などをはかります。そして一〇年後の七八一年、この光仁天皇が病気で譲位すると、渡来系（百済）の出自をもつ高野新笠《たかののにいかさ》との間に生まれた山部親王が即位して桓武《かんむ》天皇となり、父の事業を受け継ぐとともに仏教統制令によって「仏教政治」の行き過ぎを是正してゆきます。

この桓武天皇の在位は二五年の長期にわたりました。この間、皇位継承をめぐる混乱は生じることなく、天皇の権威も再確立され、都は平城京から長岡京をへて平安京へと移され（七九四年）、新世紀（九世紀）とともに平安時代が幕を開けることになります。

❖「薬子《くすこ》の変」と兄弟三人の連続即位

八〇六年、桓武天皇は亡くなります。その子の平城《へいぜい》天皇が即位しますが、ここでまたも問題が生じます。桓武天皇には別の女性との間に生まれた伊予親王があり、たいそう可愛がっていたのですが、それが仇となって謀反の罪を着せられ、母とともに幽閉されたすえ、毒を飲んで自ら命を断ったのです。

その母子の霊に悩まされたこともあって、平城天皇はわずか三年で弟の嵯峨天皇に譲位して、自らは太上天皇《だいじょう》（上皇）となります。八〇九年のことです。さらにそれだけでなく、寵愛していた藤原薬子《くすこ》らを連れてもとの平城京《へいじょう》（奈良の都）に行き、翌年、その平城京への遷都を命じたのです。あたかも「二所朝廷」（『日本後紀』）、二つの朝廷が並び立つ状況となりました。

こうなると、嵯峨天皇も立ち上がらないわけにはいきません。兵を出して一味を捕縛し、処分します。薬子も服毒自殺しました。以上の事件を「薬子の変」といいます。ただし、平城太上天皇だけは咎められることはありませんでした。

嵯峨天皇の時代は一四年ほど続きます。第Ⅰ章でふれた「唐風《とうふう》文化」が浸透していった時代です。天皇は、異母弟の大伴親王を皇太子に指定しました。ところがその後、嵯峨天皇にも男の子が生まれたのです。天皇の正嫡《せいちゃく》です。しかし天皇は、先に指定したとおり、八二三年、譲位し、大伴親王に即位させました。淳和《じゅんな》天皇です。これで、平城、嵯峨、淳和と兄弟三人がつづいて即位したことになります。

一〇年後の八三三年、淳和天皇は譲位し、嵯峨の子が即位しました。仁明《にんみょう》天皇です。この後は、文徳《もんとく》（八五〇～五八）、清和《せいわ》（八五八～七六）、陽成《ようぜい》（八七六～八四）と父子相続が続きますが、その過程で新たに「摂関政治」が姿を現してくることになります。

＊

以上、天皇が統治者だった古代国家の時代について見てきました。聖徳太子が、中国の律令制に学んで中央集権国家の建設にとりくみはじめた七世紀初頭から九世紀の半ばまで、およそ二五〇年間の歩みですが、強く印象に残るのは、血統（世襲）による権力の維持・継承がいかに大変なことであるか、ということです。

系図を見ても、単純にタテにつながっているわけではありません。左右にぶれ、時には逆戻りしたりします。幼い皇太子に代わって、その母が女帝として何度も中継ぎ（リリーフ）に立ちます。生涯に二度も即位（重祚《ちょうそ》）した女帝が二人もいます。

親族どうしの凄惨な争いも起こります。ここに取り上げた大きなものだけでも、「乙巳《いっし》の変」「壬申《じんしん》の乱」「長屋《ながや》王の暗殺」「薬子《くすこ》の変」など、幾度も血が流されています。石井良助氏の大著『天皇――天皇の生成および不親政の伝統』（講談社学術文庫）では「刃《やいば》に血ぬらざる」が天皇政治の伝統だと規定されていますが、古代史を見るかぎり、何をさしてそう言われているのか理解できません。

ともあれ、これが天皇が統治者だった古代国家における皇位継承のありようでした。「万世一系」、つまり天皇家の皇統は二千年来、一度も途切れることなく連綿として続いてきたというのが、天皇家の尊貴の源泉とされてきたわけですが、実際の皇統はしばしば断絶の危機に遭遇しながら、時にはアクロバット的な手段を講じて何とかつないできたのが、古代の天皇制だったのです。

その天皇制が、九世紀の半ばに入って大きく転換することになります。

2　摂関政治と院政時代の天皇

❖幼帝と摂政の出現

八五八年、文徳天皇が三二歳で亡くなると、わずか九歳だったその子が即位します。清和天皇です。かつて奈良時代には、皇太子がまだ幼いときには、母の皇后が女帝となって中継ぎに立ち、皇太子の成長を待ちました。しかしこの時代になると、幼い皇太子が、そのまま幼帝となるのです。もちろん政務をとることはできません。では、だれが政務をとったのか。

それが、摂政《せっしょう》です。その文字自体、「政《まつりごと》を摂《と》る」を意味しています。幼い天皇に代わって政治を執《と》り行う役職です。ちなみに関白というのは、政務に「関《あず》かり白《もう》す」の意味で、幼帝ではなく成人した天皇に代わって政務をあずかる、つまり取り仕切る役職のことです。

摂政の出現によって、女帝が中継ぎに立つ必要はなくなりました。そのため江戸時代初期の明正《みょうしょう》天皇まで、以後八五〇年にわたって女帝は皇統譜から姿を消します。

さて、清和天皇の摂政となったのは藤原良房《よしふさ》でした。文徳天皇の皇后の父で、清和天皇にとっては祖父（母方の祖父＝外祖父）になります。以後、日頃の政治は摂政の下に運営され、天皇の役割は神事や儀礼が主となりました。

八七六年、清和天皇はとつぜん譲位します。自身と同じく九歳だった皇太子が即位し、陽成《ようぜい》天皇となりました。またしても幼帝の誕生です。摂政には、良房の養子（兄の子）の基経《もとつね》が就任しました。ところが陽成天皇は素行が悪く（乳母の子を宮中で打ち殺したともいわれる）一七歳で退位させられます。

八八四年、代わって即位したのは、なんとすでに五五歳を数える光孝《こうこう》天皇でした。摂政・基経の処遇が問われましたが、天皇は菅原道真《みちざね》の意見を取り入れて、実質的に関白に当たる職務（「内覧」という）を基経に与えます。

八八七年、病死した光孝天皇の第七皇子が即位します。宇多《うだ》天皇です。二一歳でした。ふたたび基経の処遇が問題となりましたが、天皇は初めて「関白」という語を使って、その職務内容は前天皇のときと同様にする、としたのでした。

八九一年、基経が亡くなると、宇多天皇は関白を置かず、みずから意欲的に政治にとりくみ、さまざまの改革に着手します。

ところが八九七年、在位一〇年で、宇多天皇は一三歳で元服したばかりのわが子に譲位します。醍醐天皇です。

醍醐天皇もまた関白を置かず、みずから「荘園整理令」などによる律令国家の建て直しをめざします。その在位期間は三三年の長期にわたり、その間、菅原道真を大宰府に配流《はいる》し、二年後に憤死させたことによってその怨霊が人々を畏怖させたということはありましたが、とりたてて戦乱もなく、最初の勅撰和歌集『古今和歌集』を編纂させたことなどもあって、その治世が「聖代」と呼ばれることになります。

この醍醐天皇の時代の初期、左大臣の地位にあったのは藤原基経の子、時平《ときひら》でした。その時平が働きざかりで亡くなると、弟の忠平《ただひら》が後を継ぎます。その一方、兄弟の妹、穏子《おんし》は醍醐天皇の皇后となるのです。こうして、藤原氏と天皇家が並び立つ構図が続いていきます。

❖摂関政治の定着

九三〇年、醍醐天皇は皇太子に立てていた長男とその跡継ぎの子をあいついで亡くした後、まだ八歳だった皇太子に譲位して世を去ります。幼帝・朱雀《すざく》天皇には当然、忠平が摂政として後ろ盾となります。一一年後、朱雀は忠平を関白に指名しました。これにより、天皇が幼少のときには摂政を置き、成人すると関白になるという慣行が生じます。

九四六年、朱雀天皇はまだ二四歳だったにもかかわらず、二一歳の弟に譲位します。村上天皇です。忠平は引き続き関白をつとめ、あわせて忠平の嫡男・実頼《さねより》は右大臣から左大臣に、その弟の師輔《もろすけ》は大納言から右大臣に昇格しました。加えて村上天皇の皇后は師輔の娘・安子《あんし》です。ここに、関白に加えて皇后、皇太后と、政権のトップスリーがすべて藤原氏によって独占されることになりました。

ところが九四九年、忠平が七〇歳で亡くなり、九六〇年には師輔が亡くなります。次いで四年後には皇后・安子が、さらに三年後には村上天皇も亡くなったため、九六七年、皇太子の憲平《のりひら》親王が、父母も外祖父もいない状態で即位します。冷泉《れいぜい》天皇です。

冷泉天皇はこのとき一八歳で成年に達していましたが、以前から奇矯な振る舞いが目立っていたため、すでに老齢だった（六八歳）実頼が関白となります。

しかし冷泉天皇の在位は予想されたとおり短く、九六九年、わずか二年で弟の守平《もりひら》親王に譲位しました。兄は二〇歳、弟は一一歳でした。新天皇・円融《えんゆう》天皇の摂政には以前のとおり実頼が就任しましたが、翌年亡くなったため師輔の長男・伊尹《これただ》が引き継ぎました。この伊尹が亡くなると、その弟の兼通《かねみち》が関白となります。

円融天皇の時代は一五年ほど続き、九八四年、先の冷泉天皇と伊尹の娘・懐子《かいし》の間に生まれた師貞親王（一七歳）に譲位します。花山《かざん》天皇です。あわせて、円融天皇と伊尹・兼通の弟である藤原兼家の娘・詮子《せんし》との間の子・懐仁《かねひと》親王（五歳）が皇太子に指定されました。

花山天皇は父の冷泉天皇と同様、奇行で知られていましたが、政務には積極的にかかわる一方、女御《にょうご》の忯子《しし》を深く愛していました。ところがその忯子が懐妊中に亡くなってしまいます。花山天皇は嘆き悲しみ、世をはかなんで出家をしたいと口ばしります。これを知って、兼家は息子の道兼《みちかね》に指図して天皇を説得させるのです。道兼は自分もいっしょに出家しますからと言って天皇をそそのかし、都を抜け出して剃髪出家させてしまいます。

一方、兼家の別の二人の息子、道隆と道綱は清涼殿から三種の神器のうち神璽《しんじ》（八尺瓊勾玉《やさかにのまがたま》）と宝剣（草薙《くさなぎ》の剣《つるぎ》）を運び出し、皇太子のいる東宮へと移します。

出家した花山天皇は兼家らの謀略に気がつきますが、もはや後のまつりです。九八六年、花山天皇は退位、七歳の懐仁《かねひと》親王が即位して一条天皇となり、藤原兼家が幼帝の母（詮子）の父、つまり外祖父として待望の摂政に就任するのです。

九九〇年、一条天皇は一一歳で元服し、それにともなって兼家も摂政から関白となります。ところがその関白職を、兼家はすぐに嫡男の道隆に譲り、本人は出家してしまうのです。関白職を自家の世襲にしたということです。

このあと道隆は自分の娘・定子《ていし》を一条天皇の中宮《ちゅうぐう》（もともとは皇后・皇太后・太皇太后をいうが、この当時には第一の皇后という意味で使った）とします。この中宮・定子につかえた女房（高級の女官）たちの中の一人があの『枕草子』の清少納言です。

こうして道隆政権は順調にすべり出しますが、ほどなく大災厄に見舞われます。九九四年から五年にかけての疫病の大流行です。公卿の大半が病に倒れるなかで道隆も、また花山天皇に出家を説得した道兼も亡くなってしまいます。結局、彼らの弟で権大納言《ごんのだいなごん》だった藤原道長が三〇歳で父・兼家、兄・道隆の跡を継ぐことになります。

九九六年、道長は空席だった左大臣に昇格、政権の頂点に立ちます。しかしその地位を不動にするためには、天皇に娘を嫁がせて外祖父となる必要があります。（以下、系図参照）

【摂関政治から院政へ】

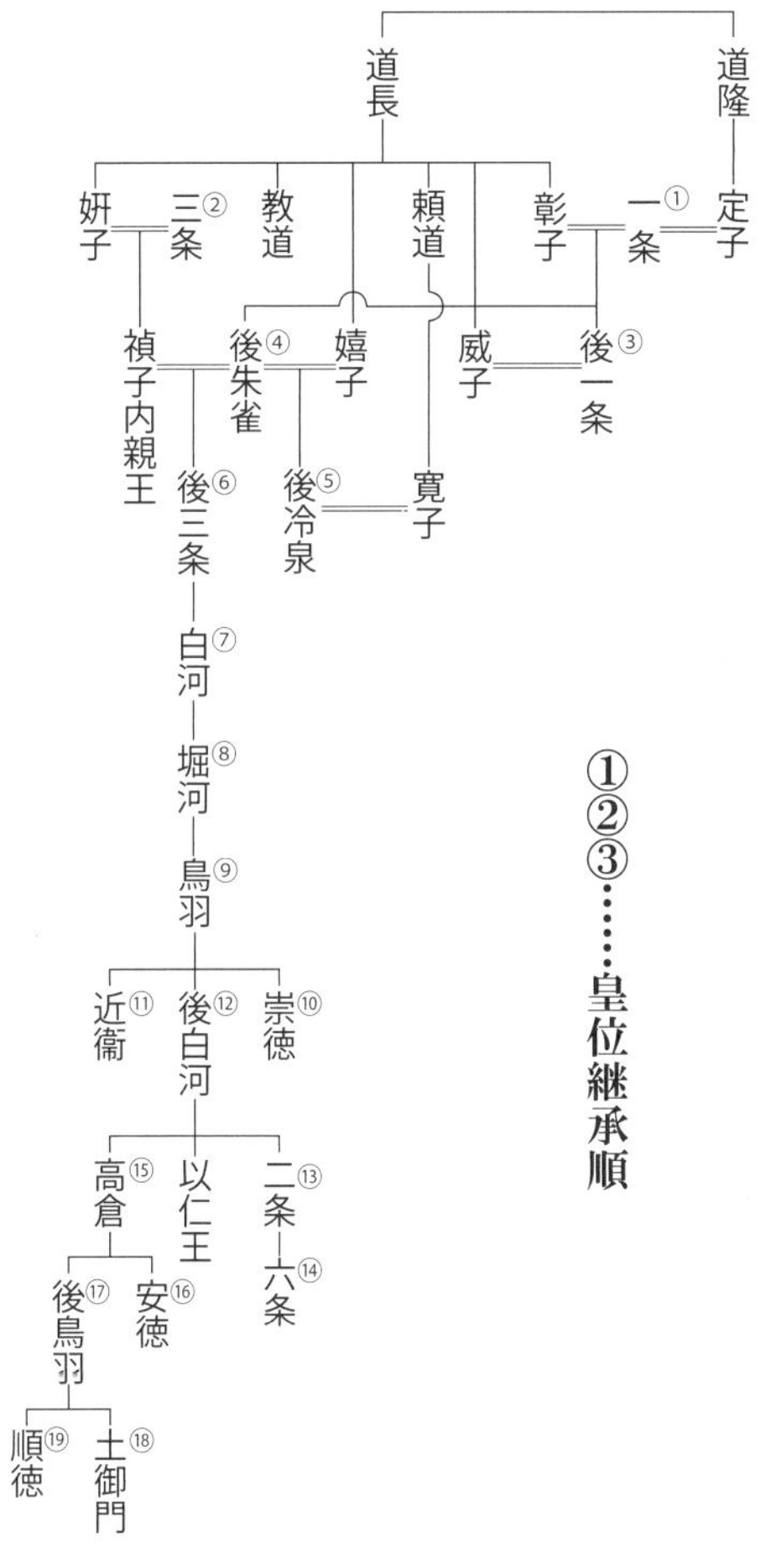

ところが一条天皇には、すでに兄・道隆の娘・定子が中宮となっています。しかも道長の長女・彰子《しょうし》はこのときまだ一〇歳になったばかりでした。

西暦一〇〇〇年、道長はこれまでの中宮・定子を皇后とし、彰子を中宮とします。これにより、一条天皇には中宮と皇后、つまり二人の皇后が並立することになりますが、この年まもなく定子は女の子を出産した翌日、二五歳で亡くなりました。なお、中宮・彰子には『源氏物語』の作者・紫式部や歌人の和泉式部がつかえました。

❖ 藤原道長「わが世」の時代

三〇歳で左大臣になった道長は、五三歳で出家して政界での公的地位を長男の頼道に譲りますが、六二歳で亡くなるまでのおよそ三〇年間、実質的に政権を掌握しつづけます。しかし正式に摂政を名乗ったのは出家する前のごく短い期間だけです。

なぜそうしたのか。左大臣、つまり現役の総理大臣として政務をとりながら、あわせて実質的に摂政・関白の役をこなすことで、より強力に政治全体を取り仕切るためではなかったかと思われます。

一〇一一年、一条天皇は急病となり、あっというまに三二歳で亡くなります。天皇と中宮・彰子との間に生まれた敦成《あつひら》親王はまだ三歳です。そこで道長の姉・超子《ちょうし》を母、冷泉天皇を父とする居貞《いやさだ》親王が即位して三条天皇となります。そのとき三条天皇はすでに三六歳になっていました。三〇代以上の成年天皇の即位は光孝天皇以来一三〇年ぶりです。

前の一条天皇も、道長の姉・詮子《せんし》と円融天皇との子でしたから、三条天皇にとっても道長は同じ大叔父となります。しかし、三条天皇はすでに三〇代も半ば、しかも一八歳になる親王もありました。彰子の子・敦成《あつひら》親王を皇太子にしたい道長にとっては邪魔な存在です。そのこともあって、三条天皇は道長の思うままにはならず、二人の間には隠微な確執がつづきました。

道長は娘の妍子《けんし》を三条天皇の中宮とし、まもなく女の子（禎子《ていし》内親王）が生まれますが、なお確執はつづきます。

ところが、天皇が眼病にかかります。それが悪化したのを理由に、道長はすでに皇太子に決めていた孫の敦成親王への譲位をうながします。天皇は拒絶して抵抗しますが、ついに一〇一六年、譲位しました。八歳の新天皇・後一条天皇の登場です。

道長は念願の「外祖父」の地位を確保し、ここで初めて摂政となります。即位の儀式では高御座《たかみくら》についた幼帝の左右を皇太后・彰子と摂政・道長が固めたのでした。

しかし翌一〇一七年、道長は摂政を辞任します。理由は、長男・頼通に摂政の地位を譲るためでした。天皇の地位と同様、摂政・関白の地位も世襲としたのです。

一〇一七年、後一条天皇の弟・敦良《あつなが》親王が皇太子となります。

翌年、後一条が一一歳で元服すると、道長は娘・威子《いし》（二〇歳）を中宮とします。これにより、道長はその娘三人（彰子・妍子《けんし》・威子）を連続して中宮に送り込み、三代の天皇の外祖父として権勢を誇ったのです。

その絶頂期ともいえる一〇一八年、道長は有名な歌を詠みます。

この世をば　わが世とぞおもふ　望月《もちづき》の　虧《か》けたることも　無しと思へば

このあと道長は、頼通に摂政を譲ってからも実質的に政務を仕切り、さらに翌一九年に出家してからも権力の頂点に立ちつづけ、一〇二七年、六二歳で世を去ります。

❖婚姻政策の破綻と摂関政治の終わり

道長から摂政の地位を譲り受けたとき、頼通は二六歳でした。歴代最年少の摂政でしたが、すでに見たように政治は道長を中心に運営されていましたからとりたてて問題は生じません。

問題は、頼通には子ども、とくに女の子が生まれなかったことです。女の子がなければ中宮に送り込むことができない、したがって「外祖父」になることはできません。

一方、後一条天皇にも、中宮・威子との間に皇太子となるべき男の子が生まれませんでした。

一〇三六年、後一条天皇は二九歳で亡くなり、皇太子だった弟の敦良《あつなが》親王が即位して後朱雀天皇となります。頼通は引きつづき関白をつとめました。

この後朱雀天皇はすでに皇太子時代に道長の娘・嬉子《きし》と結婚しており（これで天皇に嫁いだ道長の

娘は四人目、ただし早世）第一皇子・親仁が生まれています。次いで三条天皇と妍子《けんし》（道長の娘）との間の子・禎子《ていし》とも結婚し、第二皇子・尊仁が生まれていました。

このまま行けば、親仁、尊仁が次代の天皇となります（事実、そうなった）。焦った頼通は、一条天皇の孫娘・嫄子《げんし》（二二歳）を養女とし、一〇三七年、入内《じゅだい》させて女御《にょうご》とします。続いて、いったん中宮に立てた禎子を皇后に移し、嫄子を中宮としたのでした。この嫄子に男子が生まれれば、頼道は外祖父となることができます。

しかし嫄子には男子は生まれず、女子を二人たてつづけに生んで二四歳で亡くなります。そこで、頼通に代わって弟の教通《のりみち》が娘・生子《せいし》を、また異母弟の頼宗が娘・延子《えんし》を入内させますが、どちらもついに皇子を生むことはできませんでした。

一〇四五年、後朱雀天皇は三七歳で亡くなります。その子、二一歳の親仁親王が即位して後冷泉天皇となりました。その母は頼通の妹・嬉子《きし》でしたから、頼通は依然として新天皇の外伯父であることに変わりはありません。そこで引きつづき関白となります。

この新天皇のもとに娘を入内させ、皇子をもうけることが、頼通、教通の兄弟にとって「外祖父」への最後の道となりました。はじめ教通の娘・歓子《かんし》が女御となり、一〇四九年、皇子を生んだのですが、ほとんど死産同然でした。次いで五一年、頼通の娘・寛子《かんし》が皇后となったのですが、こちらもついに身ごもることはありませんでした。

こうして、頼通、教通にとってのラスト・チャンスはついえました。同時に、藤原氏が外祖父となって摂政・関白の地位に就くという慣行もここで途絶したのです。

一〇六七年、五〇年にわたって摂政・関白の地位にあった頼通がその座を降り、翌年、弟の教通《のりみち》が関白となります。その直後、後冷泉天皇は四四歳でなくなり、異母弟の尊仁親王が三四歳で即位しました。後三条天皇です。

この後三条天皇にはもう外祖父はじめ外戚（母方の親族）からの制約はありません。幼いときから聡明で資質剛健といわれ、成人となって即位した天皇は、記録所をもうけて荘園整理を断行するなど自ら政務をとる「親政」に向かいます。

これにより摂関政治の時代は終わり、次の「院政」の時代を迎えるのです。

＊

かつて一九六〇年くらいまでは、摂関政治とは、藤原氏によってその地位を占有された摂政・関白が、天皇を無視して思うままに権力を振るった政治形態であると見られてきました。その代表が藤原道長というわけです。

しかしその後、実証的な研究がすすむにつれて、その見方は修正され、摂関と天皇を一体としてとらえる見方が定説となってきているようです。私も、研究者ではありませんが、ここに紹介した摂関政治の歩みをたどるだけでもその見方が妥当のように思えます。

九世紀半ばの清和天皇から一一世紀半ばの後冷泉天皇までのおよそ二百年、即位した天皇の数は一六人、そのうち九歳以下の幼帝が五人、十代が四人です。奈良時代には、幼帝の場合はその母が中継ぎとして即位し、代わって政務をとりました。九歳の清和天皇を迎えて藤原良房が摂政となり、政務をとったのも、それと同じに見えます。ただし新たに出現した摂政は、天皇が成人した後も関白となってとどまり、やがてそれが制度化し、さらには藤原家の世襲となっていきました。その点は、中継ぎの女帝とはまったく異なります。

こうして摂政・関白は政治の実権を掌握しつづけたのですが、しかしそれには決定的ともいえる条件が必要でした。天皇と直接の血縁関係をもつこと、基本的には天皇の母方の祖父、つまり天皇の母の父＝外祖父（二親等）となることです。このため道長は三人の娘——彰子《しょうし》・妍子《けんし》・威子《いし》をつづいて中宮に送り込んだのでした。（系図参照）

ところが道長の次の世代、頼通《よりみち》・教通《のりみち》らは子どもに恵まれず、どんなに手段を尽くしても、その二親等の関係をつくることができませんでした。そのため摂政・関白の役職そのものは、頼通の嫡男・師実《もろざね》のあとも父子相続で世襲化することにより、いわゆる「摂関家」を生み出しはしたものの、その本来の権力は引き継ぐことができなかったのです。

以上の経過からわかることは、摂政・関白の地位と権限は、天皇家と不可分の関係にあったということです。言いかえれば、摂政・関白の権力の源泉は天皇にあったということです。したがって、天皇との直接の血縁関係が途絶すれば、その権力も減衰せざるを得なかったのです。摂関政治は、政治の実権は摂関が掌握していたとしても、その権威と権力は天皇から発していたのでした。天皇を抜きにしては、摂関政治はあり得なかったのです。

❖「院政」による長期政権

三〇代半ばで即位した後三条天皇はブレーンとなる有能な近臣のチームをつくり、政治改革にとりくみますが、一〇七二年、在位わずか四年で長男の白河天皇（一九歳）に譲位します（以下、前掲の系図参照）。と同時に、まだ二歳だった次男の実仁親王を皇太子、つまり次の天皇に指定するのです。理由は、母方が藤原氏につながる白河天皇は中継ぎで終わらせ、藤原氏と関係のない、したがって藤原氏がカムバックする恐れのない実仁親王に皇統を継がせるためでした。

この措置で注目されるのは、後三条天皇が皇位継承者決定権は自分、つまり天皇の父である上皇（太上天皇）にあるということを示してみせた、ということです。摂関政治の時代、皇位継承者は天皇の母方の外戚（中心は外祖父）によって決められていました。その皇位継承者決定権が父方である上皇の手に奪還されたということを内外に宣言したのです。以後、上皇の意思による皇位継承が続いてゆくことになります。

譲位した翌年、後三条天皇は亡くなります。そこで白河天皇はそのまま皇位にとどまり、一〇八五年、次の皇位継承者に指名されていた実仁親王が一五歳で夭折すると、その翌年、八歳だった自分の長男・善仁親王に譲位して堀河天皇とし、自分は上皇（院）となって院庁を開き、院政を開始します。院というのは、もとは上皇の住まいのことを言ったのですが、転じて上皇自身をさすようになったのです。

一一〇七年、堀河天皇は二八歳で亡くなります。すると白河院は堀河の五歳の皇子を鳥羽天皇として即位させます。次いで、一一二三年には鳥羽を譲位させ、その子の顕仁親王を即位させて崇徳《すとく》天皇とします。当然、鳥羽は上皇となりますから、白河とあわせ上皇は二人となります。

こうして、白河・堀河・鳥羽・崇徳と父子直系の皇位継承をつくりだした白河院は、一一二九年、ついに世を去ります。一九歳で即位して七六歳で亡くなるまで、実に五七年に及ぶ長期政権でした。

一一世紀後半から一二世紀にかけてのこの時代、社会は激しく動きました。荘園整理令が何度も出されたにもかかわらず荘園は増えつづけ、もともとは公領であった土地がいまや公領と荘園が並立する体制（荘園公領制）となりました。その中で大寺社も多くの荘園とあわせて奈良法師（興福寺）や山法師（比叡山）などと呼ばれた僧兵をかかえ、強訴《ごうそ》によって要求を通そうとするようになります。

こうした動きに対抗するには、従来の慣例等にとらわれない強力な政治権力が必要でした。それが、皇位継承者決定権とともに貴族官僚の人事権を掌握し、さらに武士を動員して軍事警察権を行使できる白河院の専制的権力だったのです。

その白河院が死去して、二六歳の鳥羽院が院政を引き継ぎます。一〇年後の一一三九年、寵愛していた得子に男の子が生まれると、二年後、鳥羽院は二二歳だった崇徳天皇を譲位させ、まだ二歳のその子を即位させます。近衛天皇です。

そしてさらに、一一五五年、その近衛天皇が一六歳で亡くなると、鳥羽院は、今回も崇徳の子ではなく、中継ぎとしてではありますが、崇徳の弟（鳥羽院の第四皇子）を即位させます。後白河天皇です。皮肉なことに、中継ぎの予定のこの後白河が三〇年をこえて天皇・上皇の座につくことになります。

その翌年、一一五六年（保元元年）に鳥羽院は五三歳で亡くなります。崇徳・近衛・後白河の三代にわたり足かけ二八年におよぶ鳥羽院の院政でした。

❖保元《ほうげん》の乱と平治《へいじ》の乱

後白河の即位については、摂関家外の出身でありながら、また出家をしていながら、朝廷で頭角をあらわしていた信西《しんぜい》入道藤原通憲《みちのり》の工作がありました。信西の妻・朝子が後白河の乳母でもあったのです。

この信西が公卿のトップとなるには、摂関家のプリンス・頼長を排除しなくてはなりません。一方、父の鳥羽院に二度も裏切られた崇徳院は、当然ながら怨みは消えていません。この崇徳院と頼長を結びつけ、信西は鳥羽院の死を待っていたように謀略を仕掛けたのです。一一五六（保元1）年7月初めのことです。

すでに以前から崇徳院と頼長がクーデターを企んでいるという風聞が流されており、その〝証拠〟

も周到に準備されました。

危険を察知した崇徳院は、源為義以下の源氏の武士たち、平忠正以下の平家の武士たちを集めて、立てこもった白河殿の警護を固めます。一方、信西・後白河天皇の方も源義朝、平清盛以下の源平の武士たちを召集して襲撃の機会をねらいます。（二八一頁、源氏・平家の系図参照）

7月11日早朝、義朝の率いる二百騎、清盛の指揮する三百騎が白河殿に襲いかかります。白河殿が炎上する中での戦闘は二、三時間で終わりました。戦力の差が圧倒的だったからです。

この戦闘により、頼長は重傷を負って死に、崇徳院は讃岐《さぬき》に配流《はいる》されました。また、義朝は敵方についた自分の父・為義や兄弟を含む五人を、そして清盛も叔父の忠正父子ら五人を斬首しました。無残とも何とも言いようがありませんが、振り返ってみると、崇徳院と後白河天皇も兄と弟であり、信西側で攻撃命令を下した関白の忠通と頼長もまた兄と弟でした。

権力を求めて、父と子、叔父と甥、兄と弟の肉親どうしが争い、敗者が殺されたこの凄惨な事件を、「保元の乱」といいます。

こうして謀略によって政治の実権をにぎった信西でしたが、その政治的手腕は卓抜でした。紫宸殿《ししいでん》や清涼殿《せいりょうでん》を中心とする御所を再建するとともに、荘園の整理をはじめとする国家秩序の立て直しを着々とすすめます。そしてこの信西の政治を武力でささえたのが、平清盛でした。

即位から三年がたった一一五八年、三一歳の後白河天皇は一五歳になっていた二条天皇に譲位し、院となって院政を開始します。

ところがここにまたも問題が生じます。院の近臣の中に藤原信頼《のぶより》という若い男がいました。政治的力量もなく、ただ功名心だけが人一倍強い男でしたが、どういうわけか院はこの男に目をかけ、重用します。信頼はたちまち中納言の地位まで駆け上ります。しかしそれ以上の昇進のためには実力者・信西の存在が大きな壁となりました。

一方、源義朝は先の保元の乱では清盛以上の働きをしたのに、恩賞では清盛に露骨に差をつけられたため、信西に怨みを抱いていました。そこで信頼は、義朝をさそって信西打倒のクーデターを計画したのです。

一一五九年（平治1年）12月9日、清盛が熊野権現の参詣に出かけた隙をねらって、義朝の軍勢が信西らの居所を襲撃します。信西は逃れて脱出しましたが、源氏の軍は御所を確保、後白河院と二条天皇もその手中に入りました。

翌日、信頼は関白以下の公卿たちを召集、信西の勢力を一掃した朝廷人事を決めます。それを知った信西は、逃亡先の奈良で自決、その首は京に持ち帰られて獄門にさらされました。

熊野への途上にあった清盛は、急を知ってその居城ともいえる六波羅《ろくはら》に戻り、平家の本拠地である伊勢・伊賀からも一門の軍勢がそこに集まってきます。それを見ながらも、準備不足のまま信頼に引きずられてクーデターに突入した義朝の源氏軍は兵力が劣り、攻撃に出ることができません。一方、清盛の平家の方も、院と天皇が源氏の掌中にあるためうかつに手を出せません。

この対峙状態を突き崩したのは平家でした。25日夜、火事騒ぎを起こし、天皇を女房車で脱出させたのです。同時に、後白河院も単身、騎馬で御所を脱出しました。

翌日、天皇が入居して「皇居」となった六波羅から「信頼・義朝追討宣旨《せんじ》」が発出され、「官軍」となった平家軍は源氏に襲いかかります。捕らえられた信頼は六条河原で斬首、義朝は尾張まで逃げましたが捕らえられ斬首されて獄門、長男の義平も斬首されました。一三歳だった三男の頼朝も殺されるところでしたが、清盛の義母・池禅尼《いけのぜんに》の嘆願により一命をとりとめ、伊豆に流されました。頼朝が禅尼の亡くなった子・家盛によく似ていたからだといわれます。

保元の乱からわずか三年、平治元年に起こったこの事件は「平治の乱」と呼ばれます。この源平最初の衝突によって、前世紀の初めころから東国武士たちの間に根を張り、「武家の棟梁」としての地位を確保してきた源氏は没落し、平家だけが「武家の棟梁」として勢威を誇ることになります。

一方、乱から二年たった一一六一年、後白河院（当時三四歳）には清盛の妻・時子の妹・滋子との間に皇子・憲仁が生まれ、三年後の六四年には息子の二条天皇（二一歳）にも待望の皇子・順仁が生まれます。（系図参照）

しかし二条天皇は病に倒れ、翌六五年、ゼロ歳の順仁へ強引に譲位して（六条天皇）死去します。が、続く翌六六年、後白河は早くも憲仁を皇太子にすえます。一歳の天皇に、五歳の皇太子という奇妙な組み合わせができます。そして六八年、予定どおり六条天皇を退位させ、憲仁を即位させるのです（高倉天皇）。

　こうしたアクロバット的手法を使いながらも、後白河院はこの後も院政を保持しつづけるのですが、保元、平治と二度の乱をへて、すでに政治の実権は武家の平氏の手に奪われ、院政の時代は過ぎ去っていました。

*

　以上が、七世紀の初頭、聖徳太子が中央集権国家の建設に本格的に取り組みはじめてから、院政が実体として終息した一二世紀の半ばまで、およそ五世紀半にわたる天皇家の歩みです。

　初めの律令国家では、天皇は統治者そのものでした。次の摂関政治の時代、天皇は政治の後景にしりぞいたかに見えるものの、摂政・関白の権威と権力の源泉が天皇にあったことは先に見たとおりです。そして院政の時代。院とは正式には太上天皇（上皇）のことで、その太上《だいじょう》天皇が天皇家の家長として政治の実権を掌握していたのでした。

　つまり、古代統一国家の成立以降、飛鳥・奈良時代から平安時代の終盤までの五世紀半の間、天皇家は一貫して権力の頂点の座にあったのです。したがって、この五世紀半については、「天皇家は（権力の座から降りたのに）なぜ存続できたのか」という問いそのものが成立しません。

　この問いが成立するのは、天皇家が権力の座から離れる武家の時代に移って以降のことです。外国では一般に、一つの王朝が倒れると、その王家の血統は断たれました。しかし天皇家の場合は、権力の座が他の勢力に取って代わられたにもかかわらず、その後の武家の時代、七百年にも及ぶ長期にわたって、公家集団とともに存続できたのです。
どうしてそれが可能だったのか。次からがいよいよ本題です。

3　鎌倉・室町・戦国時代の武家と天皇

❖藤原氏を真似た平清盛

本格的な武家の時代に入る前ぶれとなったのは、平清盛の登場です。政治の実権を天皇家と公家の手から奪い取った最初の武家が平清盛でした。

しかし清盛は、権力は奪ったものの政治の機構や統治のシステムを変えるつもりはありませんでした。清盛はいわば内裏《だいり》（宮中）に馬を乗り入れるようにして朝廷による政治を乗っ取り、権力だけを手中に収めたのです。清盛がモデルとしたのは最盛期の藤原氏による政治であり、平氏の一族が「藤原氏」になることでした。

平治の乱で源氏一族を駆逐した翌一一六〇年、清盛は正三位《しょうさんみ》参議となります。参議以上は公卿《くぎょう》、今でいえば内閣の構成メンバーとなります。清盛はつまり武家で初めて閣僚となったわけです。

つづいて翌年には権中納言となり、さらに大納言、内大臣をへて六七年にはついに太政大臣にまで昇りつめます。あわせて清盛は長男の重盛以下の息子たちを公卿に組み入れ、平家一門の公卿はこの年五人を数えるまでになります。

一方、清盛は天皇家との姻戚関係を強めていきます。六八年に六条天皇に代わって即位した幼帝・高倉天皇が、後白河院と清盛の妻・時子の妹・滋子との間に生まれた子どもであることは先に述べました。この段階で、清盛はすでに天皇の義理の伯父、つまり外戚（母方の親族）だったわけです。

これに加え、清盛は、七一年、娘の徳子をいったん後白河院の養女にしたうえで、翌七二年、高倉天皇の中宮《ちゅうぐう》とします。やがて徳子に子どもが生まれ、その子が天皇となれば、清盛はかつて藤原道長らがそうであったように天皇の外祖父となるのです。

一一七八年、一七歳の高倉天皇と中宮・徳子の間に念願の男の子が生まれます。嬉しさのあまり清盛が号泣したと伝えられるこの子は、生後早くも一カ月で立太子し、次の天皇を約束されます。

そして二年後の一一八〇年、高倉天皇は一九歳で譲位し、まだ一歳だった安徳天皇が誕生します。清盛の外祖父の地位獲得は、こうして最短距離で実現したのです。

ところがその一一八〇年4月、後白河院の第三皇子・以仁王《もちひとおう》が源頼政《よりまさ》らに支えられて平氏打倒に立ち上がります。頼政は平治の乱で源氏から平氏の側に寝返って異例の昇進を果たしたものの、子の仲綱が平宗盛に辱められたことから平氏への怨みを抱いていたのです。

以仁王は挙兵にあたって、諸国の源氏に対し、決起を呼びかける「令旨《りょうじ》」を送ります。令旨とは、皇太子や親王などが下す命令文書のことです。この令旨で王は、自らをあの「壬申の乱」における大海人皇子(天武天皇)に擬して――「天武天皇にならって皇位簒奪者(平家と安徳天皇)を討つため挙兵した。志《こころざし》ある者はただちに起《た》て。勲功ある者は諸国の使節に任じ、恩賞を与えよう」と呼びかけたのでした。

当時、京都の公家の間では清盛独裁に対する憤懣が渦を巻いていましたし、地方でも源氏の武士たちの間では権力をふるう平氏の家人《けにん》たちに対する不満が充満していました。だから、全国の源氏の武士に呼びかければ、きっと呼応して立ち上がってくれるはず、と頼政は進言していたのでした。

ところがこの以仁王の挙兵計画はすぐに平家側に洩れてしまいます。5月、平家に追われて京都を出た以仁王は奈良へ向かう途中で殺害され、わずか五〇騎の頼政の軍も宇治平等院の戦いで全滅、計画はあっけなく潰《つい》え去ったのでした。

しかし、それから三カ月後、以仁王の「令旨」は期待していた通りの源氏の決起を呼び起こします。同年8月、二〇年前の平治の乱で父・義朝が敗れ、一二歳で伊豆に流されていた源頼朝が、妻・政子の父・北条時政らに支えられて挙兵、現地の平家側の代官を襲撃して打ち倒したのです。

これを知って、東国各地の豪族である武士たちが次々に立ち上がります。清和《せいわ》源氏と名乗るように、源氏の氏族は遠く清和天皇（第56代、本書一五六頁参照）に端を発し、朝廷を守る軍事力を受け持つ親衛隊長の家柄、つまり「武家の棟梁」として認められていたのです。その「武家の棟梁」の下、自分たちの新しい時代を切り拓こうとする東国の武士たちがこぞって集まってきたのでした。

【平氏略系図】

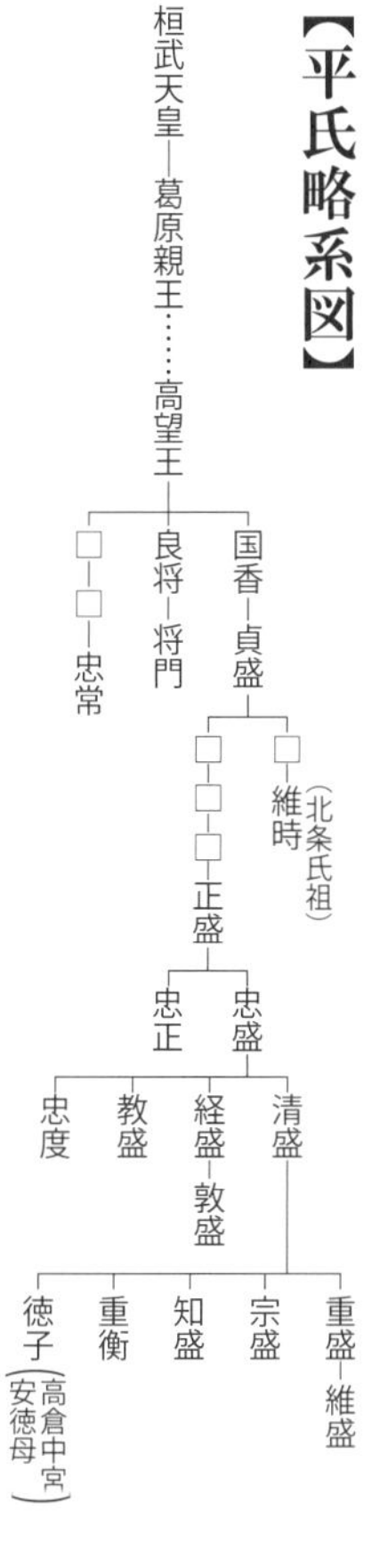
桓武天皇―葛原親王……高望王
国香―貞盛
維時（北条氏祖）
正盛
忠盛
忠正
清盛
経盛―敦盛
教盛
忠度
重盛―維盛
宗盛
知盛
重衡
徳子（高倉中宮安徳母）
良将―将門
忠常

【源氏略系図】

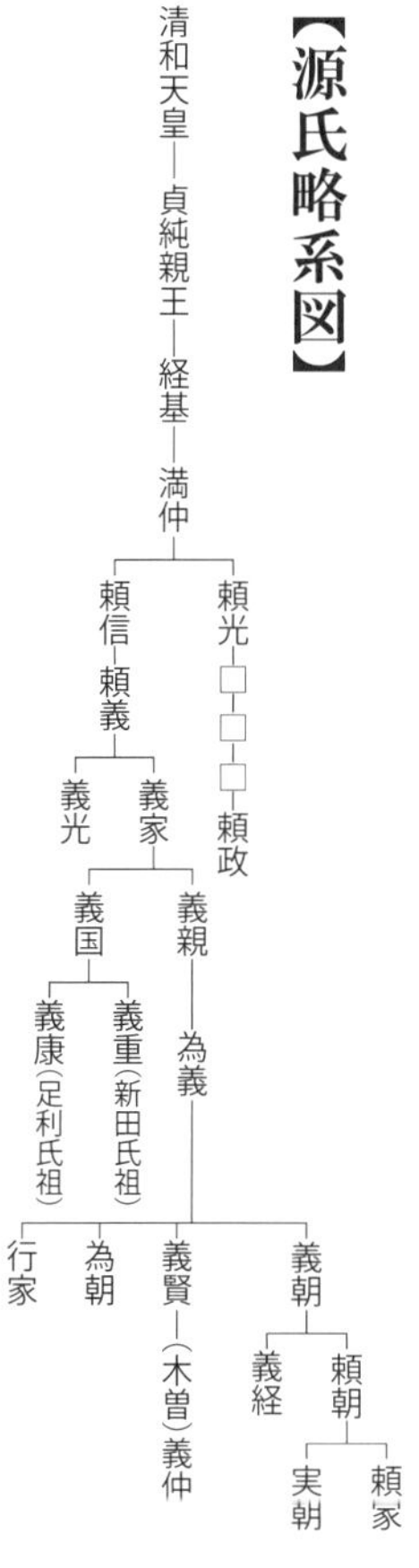
清和天皇―貞純親王―経基―満仲
頼光―頼政
頼信―頼義
義家
義光
義親
為義
義国
義重（新田氏祖）
義康（足利氏祖）
義朝
頼朝
頼家
実朝
義経
義賢―（木曽）義仲
為朝
行家

源氏の挙兵を知った清盛は、孫の平維盛《これもり》らを追討使に命じ、急きょ追討軍を編成して東国へ向かわせます。一方、源氏の軍も京都に向かって進んできており、10月、両軍は富士川をはさんで対峙することになります。すると、平家に動員されて追討軍に参加させられていた東国武士たちの中から川を渡って源氏側に移るものが続出、平家軍は総くずれとなります。平家物語では、いっせいに飛び立った水鳥の羽音を平家軍が敵の大軍の襲撃と誤認して逃げ出したと語っています。「富士川の戦い」です。

この惨敗の後、平家は必死に態勢の立て直しをはかりますが、劣勢はもはや挽回できません。そうした中、翌八一年2月、清盛はとつぜん高熱を発し、苦悶しつつ息を引き取ります。六三歳でした。

この年から翌八二年にかけ、西日本は大旱魃《かんばつ》に見舞われ、京都の市街も「道路死骸充満」「夜々強盗」「所々放火」の状態となります。

八三年5月、信濃で挙兵していた源義仲（木曾義仲）が倶利伽羅《くりから》峠で平家の大軍を撃破、7月には京都に迫ります。平家は、鏡、剣、璽《じ》の三種の神器《じんぎ》とともに幼い安徳天皇を擁して西へ向かいます。

天皇不在となった京都で、後白河法皇（後白河院は出家して法皇となっている）は二年前に亡くなった高倉天皇の第四皇子を立てて後鳥羽天皇とします。神器を持つ安徳天皇の正統性を否定し、神器を持たない後鳥羽を正統の天皇とし得たのは、院が皇位継承者の決定権をにぎっていたからです。京都に入った義仲の軍勢は、食糧の欠乏に苦しむ人々に対し、平家軍に劣らぬ略奪を重ね、人々から憎悪されます。そんな義仲の軍を、翌八四年1月、ようやくやってきた義経らの大軍が打ち破り、義仲も戦死します。次いで後白河法皇は源氏に対し、平家追討の「院宣《いんぜん》」を下し、それを持って義経らは西へ向かいます。

この後は、周知の通り、義経軍によるひよどり越えの奇襲、屋島攻略の電撃作戦とつづき、最後は3月、壇ノ浦の合戦で平家は敗れ、安徳天皇を抱いた清盛の妻・時子（二位尼）、その娘・徳子（建礼門院、安徳の母）、知盛《とももり》はじめ平氏の一族はそろって入水《じゅすい》し、ここに平家は滅亡したのでした。

平清盛がその軍事力で権力を手中にしながら、一代限りで没落しなければならなかったのは、時代の変化に対応した新たな統治の仕組みをつくり出せず、過去の、それも百年以上も前の摂関時代の政治をそのまま真似たことにあったのではないかと思われます。

天皇家との関係も、律令時代からぴったり天皇家に寄り添い、一体となって生きてきた藤原氏と、新興勢力の武家の平氏とでは、まったく異なります。それなのに清盛は、藤原氏のやり方を模倣し、天皇家と合体することによって君臨しようとしたのです。しかし、形だけを真似ても長続きするはずはありませんでした。

その点、源頼朝は違いました。新たな武士の時代に相応した独自の支配の構造を創出し、それによって権力を固めていったのです。

❖源頼朝と後白河法皇

頼朝はまず政権の立地を東国の鎌倉に定め、平家との戦いにおける働きに応じての厳密な論功行賞を通じて各地の有力武士を評価し、彼らを御家人《ごけにん》として緊密な主従関係を結びます。

この主従関係をもとにして、全国の国ごとに「守護」を置きました。武力をもってその国の治安を維持する幕府の地方支配の中心機関です。平家から没収した領地などには、この守護の下に「地頭」が置かれました。これももちろん幕府からの任命によるもので、警察権や徴税権などをもって幕府の地方支配を支えたのでした。

こうして頼朝は新たな統治機構をつくっていったのですが、しかし京都の朝廷と断絶したところでその事業をすすめたわけではありません。それどころか、朝廷の権威をフルに使って自己の権力の正統性を確立していったのです。

第一に、一一八〇年、頼朝が挙兵のさいに掲げたのが、以仁王《もちひとおう》による平家打倒の「令旨《りょうじ》」でした。これにより、頼朝は挙兵の正当性を確保したのです。

第二に、一一八三年、頼朝は後白河法皇から、京都を離れた平家への追討の「宣旨《せんじ》」を受け取ります。源氏による平家追討も、これにより正当化されました。

第三に、一一九〇年11月、頼朝は一二歳で離れた京都を三〇年ぶりに訪ねます。後白河法皇との会談のためでした。初対面での会談は二人きりで長時間に及んだといいます。そのあと法皇は、頼朝に「権大納言《ごんだいなごん》」の官位をおくります。

さらに法皇は、京都滞在中の頼朝に「右近衛《うこのえ》大将」の官職をおくります。平時の武官の地位としては最高位に当たります。

これに対し、頼朝は12月1日、「拝賀」の儀を盛大におこないます。だれもが、法皇の配慮に頼朝が感謝していると思ったでしょう。

ところがそのわずか三日後、頼朝は権大納言の官位と右近衛大将の官職を辞任、つまり官位・官職を法皇に返上して、一〇日後には京都を離れ、鎌倉に帰ってしまったのです。

法皇と頼朝のこの駆け引きをどう考えたらいいのでしょうか。

頼朝がみずから京都へ赴き、法皇に「拝謁」したのは、新たに樹立した鎌倉政権がけっして朝廷と対立するものではないということを内外に示すためだったでしょう。対立するどころか、朝廷の積極的な承認を得ることにより、新政権を権威づけ、正統化するというのが、政治家・頼朝のねらいだったと思われます。

その頼朝に対し、これも老獪な政治家だった後白河法皇は、朝廷を乗っ取った平家を倒した源氏の新政権を公認するのは当然として、それをあくまで王朝国家の枠内にとどめておこうという意図があったのではないかと推量されます。そこで頼朝に対し、政府のトップの地位でなく、左大臣・

右大臣・内大臣の次の位である大納言の官位を与えたのです。
ですが、だれが見てもこの国の最大の実力者に対して、序列3位の無任所の大納言の地位を与えるだけで済ませるわけにはいかないと思ったのでしょう。法皇は、追いかけて右近衛大将の官職をおくります。

しかし、頼朝が望んでいたのは、「征夷大将軍」の官職でした。それはたしかに平時に常置されている官職ではありません。でも、つい先ごろ（六年前）木曾義仲も征夷大将軍の官職を与えられています。頼朝に与えられぬはずはありません。ところが法皇は、それについては固く拒否して応じませんでした。

望む官職が与えられないのなら、他の官職をもらっても仕方がない。せっかくですがお返ししましょうというわけで、頼朝は拝賀の儀を催して謝意だけは示した上で、その官位・官職を返したのではないでしょうか。

こうして頼朝は、朝廷の神格化された伝統的権威は尊重し、かつ利用する、しかし従いはしない、という位置に立ちます。

そして一年三カ月後、後白河法皇が六四歳で亡くなると、関白の九条兼実《かねざね》の協力で念願の征夷大将軍の官職を獲得、「武家の棟梁」は名実ともに全国の武士を統括する地位を確保したのです。

この征夷大将軍という官職は朝廷によって授けられたものですから、その上位には天皇が存在します。が、裏を返せば、それはこの地位が天皇の権威によって保証された正統な地位であることを意味します。つまり、新たに生まれた「将軍」は、この国の建国以来の伝統的権威に連なる正統の権威であり、したがってその支配は正当であるということになるわけです。

この頼朝が生み出した政治手法は、以後、室町幕府から徳川幕府へと受け継がれてゆくことになります。

❖承久の乱とその後

こうして頼朝は、六世紀末から一二世紀まで六百年にわたって続いてきた王朝国家に代わって、武家の将軍が支配する新たな国家体制を築き上げました。しかし彼は、自分が第一代となった将軍家の世襲化には成功しませんでした。

一一九九年、頼朝は亡くなります。落馬が原因と伝えられます。五二歳でした。

この前年、一二歳で後白河法皇と死別し、このときもまだ一八歳と若かった後鳥羽天皇が、これもまだ二歳のわが子（土御門《つちみかど》天皇となる）に譲位して上皇となります。この後鳥羽上皇がのちに、後白河法皇にも劣らぬ政治力を発揮し、さらに政治的冒険に出て天皇家のその後を決定づけるのです。

一方、幕府の方は、頼朝の跡を長男の頼家《よりいえ》が継いで将軍に就任します。しかしこちらもまだ一八歳と若かったため、北条時政はじめ有力御家人たちの合議で政務を運営することになります。それへの反発もあって、頼家が取り巻きをつくり乱脈な行動に出たことと、それに御家人の間の勢力争いもからんで、頼家は在位二年半で伊豆の修善寺に幽閉され、謀殺されてしまいます。

次に将軍となったのは、頼家の弟の実朝《さねとも》です。のちに高名な歌人となる実朝もこのときはまだ一一歳でした。実朝は、妻に前大納言・坊門信清の娘を迎えます。この妻の姉が後鳥羽上皇の妃となっていました。つまり、実朝と上皇は妻どうしが姉妹の、いわば義理の兄弟となるのです。それでなくとも和歌に熱中する実朝は、歌壇の中心である朝廷の王朝文化に深く傾倒することになります。

それに応えるように、天皇も実朝を引き立てます。いきなり権中納言に任じたかと思うと、次いで権大納言、左近衛大将、内大臣、そして二七歳で右大臣と、異例の昇進を重ねました。実朝は朝廷のふところ深く取り込まれてしまったのです。

山はさけ　海はあせなむ　世なりとも　君に二心《ふたごころ》　わがあらめやも

後鳥羽上皇に忠誠を誓った実朝の歌です。朝廷を尊重はする、しかし従いはしない、という父・頼朝の立てた原則は息子の実朝により完全に放棄されてしまいました。

当然、有力御家人たちの実朝に対する不信は深まる一方です。そうしたなか、一二一九年正月、実朝は、鎌倉の鶴岡八幡宮で右大臣の拝賀の儀式を終えて戻る夜の雪道で、兄・頼家の遺児・公《く》暁《ぎょう》に襲撃され落命します。やはり有力御家人がからんでいたようですが、実朝には子どもがなかったため、その死去により源氏の正統はここで断絶してしまいました。

だれか、源氏に劣らぬ権威をそなえた将軍を立てなくてはなりません。この当時、幕府の実権は頼朝未亡人の北条政子とその弟の北条義時の手ににぎられていました。義時の父・時政は、頼朝の死後、他の有力御家人を排除して新設の執権（権力を執行する）の地位に就任しましたが、わずか二年で出家したため義時が跡を引き継いだのです。以後、執権は北条一族の世襲となります。

さて、将軍の後継です。頼朝の妻で実朝の母である政子は、後鳥羽上皇の皇子の一人を将軍位に就けてもらえれば、と考えました。しかし上皇は、その申し出を冷たく拒否しました。理由は、そんなことをすれば、いまにこの国が二つに割れることになる、というものでした。しかし、公家の中でも最高の家柄で、摂政・関白を出す資格をもつ摂関家（摂家ともいう）の子ならばかまわない、と上皇は認めました。

そこで、まだ二歳だった左大臣・九条道家の子の頼経が第四代の将軍として選ばれたのです。この頼経は、前に頼朝に協力した九条兼実《かねざね》の曾孫でした。こうして将軍の後継問題は一応の解決をみました。

ところが、ホッとしたのもつかの間で、またも大変な事態が持ち上がります。一二一九年、将軍候補の頼経が鎌倉へ下ったそのわずか二年後の二一（承久３）年５月、国を割ってはならぬと言った当の後鳥羽上皇が幕府に宣戦布告をしてきたのです。「承久《じょうきゅう》の乱」です。

鎌倉幕府が全国を制覇したとはいうものの、その直接の支配地域は主に東国であり、この時点では西の近畿地方を中心に朝廷は厖大な領地をかかえていました。各地の荘園領主たちが、その領主支配の保障を求めて、朝廷にきそって荘園を寄進してきていたからです。荘園には武士も住んでいます。京都には朝廷につかえる「北面の武士」など武士団もいます。それらの武士を糾合して、後鳥羽上皇は倒幕に踏み切ったのです。上皇のもとには近畿一帯から武士千七百騎が集まったといいます。

「北条追討」の上皇の命令「宣旨《せんじ》」が下されました。頼朝挙兵のときは以仁王《もちひとおう》の「令旨《りょうじ》」を高く掲げたのですが、今回は北条の率いる幕府が「朝敵」「賊軍」として朝廷から討たれる側に立たされたのです。御家人の中にはひるむ者も少なくなかったといいますが、「尼将軍」政子による武士たちの心を揺さぶる大演説によって全員が奮起させられ、戦う決意を固めたと伝えられます。

幕府軍は、三つの街道を経由して京都へ進軍しました。東海道が一〇万余騎、東山道が五万余騎、北陸道が四万余騎、合わせて二〇万騎の大軍です。勝負は戦う前からついていました。

6月、幕府軍は怒涛のように京都に攻め込み、上皇らはあっさり捕らえられました。朝廷には当時、後鳥羽上皇のほかその長男の土御門上皇、次男の順徳上皇（直前にまだ二歳だった仲恭《ちゅうきょう》天皇に譲位）の三人の上皇がいましたが、7月、後鳥羽上皇は隠岐島に、順徳上皇は佐渡島に配流され、倒幕計画からは外されていた土御門上皇も自ら土佐へと去っていきました。

即位式も行なっていなかった仲恭天皇は外祖父の九条道家のもとに引き取られ、そのまま廃帝となります（九条廃帝という。仲恭天皇というのは明治になって贈られた諡号《しごう》）。こうして、倒幕に敗れた朝廷には、上皇も天皇も一挙に不在となってしまいました。

そのまま放置すれば、天皇家はここで断絶していたはずです。

幕府はしかし、そうはしませんでした。ずっと前に出家していた故高倉天皇の第二皇子（後鳥羽上皇の兄に当たる）守貞親王を見つけ出してきていきなり「後高倉上皇」とし、その子・茂仁を後堀河天皇として即位させたのです。天皇を飛び越して（パスして）上皇（太上天皇）になるというのは、異例中の異例です。しかしその異例を承知で、幕府は天皇家の存続をはかったのです。

皇室のもつ建国以来の伝統的権威を存続させ、その権威によって征夷大将軍の権威を保証させるという頼朝の方針が、こうして踏襲されたのでした。

後鳥羽、順徳の両上皇を追放するとともに、幕府は厖大な皇室の領地をことごとく没収しました。一部は新たに院政を始めた後高倉上皇のために、幕府の要求があったときは返すという条件付きで残されましたが、多くは御家人への恩賞として分配されました。

さらに幕府は、かつて平清盛の根城があった京都の六波羅《ろくはら》に、朝廷や公家の動きを監視する「六波羅探題」を設置し、北条一族の有力者をその責任者につけました。

こうして、朝廷はその経済的基盤であった広大な所領を没収された上に、幕府の監視下に置かれることになったのです。

幕府開設のさいの後白河上皇と頼朝の駆け引き、将軍後継者問題のときの後鳥羽上皇と政子のやりとりに見たように、朝廷と幕府とはそれまで拮抗する関係にありました。しかし承久の乱の敗北によって、朝廷は幕府に対抗する地位から一挙に転落し、庇護され監視される立場となってしまったのです。

しかし幕府は、例の頼朝の〝基本方針〟だけは守りつづけました。第四代の頼経以下の将軍は次の通りです。

第四代　藤原頼経（九条家から）
第五代　藤原頼嗣（頼経の子）
第六代　宗尊親王（後嵯峨天皇の皇子）
第七代　惟康王（宗尊親王の子）
第八代　久明親王（後深草天皇の皇子）
第九代　守邦王（久明親王の子、＊鎌倉幕府最後の将軍）

このうち第四、五代は摂家の出身のため「摂家将軍」と、六代以下は天皇の皇子、つまり親王の出であるため「親王将軍」と呼ばれます。

ともあれこのように、武家の権力である鎌倉幕府のてっぺんにも、丹頂鶴のようにこの国の伝統的権威を示す朝廷のしるしがついていたのです。

❖天皇家の分裂と鎌倉幕府の滅亡

鎌倉幕府の時代は一三三三年の崩壊まで一四〇年ほど続き、そのあと日本は皇室が二つに分かれて正統性を争う、南北朝の動乱へと突入してゆきます。この皇室の分裂はすでに鎌倉時代から始まっていました。

承久の乱によって皇統が途絶えた後、幕府は出家していた後鳥羽上皇の兄に当たる守貞親王を見つけ出してきて後高倉上皇とし、その子を後堀河天皇として即位させたことは前に述べました。ところがその後堀河天皇の跡を継いだ四条天皇がまだ一二歳で事故により亡くなってしまいます。またしても直系の皇統が途絶えたのです。

皇族で後継者となりうる候補者は二人でした。一人は承久の乱の計画からは外された土御門上皇の皇子、もう一人は乱の当事者で佐渡に流され、その時もまだ存命の順徳上皇の皇子です。京都から意向を打診されて幕府が選んだのは、当然、乱の首謀者だった順徳上皇の皇子ではなく、乱とは無関係の土御門上皇の皇子でした。後嵯峨天皇です。こうして、皇位継承者の決定にまたも幕府の意思がはたらいたのでした。

後嵯峨天皇には三人の皇子が生まれます。第一皇子が、鎌倉に下って第六代将軍となった宗尊親王、第二皇子がのちの後深草天皇、第三皇子がのちの亀山天皇です。

二二歳で即位した後嵯峨天皇はわずか四年でまだ三歳だった後深草天皇に譲位して上皇となり、その後深草が成長して子どもをもうける前に、弟の亀山天皇へと譲位させます。そしてさらに、次の天皇となる皇太子に亀山の嫡男（のちの後宇多天皇）を指定するのです（系図参照）。

以上の経緯から、後嵯峨天皇が亀山の系統に今後の皇統を継がせたいと考えていたことがわかりますが、しかし後嵯峨はその意思を明らかにしないままで世を去ります。理由は恐らく、自分自身が幕府の意向によって即位したことから、幕府の承認なしに皇位決定はあり得ないと考えていたからだと思われます。

弟の亀山の子が皇太子に指定されたことに対し、当然、兄の後深草は反発します。以後、後深草の方は持明院統《じみょういんとう》、亀山の方は大覚寺統《だいかくじとう》と呼ばれて、両者の対立が深まり、その調停、さらには裁定が幕府に委ねられます。

両者の調停をへて、結局幕府が下した裁定は、両統から交互に天皇が即位するというものでした。両統迭立《てつりつ》（かわるがわる地位に就く）といいますが、この迭立は後醍醐天皇が出現するまで続きます。

こうして幕府は、またしても皇位継承に関与したのでした。なお、後深草天皇の第二皇子・久明親王は前述のように幕府の第八代将軍となります。

【南北朝系統図】

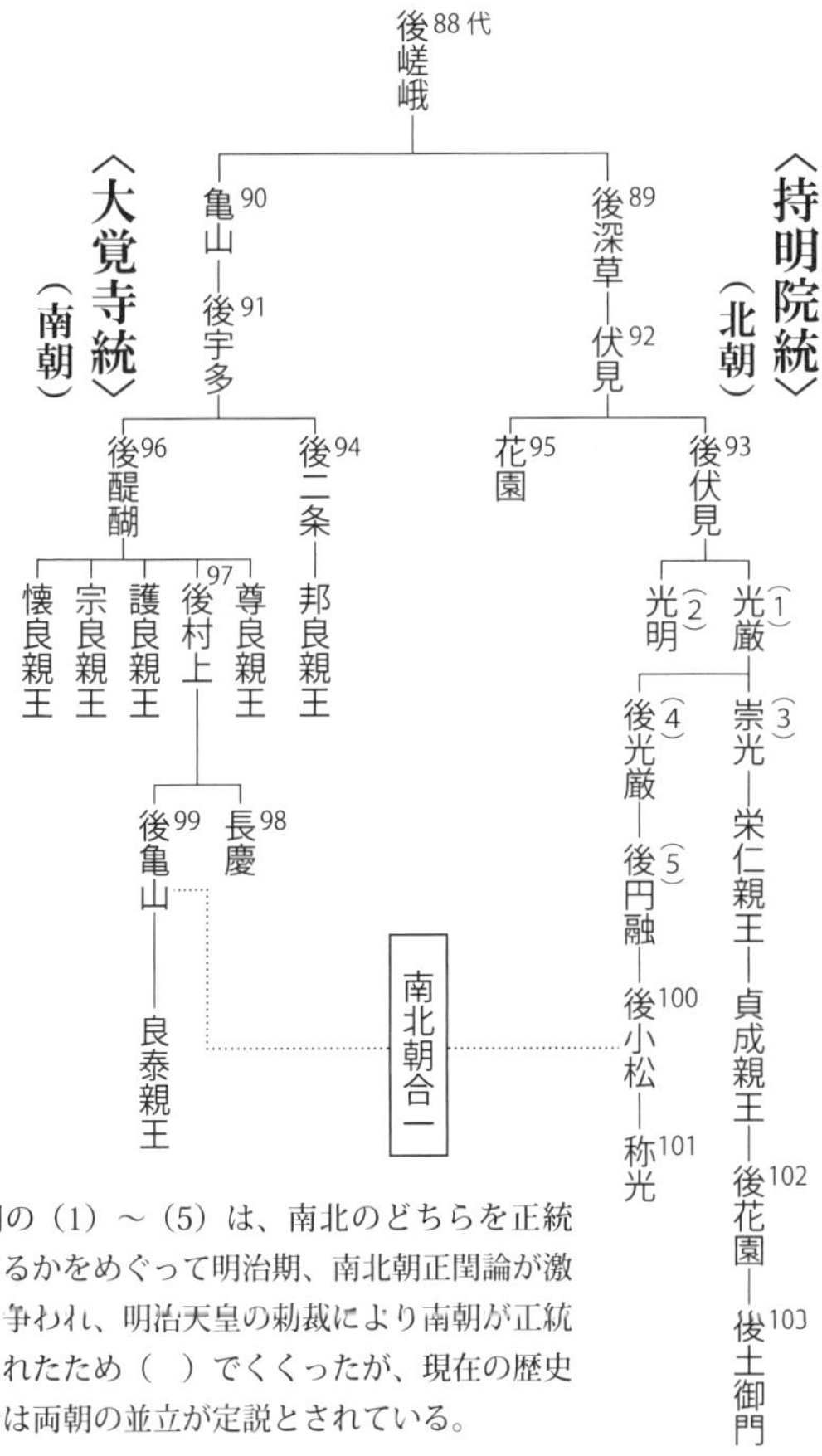

北朝の（1）～（5）は、南北のどちらを正統とするかをめぐって明治期、南北朝正閏論が激しく争われ、明治天皇の勅裁により南朝が正統とされたため（　）でくくったが、現在の歴史学では両朝の並立が定説とされている。

大覚寺統に属する後醍醐天皇の即位は一三一八年、鎌倉幕府の末期です。この時期、農業生産力の発展をベースにモノ（商品）や人の動きが活発となって貨幣経済が浸透し、御家人の多くが所領の分割相続による細分化もあって窮乏を深めつつありました。そうした中、北条氏だけは権力を伸ばし、全国の守護の半分以上を北条一族が占めるまでになっていました。当然、他の御家人たちの反感が強まっていきます。一方、畿内やその周辺では「悪党」と呼ばれる新興の武装勢力が出現していました。

こうした情勢をにらんで、後醍醐天皇は即位からまもない一三二四年、幕府を倒す計画を立てます。あの承久の乱からほぼ一〇〇年がたっていました。しかしこの計画は事前に洩れて、側近の一人が佐渡へ流罪となりました。

さらに七年後の一三三一年、後醍醐はまたも倒幕を企てて挙兵、これもしかし幕府に鎮圧され、捕らえられて隠岐に配流され、参加した貴族たちも処断されます。加えて幕府は後醍醐を廃位し、持明院統の光厳《こうごん》天皇を立てます。

後醍醐天皇は隠岐に流されましたが、その皇子・護良《もりなが》親王はなおゲリラ戦を続け、河内の土豪・楠木正成は金剛山の千早城に立てこもって幕府軍と戦います。

そうした中、一三三三年に入ると播磨（兵庫県）の赤松則村が挙兵し、2月には後醍醐天皇が隠岐を脱出、伯耆《ほうき》（鳥取県）の土豪・名和長年に迎えられます。そして4月には、後醍醐軍を討っために幕府軍の総大将として関東から遠征してきていた足利尊氏《たかうじ》が、弟の直義《ただよし》とともに、突如、寝返って後醍醐側につき、六波羅探題の鎌倉幕府軍を打ち破るのです。

一方、関東の上野《こうずけ》（群馬県）でも新田《にった》義貞が兵を挙げ、5月に鎌倉の幕府軍を撃破、北条氏一門は自殺に追い込まれ、ここに鎌倉幕府は滅び去ります。

❖後醍醐天皇と足利尊氏

倒された鎌倉幕府に素早く取って代わったのが、後醍醐天皇です。6月、京都に戻った後醍醐は、息子の護良親王を征夷大将軍に任命するとともに、公家はもとより北条氏一族以外のすべての領主の土地所有を保障することを布告します。院による政治も、摂政・関白も否定して天皇に権力を集中させた後醍醐は、その後も貨幣の鋳造や新税の徴収を命じるなど、次々と政策を打ち出します。こうした後醍醐天皇の政治を、翌三四年に改元された新元号・建武にちなんで「建武の新政」といいます。

しかしこの新政はわずか二年半しか続きませんでした。幕府側から後醍醐天皇側に寝返った足利尊氏が、こんどは後醍醐天皇に離反し、さらに敵対することになったからです。

一三三五（建武2）年、前々年に新田義貞に鎌倉を落とされて自決に追い込まれた執権・北条高時の遺児・時行が信州で挙兵し、7月、足利尊氏の弟・直義の軍を打ち破って鎌倉に入ります。敗れた直義は三河《みかわ》（愛知県の東部）へと逃れました。

それを知った京都の尊氏はただちに鎌倉へ向かい、8月、迎え撃つ時行の軍を撃破して鎌倉を奪還します。その尊氏へ、天皇は帰京命令を出しますが、尊氏はそれを拒否しました。これが以後、半世紀をこえる争乱の始まりでした。

11月、天皇から「尊氏追討」を命じられた新田義貞が京都から出陣します。新田義貞と尊氏は、北条氏の鎌倉幕府を打倒した二大武将です。その二人が、こんどは敵味方に分かれて戦うことになったのです。

以後の両陣営の動きは、勝ったと思えば敗れ、敗れたかと思えば勝つという、攻防入り乱れる状況となります。まず一三三五年12月、箱根の戦いで尊氏軍が義貞軍を破ります。ところが翌三六年1月には、義貞は東北遠征から戻ってきた北畠顕家《あきいえ》の軍と組んで尊氏軍を破り、京都に入ります。京都を追われた尊氏軍はさらに摂津（大阪府）でも義貞と楠木正成の同盟軍に敗れ、遠く九州へと逃れます。

しかしほどなく九州で態勢を立て直した尊氏は、再び京都へ向かい、5月、摂津の湊川の戦いで新田義貞・楠木正成の軍と戦い、これを打ち破ります。正成が戦死したのがこの戦いです。義貞は京へと戻ります。

それを見て、尊氏の弟・直義《ただよし》の軍が京都に攻め込みます。京都で市街戦が始まりました。その戦火を逃れて、後醍醐天皇は僧兵の軍団に守られた比叡山へと避難します。それを追って足利軍は叡山への攻撃を開始します。

6月、尊氏は、戦乱を避けてひっそりと暮らしていた持明院統の光厳上皇とその弟の豊仁親王を京都に迎え、8月には光厳上皇の院政を正式に決定、その院による皇位決定に従って豊仁親王が神器《じんぎ》のないまま即位し、光明《こうみょう》天皇となります。

つづいて尊氏は、比叡山の後醍醐天皇に講和を申し入れます。叡山の僧兵の側もその頃は離散する者があいつぎ、だいぶ疲弊していました。後醍醐は講和を受け入れ、10月に下山します。

この講和には義貞らが強く反対しますが、後醍醐は皇太子の恒良親王に帝位を譲り、その恒良を義貞に委ねることで義貞らを納得させます。

11月、下山して軟禁状態に置かれていた後醍醐は、尊氏側の求めに応じて、三種の神器を光明天皇に引き渡します。神器を得て、尊氏らが擁する光明天皇が皇室の正統性を確保したことになります。その一方、後醍醐には太上《だいじょう》天皇（上皇）の尊号がおくられました。こちらも正規の上皇であることを認証したわけです。あわせて後醍醐の皇子・成良を次期天皇となる皇太子と定めました。これにより、光明の次の皇位は成良が継ぐということになります。つまり光明・尊氏側は、持明院統と大覚寺統の「両統迭立」のルールに戻ることを約束したのです。

こうしてねじれにねじれていた皇統問題を解決した尊氏は、このすぐ後、「建武式目十七カ条」を制定します。治世の基本方針を定めた一七条です。聖徳太子の「憲法十七条」にならったともいわれますが、鎌倉幕府の全盛時代をモデルとして武家政治の再開を宣言したこの「建武式目」の公表をもって、室町幕府（足利幕府）が成立したと認められます。一三三六年11月のことです。

❖南北朝の動乱とその結末

動乱はしかし、これで終わりにはなりませんでした。

後醍醐が叡山から下山した10月、新田義貞は越前（福井県）へ行き、力を蓄えて再起をはかります。一方、東北には、前年に義貞と組んで尊氏を破り、尊氏を九州へ逃走させた北畠顕家《あきいえ》がいます。そして伊勢にはその顕家の父、北畠親房《ちかふさ》が軍勢を集めつつあり、また河内には楠木正成《まさしげ》の子・正行《まさつら》が態勢を立て直していました。後醍醐をささえる勢力は、まだまだあなどれなかったのです。

12月下旬、北畠親房からの連絡によって、後醍醐は軟禁されていた京都を脱出、楠木一族の案内で、奈良県の南部、その奥は広大な紀伊山地へと連なる吉野山に入ります。そしてここを今後の根拠地と定め、先月、光明天皇側に渡した神器は〝偽器〟であって〝真器〟はわが手にあると言い、足利討伐を諸国に呼びかけました。

以後、この吉野の朝廷を「南朝」と呼び、京都の朝廷を「北朝」と呼ぶことになります。そしてここから、南北朝の動乱が本格的に始まるのです。

一四世紀の半ばから後半にかけ、半世紀をこえて続く南北朝の動乱は、三つの勢力の間で戦われました。まず北朝を擁する尊氏の勢力、次はその尊氏の弟・直義《ただよし》の勢力、そして吉野の南朝の勢力です。いわば三つ巴の戦いです。

そしてこの三つの勢力に共通していたのは、それぞれが一族の分裂から生じた敵対関係を背負っているということでした。まず南朝と北朝の敵対ですが、これはすでに見たように、天皇家の分裂から生じた対立関係でした。もう一つがやがて足利尊氏とその実弟の直義の間に生じる敵対関係です。加えてこの対立は、尊氏の庶子（妾腹の子）直冬《ただふゆ》を直義が養子としていたため、兄と弟の対立はさらに血を分けた父と子の対立に重なりました。文字どおりの骨肉の争いとなったのです。

こうした相互関係をもつ三つの勢力に、各地の豪族（武将）がからんで、攻めたり攻められたり、めまぐるしく攻守入れ替わりながらの戦いが、長期にわたって続きました。たとえば、朝廷の本拠地である京都は、南朝の軍と尊氏の側との間で、四度も占領と奪還の舞台となります。戦場となった京都の市街がどうなったかは容易に想像できるでしょう。日本史の中の戦乱期といえば、だれもが戦国時代を思い浮かべますが、「天下三ツニ分レテ、合戦ヤム時アラジ」（『太平記』）の南北朝時代もそれに劣らぬ戦乱の時代だったのです。

したがって、その争乱全体の経過をコンパクトにまとめることはとてもできないので、ここでは南朝側の動きだけをかいつまんで述べることにします。

吉野に入って二年半、一三三九年8月、後醍醐天皇は波乱の生涯を閉じます。五一歳でした。南朝の次の帝位は、まだ一二歳だった後村上天皇が継ぎました。

一三四八年1月、河内の四条畷《しじょうなわて》で南朝軍と幕府軍（この時はまだ尊氏・直義は分裂していない）が激突します。この激戦で南朝方の総帥・楠木正行（正成の子）は戦死、幕府軍は南朝方を追って吉野に迫ります。そのため後村上天皇らは吉野を捨て、そこから西南の賀名生（今の五条市西吉野）へと移ったのでした。

一三五二年2月、前年に尊氏軍を破った直義は鎌倉に下ったあと今度は尊氏に敗れ、毒殺されます。享年四五歳でした。しかしその遺志は直冬が受け継いで戦いを続行します。

尊氏はこうして実弟・直義を倒したのですが、一方、息子の義詮《よしあきら》に委ねてきた京都では一大事が起こっていました。南朝軍が攻め込んできたのです。これには実は前年からの経過がありました。

前年の10月、尊氏は直義の軍を圧倒するために、敵方である南朝の協力を得ようと、和議を申し入れました。南朝・後村上天皇側の総参謀は『神皇正統記《じんのうしょうとうき》』の著者・北畠親房《ちかふさ》です。南朝側もこれに応じましたが、その提出した条件は恐ろしくシビアなものでした。

まず、北朝の崇光《すこう》天皇と皇太子・直仁親王を廃し、年号も南朝の定めた「正平」を使用せよ、また神器も返還せよ、というのです。一五年前に後醍醐天皇が北朝側に渡した神器は、「虚器」、つまり偽物であった。「正物」、本物は南朝の手にある。しかし「虚器」であっても、神器として使用したものであるからこのまま残しておくわけにはいかない、というわけです。

ほかにもきびしい条件がついていましたが、直義《ただよし》の打倒を優先した義詮《よしあきら》の側はそれを受け入れました。それが南朝側を勢いづかせます。北朝側が、鎌倉の尊氏軍と京都の義詮軍に二分されたその隙を突いて、一三五二年2月、南朝軍は東と西でいっせいに攻撃をしかけました。尊氏は鎌倉を追われ、京都の義詮も、楠木正行《まさつら》の弟・正儀《まさのり》の指揮する楠木軍と北畠軍を主力とする南朝軍に敗れ、近江（滋賀県）へと逃れます。

京都を占領した南朝は、北朝（持明院統）の光厳、光明の二上皇と、南朝の要求で天皇の座を追われたばかりの崇光上皇、それに廃太子・直仁を賀名生へと連れ去りました。

尊氏は鎌倉を、義詮は京都を追われましたが、しかし二人はただちに態勢を立て直し、翌3月には鎌倉、京都を奪い返します。

こうして首都を奪還することはできたのですが、幕府は重大な問題に直面することになりました。三人の上皇と廃太子が南朝側に連れ去られてしまったため、幕府側はその支配権の正統性を保証する皇室が不在となってしまったのです。

密かに連れ戻しの工作も行ないましたが、失敗に終わりました。残された道は一つしかありません。新しい天皇を立てることです。そこで光厳上皇の第二皇子で、仏門に入ることになっていた一五歳の弥仁王がその候補となりました。ところが、先に何度も述べたように、天皇位を与えることができるのは上皇だけです。しかしその上皇は三人とも南朝に連れ去られています。

思い余った義詮（幕府）は、窮余の策として、光厳、光明の二上皇の母で、したがって弥仁王の祖母である広義門院に上皇の代わりになってもらい、弥仁を天皇に立てることにしたのです。こうして、またもアクロバット的な手法で〝皇位継承〟が行なわれます。そうして生まれた新帝が後光厳天皇でした。

この後も三つの勢力は合従連衡《がっしょうれんこう》しながら戦いを続けます。

南朝軍は一三五二年の京都進攻の後も、翌五三年第二回、五五年第三回、六一年第四回と京都に攻め込んで占領し、そのたびに追い出された尊氏・義詮側が巻き返して奪回するという争奪劇が繰り返されます。

しかし時がたつうちに、時代の主役たちも世を去っていきます。

一三五四年、後醍醐天皇亡き後、南朝の精神的支柱であり軍事的指導者でもあった北畠親房が亡くなりました。六一歳でした。

四年後の五八年には、尊氏が波乱の生涯を閉じます。こちらは五三歳でした。この後、天皇の宣《せん》旨《じ》をうけて義詮が第二代の征夷大将軍となります。しかしそれから一〇年とたたない六七年、義詮は病を得たため政務をまだ満九歳の義満に譲り、その年の暮れには亡くなります。

こうして、三つの勢力の中心人物は、直義の跡を継いだ直冬ひとりだけとなり、あとは泉下の人となりました。

天皇家の方を見ると、まず南朝では六八年に後村上天皇が亡くなった後、皇子・寛成親王が即位して長慶天皇となり、八三年頃（正確な年は不明）にその弟の熙成親王が皇位を継いで後亀山天皇となりました。南朝最後の天皇です。

一方、北朝では、後光厳天皇のあと、七一年に後円融天皇が即位し、その跡を八二年に後小松天皇が継ぎます。南北朝どちらも、分裂していた間に四、五代をへたわけです。

一三九二年、時代はすでに完全に義満《よしみつ》の時代です。この年10月、義満は南朝方へ「南北合体」の条件の承諾書を送りました。条件は次の三つでした。

一、後亀山天皇は譲国の儀式をもって三種の神器を後小松天皇に渡す。

一、今後、皇位は南朝・北朝すなわち大覚寺・持明院の両統交互とする。

一、諸国の国衙《こくが》領は大覚寺統が、長講堂領は持明院統が支配する。

講和が成立し、後亀山天皇は吉野を発ち、奈良をへて京都の大覚寺に向かいました。その「行幸」に随行したのは廷臣一七名、武士は五〇騎にも満たなかったといいます。

三つの条件は双方が合意したものだったにもかかわらず、その約束は北朝（幕府）方によって簡単に破られました。

まず神器の譲渡は「譲国の儀式をもって」行うはずだったのに、儀式は行われず、ただ神器だけが雨の中を後小松天皇のもとに運ばれたのでした。次に「両統迭立《てつりつ》」の約束も、後小松天皇の皇子が皇太子（次期天皇）に指定されたことで反故《ほご》にされました。

そして最後の領地の問題も、現実には国衙領は守護らによって侵食されつくし、長講堂領も荘園の大半は失われていたので、条件そのものがほとんど無意味になっていたのでした。

❖足利義満はなぜ「出家」したのか

こうして、南北朝の対立・動乱という天皇家にとって重大な危機的状況は終息したのですが、すぐ続いて動乱とは別の、しかし天皇家の存在そのものにかかわる重大な事態が生じることになります。この章の冒頭で紹介した今谷明氏の著作『室町の王権』の副題となっている「足利義満の王権簒奪計画」です。

一三六七年、満九歳で父・義詮《よしあきら》の跡を継いだ義満は、翌年征夷大将軍となり、幕府の政務を取り仕切る「管領《かんれい》」細川頼之の補佐を受けながら将軍としての力をつけていきます。

当時の幕府は、細川氏をはじめとする各地の有力守護（豪族）の勢力均衡の上に成り立っていました。将軍家だけがずば抜けた力を有していたわけではありません。したがって、有力守護の一つがさらに力を伸ばしてくれば、いつその地位を奪われるかわかりません。

そこで義満がとったのが、潜在的なライバルと見た強豪守護に対し、弾圧と挑発によって相手が反撃せざるを得ない立場に追い込み、立ち向かってきたところをたたく、という手法でした。その最初のケースが一三九〇年の美濃《みの》（岐阜県）の守護・土岐氏の相続に際しての干渉による挑発で、翌九一年には、山陰道全域と山陽の一部、さらに和泉、紀伊を加えて一一カ国の守護職を兼ねていた山名一族を滅ぼしました（明徳の乱）。

また九五年には、九州を平定して幕府に大きく貢献し、九州探題の地位にあった今川氏を突如、遠江《とおとうみ》・駿河《するが》（静岡県）の守護職に転任させます。今川氏が九州の支配者として対中国・朝鮮外交の主体となるのを警戒したためです。そしてさらに九九年には、中国地方の大守護で今川氏に代わって九州にも勢力を伸ばしていた大内氏を激しく挑発し、ついに大阪まで攻め上ってきたのを迎え撃って滅ぼします（応永の乱）。

こうして義満は幕府に対抗する潜在力を持った有力守護を打倒し、「武家の棟梁」として全国の守護を圧倒する権力を確立したのです。

武家に対する支配の強化・拡大は知力と武力の行使を必要としましたが、もう一つの権威・権力である朝廷・公家への対処は難しくはありませんでした。なにしろ義満は、元服して間もない十代から、次の通り、前例のない速さで官位の階段を駆け上るのです（年齢は満年齢）。

一三六八年（10歳）征夷大将軍
七三年（15歳）従四位下・参議・左中将
七五年（17歳）従三位
七八年（20歳）従二位・権大納言・右大将
八〇年（22歳）従一位
八一年（23歳）内大臣
八二年（24歳）左大臣
八三年（25歳）准三宮《じゅさんぐう》（准三后）

九四年（36歳）太政大臣

左大臣というのはいわば総理大臣格で、常設の官職としては最高の職務です。また准三宮というのは、皇后、皇太后、太皇太后に準ずるもので、皇族と同等の位を得たことを意味するのですが、実は義満は皇室と現実に血縁関係があったのです。

義満が満九歳で父・義詮《よしあきら》の跡を継いだ四年後、一三七三年に後円融《ごえんゆう》天皇が満一三歳で即位しますが、二人は同じ年の生まれで、しかも従兄弟どうしでした。義満の母・紀良子と後円融の母・崇賢門院はどちらも岩清水八幡宮の社僧の娘でした。つまり姉妹だったのです。加えて、義満の母方の祖先をたどると、五代前の先祖は、承久の乱で敗れて佐渡に配流となった順徳天皇でした。わずか二五歳で官職の最上位まで上りつめた義満は、皇族とのこのような血縁関係を有していたのです。

しかも、南朝と北朝との合体時のさいの約束も平然と破り捨てた義満です。皇室に対する引け目や気おくれなどはまったくなかったはずです。

しかし、左大臣といい、征夷大将軍といっても、天皇の「臣下」であることはまちがいありません。天下を仕切っている実力者は自分であっても、その頭上には厳然として天皇が存在するのです。では、この神格化された「権威」の傘を突き破るにはどうしたらいいか――。

先の年表の最後、一三九四年の年末に義満は征夷大将軍の官職を嫡子の義持《よしもち》に譲って最高位の太政大臣となりますが、翌九五年の6月、半年でその太政大臣を辞任し、そのうえ出家をします。出家というのは、公家や武家といった世俗的な身分を超越した存在になることです。公家や武家の身分にとどまっている限り、皇位に上ることも、超えることもできません。そう考えると、突然の出家という義満の行為に、ある隠されたねらいを想定するのはごく自然な見方だと思われますが、研究者の中にはそれに否定的な意見もあります。

「この出家については律令官制から抜け出して、天皇を超越した存在になることが目的であったとするのが通説だが、義満は父義詮の享年である三十八歳に達したから出家したまでで、それ以上の意味を認めるのは深読みだろう」（桜井英治『室町人の精神』講談社「日本の歴史12」二〇〇一年）

しかし、義満ほどの自己本位に徹した強烈な個性が、父の享年になったからという殊勝な心がけで出家するなどということはおよそ考えられません。義満の出家は「おそらく先例を平清盛にもとめて」（佐藤進一『南北朝の動乱』中央公論社「日本の歴史9」一九六五年）という見方が当たっているように思われます。清盛も武家の身から出家し、自分の娘を皇后としてその子を皇位につけ、自分はその外祖父として縦横に権力をふるいました。その清盛の姿は、当然、義満の視野の中にあったはずです。

もう一つ、義満の出家には、その政治戦略上どうしてもそうしなくてはならない必然性があったようにも思われます。後に述べますが、義満は庶子《しょし》（妾腹の子）の一人である義嗣《よしつぐ》を皇位に就かせる計画を立てていました。そして実際、一四歳の義嗣の元服式を「立太子礼（皇子が皇太子として立つ儀礼)」に準じて皇居内で行なうことにより、義嗣を次期の天皇、つまり皇太子の位置にすえつけたのです。

義満のこの計画は、義嗣「立太子礼」の直後、義満の急死によって御破算となりますが、もしこの計画が実現していたらどうでしょうか。義満は天皇の実父です。ところが、太政大臣といえども天皇の臣下に変わりはありません。天皇の父は本来、太上天皇、つまり上皇となるべきものです。その天皇の父が臣下となるのは奇妙ですし、矛盾です。したがって、上皇をめざす義満としては、胸中に秘めたこの計画をチャンスを待っていつか実行に移す、そのときのために前もって「臣下」の位置から離脱しておく必要があった――というのが私の推察なのですが、どうでしょうか。

仮にそう考えると、義満の出家は、その極秘プロジェクトの開始宣言であり、同時にその第一着手だったことになります。

❖義満「日本国王」への道

ところで、義満のこの計画には、同時代に中国と朝鮮に生まれた新たな王朝との国際的な関係も密接にからんでいました。

中国において、朱元璋(洪武帝)がモンゴルを北へ追い払い、明《みん》国を建国したのは一三六八年、義満が征夷大将軍となった年です。その明国との国交を最初に開いたのは、九州にいた懐良《かねよし》親王でした。一三七一年、まだ南北朝の戦いが続行中のことです。懐良親王は後醍醐天皇の皇子の一人で、征西将軍として九州に派遣され、九州の豪族・菊池氏らに支持されて、大宰府を本拠に九州全域に勢力を張っていました。その「征西府」の懐良親王が、明の要請に応じて使者を送り、「日本国王」に任命されたのです。

しかしその地位は長くはありませんでした。幕府の新たな九州探題となった今川了俊によって、「征西府」は大宰府を追われたからです。これにより、明国との交渉は以後、幕府の手に移ります。

一三七四年、幕府は明からの使者の帰国に同行して最初の遣明使を送ります。しかし彼らがたずさえていった書状は皇帝に受け取りを拒否されました。書状の送り手が「日本国王」ではなく、その形式も「臣下として皇帝にたてまつる」「表《ひょう》」となっていないことを理由に、日本からの正式の使者として認められなかったのです。しかもそれには「先ごろ日本国王の良懐（懐良親王をさす）が『表』をたてまつって来貢してきたので、皇帝はこれを日本正君と認めている」ことが付け加えられていました（村井章介『中世日本の内と外』筑摩書房、一九九九年、以下も）。

六年後の一三八〇年、義満は二度目の使者を送ります。しかしこのときも、「征夷将軍源義満」としたため「言葉も意図も傲慢である」として受け取りを拒絶されました。明の皇帝にしてみれば、まず日本国王が臣下であり、将軍はその臣下の臣下（陪臣《ばいしん》）であって、その陪臣が皇帝に交際を求めてくるなどというのは、分を越えた、出過ぎた行為「越分行礼」であるというわけです。

一方、この間にも「日本国王良懐」の名による使者が何度も明に送られています。この関係は一三八六年に「良懐」が明朝を倒す陰謀に関わったことが分かって断交されるまで続きました。

ところで中国と周辺国との関係は、伝統的に朝貢《ちょうこう》・冊封《さくほう》体制によって成り立っていました。周辺国の国王が中国皇帝に貢物《みつぎ》を献上すると（朝貢）、皇帝はその見返りとしてその国王が正統の王であることを公認し、かつその地位を保障します。これを冊封といいました。と同時に、皇帝は貢物に対する返礼の品を与えます。実質的にこれは貿易です。しかも見返りの品の価値はたいてい朝貢の品を上まわっていました。朝貢国にとっては割りのいい、ありがたい貿易です。ちなみに、この朝貢（進貢《しんこう》）貿易を中軸にして一五世紀から一六世紀にかけ「大交易時代」を築いたのが琉球王国でした（冊封関係に入ったのは一四〇四年で室町幕府とほぼ同時）。

一三九八年、初代の皇帝が亡くなり、第二代の建文帝が即位します。その建文帝に対し、一四〇二年、義満は三回目の使者を送りました。その書状は「日本准三后《じゅさんごう》道義、書を大明皇帝陛下にたてまつる」と書き出されていました。「日本国王」とは、まだ冊封を受けていないので名乗れません。また前回と同じ「将軍」ではだめです。そこで用いたのが、二〇年近く前に取得した、皇族と同格を意味する「准三后」の称号だったのです。「道義」は、義満の出家後の法名です。

この文書を受け取った建文帝は、ただちに義満を「日本国王」として冊封しました。

このあとすぐ、建文帝は第三代の永楽帝に取って代わられます。その永楽帝への翌〇三年の義満の「表《ひょう》」はこう始まっていました。

「日本国王臣源表す。臣聞く、太陽天に昇らば……」

日本国王を名乗り、同時に中国皇帝に対しては「臣下」であることを自から認めたのです。

この冊封関係は、義満（幕府）に対して大きな利益をもたらしました。日本側から献上した品は、扇、刀、鎧、馬などでしたが、それに対する中国側からの返礼品は錦や陶器などのほか大量の明銭（貨幣）でした。その明銭は日本国内でも通貨として流通しましたから、この関係は日本からの輸出品を中国が買い上げるのと同じ形になったのです。

もう一つ、この朝貢体制の幕府にとってのメリットは、対明貿易を完全に統制できるということでした。というのは、明は、冊封をした国王には勘合符《かんごうふ》という割印を渡し、その勘合符をたずさえてきた商船にだけ自国との貿易を許可したからです。したがって、その勘合符を明国から受け取って管理する幕府は、対明貿易の実態を完全に把握し、統制できたのです。

こうして国内では潜在的ライバルだった有力守護を倒して独裁体制を固め、対外的には大国・明とも正規の外交関係を結び、しかもそこから着実に経済的利益を生み出すルートをつけた義満は、いよいよ宿願の達成へと踏み出します。

後円融天皇と義満が同じ年の生まれで、かつ従兄弟どうしだったことは先に述べました。義満の宮廷対策における最大の、というより唯一のライバルとなったのが、その後円融天皇でした。臣下の公家たちがことごとく義満の政治力と経済力に屈してしまった中で、後円融天皇だけは抵抗をつづけたのです。

一三八二年、後円融は第一皇子の後小松《ごこまつ》天皇に譲位して上皇となります。その第一皇子の即位式をいつ行うかについて、9月半ば、義満は摂政の二条良基《よしもと》と二人で相談し、年内実施を決めます。

それを知って、後円融は激怒します。皇室にとって最重要の儀式の実施時期を、最高責任者であり、かつまたその儀式を取り仕切る自分を差しおいて、臣下が勝手に決めたのですから当然です。そこで後円融は必死の抵抗を続けますが、しかし結局、将軍（兼、左大臣）と摂政のペアに押し切られてしまったのでした。

このほかにも後円融の怒りをそそる事態が生じますが、その対処に焦れば焦るほど孤立を深める結果となり、後円融はまもなく沈黙します。しかし義満にとって、同年で従兄弟である上皇の存在は、やはり無視できなかったはずであり、義満が「皇位簒奪」に向かって行動を起こしてゆくのは、一三九三年、後円融上皇が没してからになります。

一三九四年、義満が征夷大将軍を辞任し、翌年には太政大臣の職も辞して出家したことは先に述べました。そしてこれが、彼の極秘計画の第一着手だったことも前述しました。

一四〇六年、義満がひそかに狙っていたチャンスがやってきます。後小松天皇の実母が亡くなったのです。これをとらえて、義満がある提案を行ないます。

——天皇は一三九三年に父の後円融上皇の喪（一年間）に服している。今回、母の喪に服すると、在位中に二度も喪に服することになる。先例から見ると（といって都合のいい事例だけを示して）在位中の服喪の重複はきわめて不吉である。それを避けるために、天皇の准母《じゅんぼ》（母の代理、代わりの母）を新たに立てるべきだ、というのです。

「准母」を立てれば、実母は亡くなっても、「准母」は生きているのだから、天皇が喪に服す必要はない、というのは奇妙な理屈です。しかし、公家たちの中にはもはや公然とその詭弁を指摘する勇気のある者はいません。

次に、その「准母」となるのが適切な女性はだれか、ということになります。何人かの名前があがりますが、義満に拒否されます。そして結局、関白らは義満の正室（正妻）である日野康子を准母に指名するのです。〇六年12月末のことです。

こうして義満の妻は准母となりました。妻が准母であれば、その夫・義満は准父ということになります。天皇の父は上皇です。したがって、天皇の准父である義満は准上皇ということになります。上皇の最高の権限は何だったでしょうか？　次期の天皇を指名することです。上皇にその権限があるのなら、准上皇にもその権限があるはずだ——。

かくて準備はととのいました。あとは、次期天皇の候補を決めるだけです。その候補を、義満は息子たちの一人で、現将軍・義持の異母弟になる義嗣に決めました。

一四〇八年、2月末、義満は、まだ一四歳の元服前だった義嗣をともなって参内《さんだい》します。義嗣にはただちに従五位下の爵位が授けられました。このあと義満の私邸でもあり政庁でもあった、一角にあの金閣寺がある北山第《きたやまてい》に、後小松天皇を招き、実に二十日間にもわたる宴会を開いたといいます。天皇と関白以下の廷臣たちに対する自らの「上皇」就任の確認と、次期皇位継承者の披露の宴だったのでしょう。

このあと義嗣は、一カ月に四回もの位階昇進をとげ、4月25日、先に述べたように、皇族以外ではあり得ないはずの、内裏《だいり》、つまり皇居内で元服式を行ないます。天皇家の子弟、つまり親王の元服は「親王元服」といい、それは皇太子を立てる「立太子礼」に準じるものでした。内裏での義嗣の元服式は「親王元服」に準じており、ほかに親王が存在しない状態では、義嗣のそれは実質的に「立太子礼」にほかならなかったのです。こうして後は、後小松天皇からの譲位を待つばかりとなりました。

しかし――この義満の「皇位簒奪の計画」は、完成寸前のところで挫折します。義嗣元服の三日後、義満は（恐らく）流行していた感染病に倒れ、病床わずか一週間でこの世を立ち去ったからです。満四九歳でした。

義満が描いていた「計画」の完成図がどのようなものであったか、断定はできませんが、今谷明氏は前掲書『室町の王権』で義満の政治工作の経過を詳述したあと、こう述べています。

――「あえて、ここで大胆な臆説を披露すれば、義持の将軍職は、そのまま温存して幕府機構を総括せしめ、弟の義嗣を天皇に据えて足利氏で将軍と天皇を独占し、その政権を磐石の安泰に置くというのが義満の構想だったと思われる。義嗣の皇位は、後小松に強要して禅譲に誘導するか、あるいは気長に後小松の病死を待つか、ともかく後小松から皇位を義嗣に移すというのが義満の目論見であったことはほぼ間違いあるまい。」

今谷氏は「大胆な臆説」といっていますが、村井章介氏も前掲書でこう述べています。

「……一四〇六年に義満の妻の日野康子が後小松天皇の准母になったこと、一四〇八年に義満の愛児義嗣が『親王の準拠』により内裏で元服の儀を行ったこと、などから考えて、義満自身が法皇になり、義嗣を天皇位につけるというプログラムが着々とすすめられていたことは確実です。」

義満の企図は、その達成寸前、突然の死によって挫折しました。マラソンに例えるなら、群を抜くスピードでトップを切って四二キロ近くを走り抜いてきたランナーが、ゴールの待つ競技場のゲートをくぐった瞬間、心肺停止でばったりと倒れたのです。

こうして武家による皇位の簒奪という計画は未完に終わったのですが、私には、この計画をさらに上まわる壮大なプランが義満の胸中にはあったのではないかと思われてなりません。

前にも述べたように、義満が生きた同時代の一三六八年に、中国では朱元璋が新しい国を建てます。「明」です。それから二四年後の一三九二年、朝鮮半島では李成桂が高麗に代わって「朝鮮」を建国します。また南の方では、前述したように一四〇四年、琉球が明の皇帝と冊封・朝貢関係に入ります（次いで二九年には尚巴志《しょうはし》が琉球王朝を開く）。

一方、一三五〇年ころから倭寇の動きが激しくなり、義満が将軍の座についた七〇年ころにはその活動がピークに達します。倭寇の活動の主目的はもちろん海賊行為ですが、交易なども付随していたでしょうし、そこからは日本・朝鮮・中国間のさまざまな人的交流が生じていたはずです。つまり、義満が生きた一四世紀の後半から一五世紀にかけて、いずれも新政権が誕生した中国・朝鮮・日本・琉球の諸国による黄海から東シナ海を囲む新たな東アジア交流圏、新たな国際関係が形成されつつあったと見ていいでしょう。その新たな国際関係の中に自国を開いてゆくことを通して、義満はそこに新たな「国のかたち」を描いていたのではないでしょうか。

九世紀末に遣唐使派遣を停止してから四五〇年間、日本の政権は他国と公式の外交関係を結ばず、国際的には孤立主義をとってきました。義満はその孤立主義を脱ぎ捨て、中国、朝鮮との交流を積極的に展開して「新しい日本」を生み出そうとしていたとは考えられないでしょうか。明の皇帝から二度も拒絶されながら冊封を求めたこと、またその自尊心は人一倍強かったはずなのに皇帝への「臣従」関係にすすんで入っていったことからも、朝貢貿易による利益の確保以上に、その〝構想〟の実現にかけた義満の情熱が読み取れるように思われます。

「新しい日本」には、新しい統治のあり方が求められます。今の日本は、伝統的な「天皇の権威」と、その天皇の権威に支えられた「将軍の権力」による二元的な統治形態となっている。しかし、新たに形成されつつある国際関係の中でしたたかに生き抜いていくには、権威と権力を統合した強力な指導者が必要となる。その指導者が「日本国王」である――と義満は考えなかったでしょうか。冊封関係が成立して、義満が明の永楽帝から受け取った印章は、「日本国王之印」の六文字を彫った金印で、両手でも持ち上げかねるほど重かったといいます。外国からも正式に認証され、国内では権威と権力をあわせ持つ強大な「日本国王」、それこそが義満のめざした究極の目標だったのではないか、と私には思われます。

❖応仁・文明の乱と室町幕府の落日

義満が急逝した後、朝廷では義満に「太上天皇」の尊号を送ることを決定します。義嗣を天皇位につけた後、義満が予定していたのがこの上皇の地位でした。死後とはいえ、義満はその最初の目的を達することになります。

ところが、幕府はこの決定を辞退します。この辞退を決めた中心にいたのは、将軍の義持《よしもち》だったと思われます。なぜなら義持は、このあと明との冊封・朝貢関係の断絶をはじめ義満の敷いた路線の多くをくつがえしていったからです。「皇太子」の位置にすえられていた義嗣も、兄の義持に謀反の嫌疑をかけられ、捕らえられて幽閉された後一四一八年、殺害されます。

それから一〇年後、義持が急逝します。義満の享年よりも若く満四一歳でした。

義持の後は残った弟たちの一人、義教《よしのり》が将軍となります。義教は、こんどは兄の義持のやり方を否定し、義満の時代に戻していきます。日明貿易を復活させたのもその一つでした。ところがやがて義教は精神を病み、疑心暗鬼のかたまりとなって恐怖政治をしき、守護大名間の争いに介入しては、有力守護を抹殺し、排除していきます。

一四四一年、赤松教康《のりやす》の屋敷に招かれて猿楽と酒宴を楽しんでいた義教の背後の障子が突然開け放たれ、甲冑の武士数十人が躍り込んできたかと思うと、あっという間に義教の首が打ち落とされます。屋敷には火がかけられますが、その焼け跡から見つかったのは首のない遺骸だけでした。

義教の跡はその幼い長男・義勝が将軍の地位につきますが、一年たらずで急病死したため、六年間の空位の後四九年に、義勝の弟、義政が将軍となります。

もともと室町幕府は、有力守護の勢力均衡の上に成立した政権です。義満はその勢力均衡に細心の注意を払いながら、卓抜した政治力と軍事力で守護たちの力を抑え込み、強大な権力を築いたのでした。

しかしその強力な指導者がいなくなると、上からの圧力が軽くなり、どうにか保たれていた勢力均衡が揺らぎだします。将軍家の継嗣問題もそう順調ではありませんでしたが、将軍の補佐役をつとめる「管領《かんれい》」（初期には執事といった）を交代で出す斯波《しば》、細川、畠山の三家をはじめ、有力守護の間でも家督相続をめぐる問題を中心に内紛が起こり、それに他の大名がからむという形で、争乱が絶えませんでした。

一四六四年、二八歳の義政はまだ跡継ぎの男子がなかったため、だいじを取ったのでしょう、三歳下の弟・義視《よしみ》を後継者に指名しました。ところが一年後、義政の正室・日野富子が男子を産んだのです。義尚《よしひさ》でした。富子は当然、わが子の義尚が将軍になることを望みます。

一方、天皇家ではその直後、後花園天皇に代わりその第一皇子・後土御門《ごつちみかど》天皇が即位しました。後花園の在位期間は三六年、続く後土御門も同じく三六年、こちらの方の相続は順調です。

義尚誕生からまもない一四六七年、管領だった畠山家の内紛に始まり、将軍・義政や妻の富子、さらに同じ管領家である細川や斯波家を含む有力守護大名の多くを巻き込んだ大戦乱が起こります。戦乱は一四七七年まで一〇年にわたって続きますが、最初の二年の年号が応仁、残る八年の年号が文明だったので、「応仁・文明の乱」と呼ばれます。

戦闘は東西両軍に分かれて戦われますが、東軍は細川勝元の率いる細川一族はじめ赤松、京極、武田家など一六万千五百騎、対する西軍は山名宗全のもと畠山、斯波、一色、土岐、六角家など一一万六千騎を擁していたと伝えられます（『応仁記』）。

東軍は兵力でも上まわっているうえに、室町の将軍邸を占領し、将軍の義政や義尚、義視の身柄を確保して「幕府軍」であることを誇示できたため、当初は優勢に立ちました。ところがまもなく西日本の最有力守護、大内政弘が海路三万の軍勢を率いて西軍に加わり、さらに義視が室町から脱出して西軍側に移ったこともあって、西軍は押し返します。

この日本列島を二分しての内戦の主戦場となったのが、またしても京都でした。開戦からの三年で、京都と周辺の神社仏閣はほとんど焼き尽くされたといいます。

その後、戦況は膠着状態となり、散発的な戦闘と東西両陣営の対立だけがつづきますが、やがて双方の指導者、山名宗全と細川勝元があいついで世を去ったこともあり、七七年末、この大乱は国土と人心の荒廃だけを残して終息したのでした。

その人心の荒廃は、将軍家の家族関係にも深い影を落としました。もともと乱の始まりの段階で、義政が次の将軍に指名した実弟・義視に対し、実子・義尚を跡継ぎにしようともくろむ日野富子の間に鋭い亀裂が入っていました。そして実際、乱の途中で義視は西軍に移り、義政・富子と敵対することになります。

乱が続いていた一四七三年、義政は八歳の義尚に将軍の地位を譲りますが、夫婦仲は次第に険悪となり、乱のあとは富子が政治の実権をにぎるようになりました。八〇年、義政は大病をわずらい、翌年には邸内に閉じこもり状態となり、はては邸を出て山荘で暮らしはじめるのです。代わりに義尚が母と同居しはじめますが、これもすぐに飛び出して、家族はばらばらになってしまいました。

父の厭世気質は、子の義尚も色濃く受け継いでいたらしく、八二年には正室の日野家の娘を追い出して、別の公家の女性に熱をいれ、日常の生活も側近の近習《きんじゅう》たちと昼夜逆転の日々を送り、さらに猿楽師を家臣に取り立てるなど奇矯な行動をとったといわれます。こうしていわば自滅するような形で、八九年、近江に遠征中に大量の飲酒が引き金となり病没したのでした。

直系の後継者を失った義政と富子は、やむなく義視の子・義材《よしき》（のちに義尹《よしただ》、義植《よしたね》と改名。母は富子の妹）を一〇代将軍に迎えることに同意します。そこで九〇年、義材は将軍位に就きますが、ところが九三年、足利義澄（義材の従兄弟）を擁立する細川政元（勝元の子）によって将軍の座を追われてしまいます。

将軍は言うまでもなく「武家の棟梁」として全国の守護大名の上に立つものです。その将軍が、管領家とはいえ一守護によってその地位から追放され、別のカイライ将軍に取って代わられたのです。将軍職と将軍はこの後も存続しますが、統治体制としての室町幕府はここに実質的に崩壊したと言わなくてはなりません。

こうして時代は戦国時代へと突入していきます。

❖戦国時代の武家と天皇

応仁・文明の乱から戦国時代にかけての時代的特徴をひと言でいうとすれば、「下剋上の時代」となるでしょう。言いかえれば、力が支配した時代、ということです。

守護大名の多くが、下からのし上がってきた戦国大名に取って代わられ、その戦国大名たちが合従連衡《がっしょうれんこう》しながら領国の争奪戦をほぼ一世紀にわたって続けたのでした。

では、その戦乱の絶えなかった時代、天皇の境遇はどうだったのでしょうか。力の支配した時代、ほとんど力（武力）を持たない天皇家は、どのようにしてその命脈をつなぐことができたのでしょうか。

今谷明氏の前掲『室町の王権』によると、第二次大戦前、あの皇国史観が日本人の歴史認識を支配した時代に、「戦国期皇室式微《しきび》論」というのが喧伝されたといいます。「式微」とは衰えること、衰微することです。つまり、社会の荒廃がすすむ中で皇室の財政も極度に窮乏し、権威も凋落したというのです。その窮迫ぶりは、たとえば皇居の築地《ついじ》（屋根をつけた土塀）が壊れてもそれを修復することができず、そこから狐や狸が出入りした、といったエピソードで語られました。

その名残もあって、「戦国期天皇制没落説」はいまも歴史学界の中に根強く存在する、と今谷氏は指摘し、それへの反論、批判として前掲書につづき『戦国大名と天皇』（一九九二年、現在は講談社学術文庫）を出版したのでした。なお同書の「はじめに」で今谷氏は、「歴史学界では戦国大名の研究は盛大であるが、大名と天皇との関係を正面から扱った論考はほとんど出ていない」とも述べています。当時の学界状況はそうだったのです。

室町時代から戦国時代にかけて、稲の生産力はかなり高まったといわれます。しかし飢饉は一〇年と間をおかずに人々を襲い、多数の餓死者が出るのも珍しくはありませんでした。一六世紀半ば、中国地方で検地役人をつとめた武士（玉木吉保）がこう書き残しているそうです。——「百姓ハ食物少ナシ、冬ハ木ノ実ヲ拾イテ雪中ノ命ヲ続ケ、春ハ蕨葛根《わらびかっこん》ヲ掘リテ露命ヲ助クル也」

そうした中にあって皇室の財政も、周囲から侵食された皇室領からの収入は日常を維持するだけがいっぱいで、葬儀や即位の礼など臨時の出費はままならない状態となります。その結果、たとえば後土御門天皇が一五〇〇年9月28日に亡くなった際は大葬の費用が調達できず、これも弱体化した幕府からの支出でようやく11月11日に泉涌寺《せんにゅう》で火葬されるまで、遺体は四三日間も内裏（皇居）に安置されていたといいます。

同様の事態は、一五二六年、後柏原《ごかしわばら》天皇の死去の際も、さらに五七年、後奈良天皇の病没の際も生じました、前者の場合は4月7日から5月3日までほぼ一カ月間、後者の場合は9月5日から11月22日まで、なんと二カ月半も内裏内《だいり》にとどめ置かれたのです。冷房のなかった当時、遺体がどうなったか、想像するのもはばかられます。

財政の状態はこんな有様でした。ところがこの間、皇室の権威は戦国大名たちの間で逆に着々と高まっていったのです。どうしてでしょうか？

次頁の表は、一五世紀後半から一六世紀の後半、室町幕府の最後の将軍・義昭までの、将軍と天皇の在職・在位期間を対照したものです。

ご覧のように、将軍が八名（うち一人は前後二回）に対し、天皇は四名、したがって天皇の在位期間は平均して将軍のほぼ倍の長さとなります。つまり、それだけ安定的だったということです。また皇位継承も全員が父子相続（第一、第二皇子）で安定していました。

一方、将軍の方は、管領職の細川をはじめとする有力者たちに翻弄され、幕府の本拠地である京都を離れることも多く、きわめて不安定でした。だいたい、この時期の将軍のほとんどがその最期

戦国時代の将軍と天皇の在位期間

将軍	在職期間	年数	天皇	在位期間	年数
義　尚	1473～1489	16年	後土御門（後花園の第一皇子）	1464～1500	36年
義　材	1490～1493	3年	後柏原（後土御門の第一皇子）	1500～1526	26年
義　澄	1494～1508	14年	後奈良（後柏原の第二皇子）	1526～1557	31年
義　稙（義材の改名）	1508～1521	13年	正親町（後奈良の第一皇子）	1557～1586	29年
義　晴	1521～1546	25年	後陽成（正親町の孫）	1586～1611	25年
義　輝	1546～1565	19年			
義　栄	1568/2月～1568/9月	7カ月			
義　昭	1568～1573	5年			

を京都で終えることができなかったのです。

ところで、戦国大名は先に述べたように、多くが下から実力で成り上がった者たちです。したがって守護大名のように、源氏の血筋を引くとか、地方の名門であるといった、誇示できる家格を持っているのは少数です。下剋上の典型的人物で、戦国大名の先頭を切って伊豆から起こり相模から関東を制覇した北条早雲とか、美濃の名家、守護の土岐氏を倒して国を奪った齋藤道三《どうさん》などは、その出自さえ定かではありません。

そうした戦国大名たちが、新たに領国を支配するようになって求めたのが、自らの支配を多少とも正統化するための〝権威付け〟でした。最初に浮かぶのは、各地の守護を任命する権限を持つ幕府の権威です。幕府によって守護職を認められたとなれば、天下晴れてその国を支配できるからです。

しかしその幕府は実質的に崩壊状態にあり、将軍は京都を離れて流浪し、その権威はほとんど地に落ちつつあります。もはや幕府の権威では、自らの支配をオーソライズすることはできません。

では、もう一つの権威、天皇の方はどうか。

こちらは、経済的に逼迫しているとはいえ、いちおう安定的に存在しています。だいたい「権威」といえばこちらの方が本家で、将軍そのものも天皇から任命されて「征夷大将軍」を名乗っているのです。そのうえ歴代将軍は、義満の場合でも見たように——義材《よしき》の場合は従三位、権大納言——官位を天皇から授けられています。

天皇による叙勲は、二一世紀の現代でも生きています。毎年、春と秋には、大勲位菊花章はじめ桐花章、旭日章、瑞宝章などの受章者が発表され、皇居で式典が行なわれて天皇から勲章を授けられます。受章によりとくに現実的利得があるわけではありませんが、多くの人が栄典として勲章を求めます。

まして、力はあっても〝無冠〟の戦国大名たちです。律令時代以来の伝統的権威の象徴としての官位を欲したのは当然でした。

前掲の今谷明氏の『戦国大名と天皇』の巻末に、「戦国大名官位受領一覧（一四九三年〜一五六八年）」の表が掲載されています。延べ一三二名にも及ぶ戦国大名の名があります（一人で複数回受領しているのを含む）。そのうち一般によく知られている大名の名を拾ってみると――

武田信虎（信玄の父）左京太夫　従五位下
大内義隆（広島以西から九州を制覇）正三位　侍従
毛利元就（大内の後、西日本を制覇）従四位　陸奥守
織田信秀（信長の父）三河守
今川義元（桶狭間で信長に敗れる）従四位下　三河守
長尾景虎（＝上杉謙信）従五位下　弾正少弼
尼子晴久（山陰の雄、大内、毛利と争う）従五位下　修理太夫

斎藤義竜（道三の子）左京太夫
朝倉義景（姉川の戦いで織田・徳川軍に敗れる）従四位下
島津義久（九州全域を統一）正五位下　修理太夫
徳川家康　従五位下　三河守　左京太夫（最初の官位）

このように、時代の主役となった戦国大名たちは競って官位を求めました。もちろん無料でというわけにはいきません。仲介をつとめる公家への報酬を含め、それ相当の謝礼が必要でした。そしてこれが、窮乏を深める皇室財政をうるおす収入となったのです。

朝廷の日常の経費だけでなく、儀式にかかる多大な費用も、大名たちからの献金でまかなうようになります。たとえば、一五二一年の後柏原天皇の即位礼（践祚＝皇位継承は一五〇〇年）の費用は幕府がかろうじて調達しましたが、次の後奈良天皇の即位礼の費用はもはや幕府は捻出できず、これも践祚から一〇年たった三六年、大内義隆の献金によって、またその次の正親町《おおぎまち》天皇の即位礼も践祚から三年たった六〇年に、毛利元就《もとなり》の献金でようやく挙行できたのでした。

こうして皇室の財政は大名たちからの謝礼・献金でささえられ、一方、大名たちも朝廷からの官位の授与によって、力で奪取してきたその地位をオーソライズすることができました。まさに、持ちつ持たれつの関係が、皇室と戦国大名たちの間につくられていったのです。

名門、名家といった価値が失われ、上下の階層秩序が崩壊して、知力と行動力、組織力と指導力を持つものが勢力を伸ばしていった「下剋上」時代の前半は、力を持たぬ皇室はただ窮迫をかこつだけでした。ところがやがて、下からのし上がってきた戦国大名たちが一定の支配的地位に達すると、その地位を補強するために皇室の持つ伝統的権威の配当――官位の授与を望むようになります。となると、皇室の政治的地位も自然に高まってきます。

歴史には時にこうしたパラドキシカルな事態が起こります。戦国時代の「皇室式微論」は、前半の窮乏状態だけを見て、この逆説的事象を見落とした一面的な見方だったわけです。

❖織田信長による天下統一「天下統一」への道

織田信長による天下統一の第一歩は、周知のように一五六〇年の「桶狭間の戦い」です。その二年前、信長は一族のライバルたちを倒して尾張（今の愛知県の西部）を統一していました。尾張の東隣は三河（同東部）、その東は遠江（静岡県西部）、駿河（同東部）となります。駿河の大名・今川義元は遠江の斯波《しば》氏を倒してこれを支配下に置き、さらに三河も勢力圏内に組み入れて、次の侵略目標を尾張に設定、織田軍の本拠地に攻め込むための前線基地を尾張領内に築いて軍を配置するとともに、六〇年5月、義元みずからも出馬して桶狭間に本陣を置きました。その本陣をめがけて、信長は起死回生の奇襲攻撃をかけます。

信長の死後ほどなく（一六〇〇年頃）書かれた太田牛一著『信長公記』には義元の軍は四万五千、対する信長の軍はわずか二千だったとあります。しかし桶狭間という所は左右に湿地帯が広がり、しかも高低の多い地形で、大軍が展開できる条件はありません。その桶狭間に向かって信長軍が殺到、「しのぎをけづり、鍔《つば》をわり、火花をちらし、火炎をふらす」（太田前掲書）白兵戦の末、ついに義元の首を取ったのです。

このとき三河領主の徳川家康（当時の名は松平元康）は今川軍の前線基地の一つに配置されていましたが、義元の死を聞いてただちに三河の岡崎へ戻り、三河の支配権を取り戻します。信長と家康の友好的な関係はここから始まり、二年後には同盟を結ぶのです。

こうして東方からの脅威を取り除いた信長は､北に隣接する美濃《みの》（岐阜県）への進出をねらいます。かつて斎藤道三が制覇した美濃はその孫の竜興《たつおき》の代になっていましたが、信長は着々と準備をすすめ、六六年、斎藤氏の根城を攻略し、そこの地名を岐阜と改めます。信長はこのとき満三二歳、ねらいをはっきりと京都に定めます。

この当時、将軍の地位は、六五年に足利義輝が山城《やましろ》（京都府南部）を乗っ取った松永久秀に殺害されてから空位となっていました。六八年2月、足利一族の一人、義栄《よしひで》が松永のかつての仲間（三好三人衆）にかつがれて将軍となりますが、七カ月後の同年9月、殺された義輝の弟・義昭を擁して信長が京都に入り、義昭が第一五代（最後）の将軍となります。

軍を率いて入京した信長は、以後またたく間に隣接する摂津（大阪）、河内（同南部）、大和（奈良県）を平定します。そのさいの戦後処理の一環として信長は、皇室領の管理者に対し、皇室に納めるべきものはきちんと納付するように命じます。あわせて信長は、すっかり荒れはてていた御所

——紫宸殿《ししいでん》や清涼殿《せいりょうでん》、神鏡を安置する賢所《かしこどころ》などのほか各部屋の修理・造営を手配し、皇室への献金も行ないます。実は、五年前、信長が美濃を攻略した後、正親町《おおぎまち》天皇は信長に対し、「古今無双の名将」とたたえた上、尾張と美濃にある年貢《ねんぐ》納入のとだえた皇室領の目録を送り、その回復を依頼し、あわせて誠仁親王の元服の費用調達まで頼んでいました。信長に対するこうした天皇の期待と信頼は、今回も多分に報いられたといえるでしょう。

ここまでの信長はまさに順風満帆でした。しかしこれからの道のりは険しくなります。美濃の西側に隣接しているのは江北（琵琶湖の北）で、その支配者は浅井長政です。この長政には信長の妹・お市の方が嫁いでおり、親戚関係です。一方、美濃の西北に隣接するのは越前（福井県）ですが、ここを支配しているのは守護大名の家格を継ぐ朝倉義景です。当然、新興勢力の信長に対しては対抗心を燃やしています。

一五七〇年4月、信長は越前攻略にかかります。越前に入り、いくつかの城を落としたところで、信じられないニュースが飛び込んできました。浅井長政が義兄の信長を裏切って朝倉方についたというのです。長政の軍が動けば、信長軍は挟み撃ちになります。信長はそこで急きょ岐阜に引き揚げるのですが、その途中でこれも守護大名の六角氏の残党に狙撃され、傷を負わされます。

岐阜に戻った信長はすぐに陣容を立て直し、家康に援軍を求めて、同年6月、浅井攻撃に向かいます。浅井側も朝倉軍の来援を待ってこれを迎え撃ちます。琵琶湖の東を流れる姉川をはさんでの戦いは、信長・家康同盟軍の勝利に終わりました（姉川の合戦）。

しかし、本当の苦難はこの後から始まります。

姉川の勝利の後、同年8月、信長は息つく間もなく軍を率いて摂津（大坂）へ向かいます。反信長の動きが活発になったからです。ところがここで、重大な事態が生じます。一向宗（浄土真宗）の法主・顕如《けんにょ》が各地の門徒一揆《いっき》（集団）に対し、浅井らと手を結んで信長打倒に向けての決起を指令したのです。

一揆というと、普通はむしろ旗をかかげての農民の集団行動を頭に浮かべます。しかしこの当時の一揆はたんなる請願・抗議のための集団ではありません。武装した軍事集団、軍事勢力なのです。当時、各地の農村には、大名の家臣団に属さない、国人《こくじん》や地侍《じざむらい》と称する中小の土着の領主が点在していました。大名の支配に対抗して、その国人・地侍たちと農民が結びついた集団、それが一揆だったのです。中世史家・永原慶二氏はこれを「百姓と地侍のコンミューン」と呼んでいます。中には鉄砲隊をもつ一揆もありました。

農民にしても、秀吉の刀狩り以前の当時、兵農の関係はまだ固定してはいません。まして戦乱の社会不安に満ちた時代です。自衛のため、どの農家でも一振《ひとふり》や二振《ふたふり》の刀は備えていたでしょう。

社会不安が深まれば、宗教が広がります。中でも一向宗は非常な勢いで民衆の間に広がっていきました。その一向宗の信仰によって結びついた一揆を、一向一揆といいます。守護を倒して加賀（石川県南部）一国を一世紀近くも自主統治した一揆をはじめ、畿内、北陸、東海地方では一向一揆が燃えさかりました。信長も家康も尾張と三河で一向一揆と戦っています。その各地の一向一揆に対して、大阪の石山（現在の大阪城のあたり）に根を張った一向宗の本山、本願寺の法主・顕如が、信長打倒をめざして決起を呼びかけたのでした。

姉川の一戦では敗退しましたが、浅井、朝倉軍の本隊はまだ健在です。その浅井、朝倉連合軍と一向一揆が手を結んだことによって、信長は大きく包囲される形となりました。尾張の西に隣接する伊勢（三重県）では信長の弟・信興の城が一向一揆の攻撃で落城し、信興は殺されます。

七〇年10月、戦いの経過の中で、浅井・朝倉軍の約三万が比叡山に立てこもります。叡山もまた伝統的に僧兵を擁する軍事勢力です。そこで信長は叡山に対して浅井・朝倉攻めへの協力を求めますが、叡山は応じません。信長は怒り、要請に応じなければ全山焼き打ちも辞さないと脅しますが、叡山は拒否します。

さすがの信長も進退きわまる状態となりました。そこでやむなく、正親町天皇に対して和平の調停を依頼します。これまでいろいろと朝廷に尽くしてきた信長の依頼だけに、天皇はさっそく動きます。

その結果、暮れも押しつまって、浅井・朝倉および本願寺との間に和平が成立、信長は窮地を脱し、浅井、朝倉もそれぞれの領地に引き揚げたのでした。

翌七一年9月、信長はだれも思いもしなかった行動に出ます。叡山の焼き打ちです。前年の協力申し入れの拒絶に対する報復として、天台宗の総本山・延暦寺の全山の堂塔に火を放ち、僧俗男女三千から四千人を殺害したと記録されていますが、そのときの惨状を前掲『信長公記』はこう記しています。

――「僧俗、児童、智者、上人、一々に頸をきり、信長の御目にかくる。……是れは後扶《たす》けなされ候へと雖も、中々御許容なく、一々に頸を打ち落とされ、目も当てられぬ有様なり。数千の屍《しかばね》算を乱し、哀れなる仕合せなり。」

七三年4月、信長によって将軍の地位につき、かろうじて体面を保っていた足利義昭が、京都の二条城で兵を挙げます。これまでも甲斐の武田信玄など信長の対抗勢力に密書を送って策動をつづけていた義昭が、ついに公然と信長に対決してきたのです。もとより物の数ではなくたちまち降伏します。ところが懲りない義昭は、7月、宇治に近い槇《まき》島城で再び挙兵するのです。その槇島城を、信長は一日で落とすと、義昭を捕らえ、京都から追放してしまいます。ここに、名前だけでも続いてきた室町幕府は歴史から完全に姿を消します。

続いて息つくまもなく、信長は朝倉義景を越前の本拠に攻めます。義景は持ちこたえることができず、一族に裏切りも出たため、自殺して果てます。

朝倉を落としたその足で、信長は江北の浅井攻略に向かいます。朝倉同様、浅井ももはや信長軍の敵ではなく、久政、長政父子は首を切られます。その二人に義景を加えた三つの首を、信長は、漆《うるし》で固めて金粉をかけさせ、それを飾って親衛隊の家来たちと酒宴を楽しんだと、やはり『信長公記』が伝えています。

こうして、信長の残る敵は本願寺と一向一揆だけとなりました。

浅井攻略に引きつづき、七三年9月、信長は弟・信興を倒した伊勢の一向一揆攻撃に向かいます。しかし、鉄砲隊をも持つ一揆側の反撃で戦いは容易に決着がつかず、信長はいったん引き揚げ、翌七四年7月に攻撃を再開、ようやく一揆を殲滅します。その最後、一揆の男女二万人が立てこもる城砦《じょうさい》を包囲した信長軍は四方から火を放ち、全員を殺戮したといいます。比叡山焼き打ちの惨劇がまたしても再現されたのです。

一揆に対する信長の殲滅戦は、翌七五年8月、越前でも続行されます。ここでも毎日数百から千人、二千人の首を斬ったことを、信長自身が書状に書いています。捕虜も全員、残らず首を斬ったのです。『信長公記』には、その数三万から四万と恐るべき数字が記されています。

なお、この越前攻めの三カ月前、甲斐の武田軍と織田・徳川連合軍の史上有名な「長篠《ながしの》の合戦」が戦われます。武田信玄は二年前に死に、跡を継いだ子の勝頼が一万五千の軍を率いて三河の長篠城を取り囲んだのに対し、信長・家康の同盟軍が四万の兵力で対戦し、三千挺の鉄砲隊によって圧勝したという戦いです。当時の銃は火縄銃ですから、連続発射はできません。そこで信長軍は鉄砲隊を三段構えで配置し、間をおかずに発射する戦法をとったといわれます。鉄砲による戦術革命でした。

伊勢、越前と有数の一向一揆を殲滅した信長は、一五七六年4月、いよいよ一向宗の総本山、大坂・石山の本願寺の攻略にかかります。しかし数千挺の鉄砲隊を擁する本願寺側は一歩も引きません。門徒だけでなく、摂津の荒木、播磨の別所といった大名、さらに山陰・山陽の覇者である大大名・毛利が本願寺側について信長軍と対峙します。その毛利の水軍に対抗するための大型の戦艦を建造しなければならぬことなどもあって、戦いは長引きます。「石山戦争」と呼ばれます。

しかし、ついに毛利水軍が撃退されたことによって本願寺側の補給路が断たれ、荒木、別所も壊滅させられて、戦争の行方が見えてきます。

一五七九年の暮れから八〇年にかけ、信長は本願寺を大軍で包囲した状態で、正親町《おおぎまち》天皇の「勅命」による戦争の終結、本願寺側との講和を画策します。その内容は、天皇の「叡慮」により「本願寺を赦免する」というものです。3月、その通りの「叡慮」が示されました。

「石山戦争」は、信長と本願寺との戦争です。それなのに、天皇が本願寺側を「赦免」するから戦争を止めよというのは、まったく筋ちがいの話です。しかし、このまま戦い続ければどんな結末になるか、伊勢や越前での大量虐殺の先例から明らかです。法主・顕如がどんな思いでこの天皇による「降伏勧告」を受け入れたか、容易に想像できます。

4月、顕如は本願寺を立ち去ります。しかし、なお徹底抗戦を主張する跡継ぎの教如《きょうにょ》は各地の門徒に檄を飛ばし、本願寺「死守」を叫びます。が、結局は信長軍の圧力に屈して、8月、本願寺から退去します。その直後、寺院の内部から火の手が上がり、火は三日三晩、黒煙を上げて燃え続けたと『信長公記』には書かれています。

この「石山戦争」による本願寺の屈服によって、一五六〇年の「桶狭間の戦い」から始まった信長の「天下統一」への歩みは一応の達成をみます。この時点で信長が支配圏内に収めたのは畿内から北陸、東海、甲信地方だけで、西は中国地方の大部分と四国、九州、東は関東地方と越後、東北がまだ残っています。しかし、そこには信長に正面から敵対する勢力は見当たりません。

信長はすでに琵琶湖畔の要衝・安土を本拠地に定め、一五七六年の正月から壮麗な天守閣をもつ地下一階、地上六階の広壮な安土城の築城にかかり、あわせて楽市・楽座の開放市場を中心とする新しい都市（城下町）の建設をすすめてきました。七九年の初めに天守閣が竣工し、5月から信長はそこに移り住みます。丘の上にそびえたつ高さ約五〇メートルの天守閣から城下を見渡す信長の胸中には、完全な「天下統一」による新しい「国づくり」への自信と抱負がみなぎっていたのではないでしょうか。

しかし周知のように、本願寺を屈服させてからわずか二年後、信長の夢は断ち切られます。当時、中国地方の覇者・毛利方の高松城（現、岡山市）を攻めていた羽柴秀吉から援軍を要請された信長は、明智光秀らに出兵を命じると、自らも出陣しようと二、三十人の供だけを連れて京都に入り、本能寺に宿泊します。ところが丹波（京都府西部）にいた光秀は、西へ進むべき軍を率いて東に向かい、6月2日未明、本能寺を包囲して鉄砲を撃ち込み、一斉に攻め込んだのです。

信長の家臣たちは必死で応戦しますが、どう防ぎようもなく、信長も最初は弓をとって、その弦が切れると槍をとって戦いますが、肘に槍を受けたところで、火の手が上がる中、奥に入り、付き従っていた女たちを、構わない、行け、と追い出し、寝室の納戸の戸をしっかりと閉めて、切腹したのです。別の寺に泊まっていた嫡男の信忠も襲撃され、やはり切腹して果てます。この「本能寺の変」により、信長の波乱の人生は四八年で突然、打ち切られたのでした。

❖信長はなぜ右大臣の官職を返上したのか

以上、織田信長の戦いに継ぐ戦いの二〇年を足早にたどってきました。その途中で、信長と天皇との関係について二度ほどふれています。一度目は、浅井・朝倉軍と本願寺によって包囲されたさいの正親町天皇への和平調停の依頼、二度目は「石山戦争」での「勅命」による終戦依頼です。どちらの場合も、天皇は信長の依頼に応じてくれました。信長が天皇からの皇室領の年貢回収の頼みに忠実にこたえ、献金をし、御所の修復、造営に尽力していたからです。ギブ・アンド・テイクの見本のような関係が、天皇と信長の間に成立していたといえるでしょう。

そうした天皇と信長との良好な関係を明瞭に示しているのが、朝廷による信長への官位の授与です。次の通りです。

・一五七四年　従三位・参議
・一五七五年　権大納言・右大将
・一五七六年　正三位・内大臣
・一五七七年　従二位・右大臣
・一五七八年　正二位

まさにとんとん拍子の昇進です。足利義満が官位を駆け上っていったのを想起させます。先に例示した有力戦国大名たちの官位と比較すると、まったくの別格待遇です。正親町天皇がいかに信長を信頼し、かつ信長に依拠していたかということです。しかし裏を返せば、これは正親町天皇が信長を、朝廷をささえる官位体系のなかにしっかり組み入れておこうと考えた、その表れだったともいえるでしょう。

ところが信長は、七八年4月、前年11月に就任してまもない右大臣の職を、突如返上するのです。これも、義満が突然、わずか半年前に就任した太政大臣を辞任して出家してしまったのとよく似ています。

その後も朝廷は、信長を既成の階層秩序の中に呼び戻したいと考え、八一年には左大臣に推任する勅書を届け、それが不成功に終わると、翌八二年5月――本能寺の変の前月のことですが――朝廷は信長を太政大臣か関白、ないしは征夷大将軍に推挙したいという勅書を持たせた勅使を安土に派遣します。しかし信長は最初は勅使に会おうともせず、ようやく会いはしたものの何も答えず、京都へ帰してしまいます。こうして信長は、天下統一の大事業をあらかた達成した上、朝廷から最高権力者の地位につくよう懇請されながら、みずから無官となったまま、この世を去ったのでした。

このような信長の官職返上、官位体系からの離脱をどう考えたらいいのでしょうか。天皇に取って代わる、または天皇家を放逐する野望を隠し持っていたという説もあれば、いや、そんなことがやれるはずはない、だいたい信長にそんな力はなかった、という意見もあります。中世史家の今谷明氏は後者の意見です。氏は、著書『信長と天皇』（現在、講談社学術文庫、二〇〇二年）の結論部分でこう述べています。

信長と足利義満とを較べてみると――「義満政権の方がはるかに安定感があり、磐石に近いものであった。……義満は公武各層に精神的権威を以て臨み、しかもカリスマとして安定していた」のに対し、「信長の権力は――みかけほど頑丈なものではけっしてなく、極端に言えば累卵の上に乗っかった危ういものであった。そのことは明智光秀の叛逆に端的に現われているが、重要なことは光秀のごときは他にもおり、誰が〝本能寺の襲撃〟を企てても不思議ではなかったということである。」「信長は不断に重臣たちからの暗殺に怯えていなければならなかったことになる。」

義満の「王権簒奪計画」や、「戦国大名と天皇」の関係については多大な教示をいただいた今谷氏ですが、この意見には私は賛成できません。かりに信長が「不断に重臣たちからの暗殺に怯えて」いたとすれば、わずか二、三十人の近習を引き連れただけで無防備同然の本能寺に宿泊するはずなどないからです。あの慎重で用意周到な家康も、同じ時期、信長の家臣の案内で京都、大坂、奈良、堺の見物の途上にありましたが、やはり伴っていたのはわずかな家来だけで、堺で信長遭難の報を聞くや取るものも取りあえず帰国を急ぎ、桑名から船に跳び乗って三河へ帰っています。光秀の謀反は、信長にとってまったくの不意打ちだったと断定せざるを得ません。

ではさて、朝廷から授けられた右大臣の官職を返上して、太政大臣や将軍への道を放棄した信長は、この国を統治支配する自分の姿をどんなふうに描いていたのでしょうか。以下に述べるのは、信長と同時代を生きたイエズス会の宣教師ルイス・フロイスの伝える信長像から浮かんできた私の仮説です。

このフロイスという人は早くから著述の才能を認められ、イエズス会本部へ送った布教報告書とともに厖大な日本布教史を残しました。その全文は『フロイス日本史』として松田毅一・川崎桃太氏の訳で全一二巻が中央公論新社から出版されていますが（現在は中公文庫でも）、その中から信長に関する部分を抽出してまとめた『回想の織田信長』（中公新書、初版一九七三年）が刊行されています。以下の引用はすべて同書からのものです。

まず、信長の人物像です。こう書かれています。

「彼は中くらいの背丈で、華奢な体躯であり、髯は少なく声ははなはだ快調で、きわめて戦を好み、軍事的修練にいそしみ、名誉心に富み、正義において厳格であった。」

「酒を飲まず、食を節し、（人の）取り扱いにはきわめて率直で、自らの見解に尊大であった。彼は日本のすべての王侯を軽蔑し、下僚に対するように肩の上から彼らに話をした。」（別の箇所に「信長はほとんどすべての人を『貴様』と呼んだ」とあります。）

「彼は善き理性と明晰な判断力を有し、神および仏の一切の礼拝、尊崇、ならびにあらゆる異教的占卜《せんぼく》や迷信的慣習の軽蔑者であった。」

フロイスら宣教師は何度も信長に会い、親しく遇されています。それだけにひいき目になっているかも知れませんが、こうしたフロイスの観察からは、自らの鋭敏な頭脳と果断な行動力で数かずの戦いを勝ち抜いてきた、誇り高い軍人政治家の姿が浮かんできます（連想されるのは、二百年あまり時代は下りますが、ヨーロッパを制覇し、ナポレオン法典を編纂させたボナパルト・ナポレオンです）。

さて、信長の朝廷との関係を見る上では、「名誉心に富み、正義において厳格」「日本のすべての王侯を軽蔑し」というところがポイントです。

フロイスはまた、信長が「神および仏の一切の礼拝、尊崇、ならびに……迷信的慣習の軽蔑者」、つまり無神論者であったことも証言しています。

そのことに関連して、次のような興味深いエピソードが記されています。

あるとき信長は、大広間に大勢の臣下を集め、そこに宣教師と修道士を呼びます。持ってこさせた地球儀を前に、二人に質問し、議論したすえに、信長は「伴天連《ばてれん》たちの知識が仏僧らのそれと大いに異なっている」ことを確認します。次に、デウス（神）や霊魂が実在するといっているが、ホンネのところではそう信じていないのではないか、と問いつめます。というのも、当時、禅宗の僧侶たちが「表面では死後の世界と救済を説き、死者のために葬儀を営んでいたが」、「瞑想が一段と深まった者に対しては」「生まれ死んでゆく人間に残るものは何もなく、ひとたび息を引き取ればすべては失われ、死後の生命とか来世などはありえない」と語っているのを知っていたからです。

いや、そのような二重基準は絶対にあり得ません、と宣教師が答えると、信長は、自分は「デウスや霊魂の存在には常に大きい疑問を持」っているが、今の答えには「満足し納得している」と「告白した」といいます。何よりも欺瞞を憎み、許さない信長の潔癖さがよくわかります。叡山の焼打ちや一向一揆の殲滅を命じた心理の底には、魂の救済と極楽往生を説きながら現実には軍事勢力と化した宗教集団に対する不信と憎悪があったのかも知れません。

会見の最後に、信長は、宣教師たちがヨーロッパから日本に来るのにどのような旅をしてきたのか、地球儀で示すよう求めます。そして話を聞いた後、彼は「手をたたいて感心し、驚嘆の色を見せ、かくも不安全で危険に満ちた旅をあえてするからには、彼らは偉大な勇気と強固な心の持ち主に相違ないと言い」「笑いながら、貴公らはかくも危険を冒し、遠く長い海を渡ってきたからには、その説くことは重大事に違いない、と語った」というのです。自分はキリスト教の神も霊魂も信じないが、布教のために地球を半周してやってきた宣教師たちの艱難辛苦を恐れぬ不屈の精神と行動には敬意を表し、その信仰が真実であることは認める、と言ったというのです。

当時、キリシタン以外に、支配的な地位にあって、宣教師に対しこのような見方をした人物が信長の他にいたかどうか、浅学の私は知りませんが、ともあれ以上のやりとりから、信長が知的好奇心にあふれた合理主義者、唯物論者であったことがわかります。

ところがその合理主義者、唯物論者が、最晩年になって突然狂いだします。安土の一角に摠見寺《そうけん》なる寺院を建て、その神体は信長自身であるとして、門に高札を立て、こう布告したのです。

一、ここに礼拝すれば、富める者はますます富み、貧しい者も富裕の身となる。
一、病気がなおり、八十歳まで長生きできる。
一、自分（信長）の誕生日を聖日に定める。その日はここに参詣せよ。

来世での極楽往生を約束せず、現世のご利益だけを示しているのは、やはり唯物論者だったからでしょう。

しかしこれにはフロイスも驚愕したらしく、この箇所で筆致を一転させて、こう書いています。

「……彼を支配していた傲慢さと尊大さは非常なもので、そのため、この不幸にして哀れな人物は途方もない狂気と盲目に陥り、自らに優る宇宙の主なり造物主は存在しないと述べ……彼自身が地上で礼拝されることを望み、自分以外に礼拝に値する者は誰もいないというに至った。」

このほかフロイスは「悪魔的傲慢さ」とか「毒々しい野望的意志」などと表現していますが、先ほど見たような知的な合理主義者が、どうして突然このような自分が最も軽蔑していた非合理の極致へと突っ走ったのか――血迷ったとしか思われません。

ただ言えるのは、ついには自分を「神」に擬したような人物であれば、天皇を戴く官位体系に組み込まれて満足できたはずはなかったろうということです。

もう一つ、フロイスの証言で見逃せないことがあります。

「過ぐる戦いがあまりにも順調に捗《はかど》ったのを見、信長はかねて数年にわたって交戦中の毛利との戦争にも決着をつけ、その領土を征服しようと望み、……戦争に熟達した羽柴筑前なる人物を、彼の地に派遣していた。」その秀吉からの援軍派遣の要請があったので、その手配を済ませた後、「信長は……都に赴くことを決め、同所から堺に前進し、毛利を平定し、日本六十六カ国の絶対君主となった暁には、一大艦隊を編成してシナを武力で征服し、諸国を自らの子息たちに分かち与える考えであった。」（傍点は引用者）

「一大艦隊を編成してシナを武力で征服」する構想を信長は抱いていたというのです。とてつもなく聞こえますが、しかしこれをたんなる野望、妄想と片付けるわけにはいきません。実際、一〇年後には、秀吉がこの「構想」を受け継いで、明国の征服をめざし、朝鮮半島に攻め込んでいったからです。

日本一国をその支配下に収めた後、信長が海外展開を考えていたとすれば――その姿は、一八〇年前、中国・朝鮮・日本・琉球による東シナ海を囲む新たな国際交流圏の形成を前に、その国際社会に雄飛する新たな「日本国王」となることをめざしていた（かも知れない）足利義満のイメージに重なります。地球儀を前に、目を輝かせて宣教師たちの話を聞いていた信長の姿からすれば、それは決してとっぴな想像とは言えないでしょう。そしてもし、この想像が当たっていたとすれば、朝廷の官位体系などは、いよいよ信長の眼中にはなかったことになるのです。

❖信長の「遺産」を受け継いだ秀吉

信長があらかた成しとげた「天下統一」の遺産をそっくり受け継いだのは秀吉でした。

6月3日夜、光秀謀反の知らせが飛び込んできたとき、秀吉は毛利陣営の武将・清水宗治の立てこもる高松城（現、岡山市）を包囲して、近くの川の水を引き込んで城下を水浸しにする〝水攻め〟を決行している最中でした。したがって、すぐに軍を引き揚げるわけにはいきません。

幸いなことに、相手の毛利の方にはまだ信長の死は知られていません。そこで秀吉は急きょ、講和を提案します。城主の清水宗治が切腹し、開城して、さらに備中《びっちゅう》・美作《みまさか》・伯耆《ほうき》（今の岡山県と鳥取県にかかる地域）を割譲すれば、包囲を解いて兵を引き揚げる、という条件です。水攻めが続けば全滅はやむなしと覚悟していた毛利方はこれを受け入れました。この間、わずか二日間です。

6月6日、秀吉軍は京都へ向けて岡山を出発、12日には京都近くに達し、翌13日には光秀軍との決戦に臨みます。光秀は、西からの京都の出入り口である天王山《てんのうざん》のふもとの山崎で秀吉軍を待ち受けます。この「山崎の戦い」は短時間で決し、天王山を占領した秀吉軍の勝利に終わりました。かろうじて脱出した光秀も、百姓たちの残党狩りにあい、あっけなく自決して果てます。

この一〇日間の動きに見られるように、秀吉は機敏かつ果敢に行動し、残った信長の重臣たちの間で断然優位に立ちます。

二週間後の6月27日、光秀の襲撃で信長と共に死んだ長男・信忠の遺児・三法師が避難していた清洲《きよす》で、信長の次男・信雄、三男・信孝のほか、信長の家臣としては大先輩の柴田勝家、丹羽長秀（秀吉の姓・羽柴はこの二人からとった）、池田恒興、堀秀政と秀吉の五人の織田家重臣によって会議が開かれます。この清洲会議で、信長の跡を継ぐものとして、勝家が信孝を推し、秀吉が三法師を推します。両者は激しく対立しましたが、何と言っても光秀を倒し、信長の仇を討った秀吉の発言力は強く、織田の家督は三法師と決まりました。といっても三法師はまだ三歳、実権は秀吉がにぎったということです。

政権の中枢を取った秀吉は、同年10月、新たに自分の領地となった京都の大徳寺で信長の葬儀を盛大に執り行ないます。朝廷は、信長に対し、かつて足利義満に対して行なったのと同様に、従一位太政大臣の官位を追贈しました。義満のときは死後の尊号は跡継ぎの義持によって返上されましたが、今回は返上するものはいません。

清洲会議の重臣のうち丹羽、池田、堀の三人は秀吉の側につき、信孝をかつぐ柴田勝家だけが秀吉と敵対します。秀吉は信孝と対立する兄の信雄を立てて、12月、北陸の北庄《きたのしょう》（現、福井市）を領地とする勝家が雪に閉ざされて動けなくなったのを見きわめ、近江（滋賀県）長浜城の柴田勝豊（勝家の養子）を攻めて滅ぼし、次いで岐阜城の信孝を攻めて降伏させます。

翌八三年に入り、4月、勝家に呼応して、いったん降伏した岐阜の信孝が挙兵します。その攻略のため秀吉が大垣に陣を構えたところ、雪解けを待って、勝家は同じ北陸の佐久間盛政や前田利家と結んで出陣してきます。その知らせが届くと、秀吉軍は常識では考えられない速さでそこに急行し、琵琶湖北端の秀吉方の砦を襲撃します。その知らせが届くと、秀吉軍は常識では考えられない速さでそこに急行し、賤ヶ岳《しずがたけ》（標高四百メートル超）を戦場として、勝家、盛政軍と対戦します。この戦いで「賤ヶ岳の七本槍」として勇名をはせたのが加藤清正、福島正則ら秀吉の近習《きんじゅう》七人で、後に全員が大名となります。

敗れた勝家は、自分の領地・北庄へと退却します。秀吉はただちに追走し、まず前田利家を降伏させた上で北庄城を包囲します。もはや勝ち目はないと覚悟した勝家は、妻の小谷の方（信長の妹。一〇年前、信長が滅ぼした浅井長政の妻・お市の方で、その後、勝家と再婚していた）の連れ子の娘三人（のちの淀君ほか二人）を城から脱出させて秀吉に保護を託した後、城に火を放って妻や一族とともに自決します。それからまもなく、信孝も兄の信雄に攻められて自決したのでした。

その後ほどなく信長の一周忌がやってきます。秀吉は京都でその法要に出た後、大坂に入ります。それまで大坂は前年の清洲会議のメンバーの一人、池田恒興の所領でしたが、秀吉は恒興を美濃（岐阜）に移し、大坂を自分の所領とします。そしてその大坂——それもあの石山本願寺のあった場所に、信長の安土城をもはるかに上回る巨大な城郭、大坂城の建設を開始するのです。

信雄は、織田家の本拠地・尾張に加え、北伊勢と伊賀（今の三重県の北部）を領地としますが、父・信長の遺産がそっくり秀吉のものとなってゆくのを平静では見ておれません。そこで、隣国・三河から東の遠江《とおとうみ》、駿河《するが》（合わせて静岡全県）、さらに甲斐（山梨県）、信濃（長野県）へと勢力を拡大しつつあった家康と組んで秀吉に対抗しようとします。その家康は、関東地方を支配する北条氏直に娘の督姫を嫁がせ、氏直と同盟関係を結んでいました。

一五八四年3月、信雄は家老三人を秀吉に内通したとして切腹させます。つまり、秀吉との断絶を宣言したのです。ほどなく家康は兵を率いて尾張に向かい、信雄と合流します。一方、秀吉も軍を率いて尾張に向かいます。こうして後に「小牧・長久手《ながくて》の戦い」と呼ばれる長期戦が始まったのでした。

信雄・家康軍が、現在の名古屋市の北方、小牧城に立てこもると、秀吉軍はその北方、岐阜県境の犬山に布陣して対峙します。

4月、秀吉の甥・秀次（姉の子）が指揮をとる池田恒興らの軍勢一万六千が家康軍の後方をつく作戦を立て、家康の領地・三河へと向かいます。その動きをキャッチした家康はひそかにこれを追走、名古屋市東方の長久手で急襲して大勝利を収めます。恒興は息子とともに討ち死にしますが、秀次はかろうじて逃げ帰ります。

　この後、両軍の間に小競り合いはあったものの決定打はなく、戦いは長期化します。半年間のにらみ合いの後、秀吉はついに和平を申し入れ、11月15日、講和が成立しました。

❖天皇の権威を全面利用した「関白・太閤」秀吉

　この勝てなかった「小牧・長久手の戦い」によって秀吉の〝天下統一の完成〟への歩みはいったん頓挫します。

　天下統一をどんな形で仕上げるか、秀吉の胸には当然、鎌倉幕府や室町幕府にならって、自らが征夷大将軍となり幕府を開くという道筋が描かれたに違いありません。しかしそれには、関東を支配下におさめることが必須の条件です。なぜなら、鎌倉幕府はもともと東国が基盤でしたし、室町幕府にしても本拠地は京都でしたが鎌倉にも鎌倉府を置き、その首長は尊氏の次男・基氏を初代として鎌倉公方《くぼう》（関東公方、公方＝将軍）と称され、関東支配につとめてきたからです。近畿以西の西日本だけしか支配できない幕府というのは成立しません。

　しかし「小牧・長久手の戦い」によって、東海、関東の地にはそう簡単には手をつけられないことがはっきりしました。最大の障壁は、何といっても家康です。家康は先に述べたように、関東を支配下に置く北条と同盟を結んでいます。しかも家康は、秀吉の主君だった信長の「桶狭間の戦い」以来の盟友です。年齢は秀吉が五歳ほど上ですが、信長との関係でいえば、秀吉が臣下であるのに対し、家康は「長篠の戦い」でも信長と同盟を組んで武田軍を倒した同格の盟友です。しかも戦略・戦術でも秀吉に劣らぬ名将です。

秀吉は方針を転換しました。

征夷大将軍＝武家の棟梁の道でなく、律令国家以来の政治体制の頂点に立って「天下統一」を達成することにしたのです。

小牧・犬山での対戦が膠着状態になっていたこの年（一五八四年）10月、秀吉は朝廷からの初めての叙任を受けます。そのときの官位は従五位下・左近衛権少将となっています。時の最高権力者としてはずいぶん低い官位に思われますが、これは実は作為によるものでした。記録に残る秀吉の昇進は次の通りです。

一五八二年10月　従五位下・左近衛権少将
一五八三年5月　従四位下・参議
……………………
一五八四年11月　従三位・権大納言
一五八五年3月　正二位・内大臣
〃　7月　従一位・関白
一五八六年12月　太政大臣

（一五九一年12月　関白職を秀次に譲り、太閤となる）

ご覧のように、八四年の実際の最初の叙任での官位は「従三位・権大納言」で、前々年の「従五位下・左近衛権少将」と前年の「従四位下・参議」はさかのぼって官位昇進の恰好をつけるための作為だったのです。

さらに驚くのは、その後の昇進のスピードです。最初が「従三位・権大納言」、その四カ月後には「正二位・内大臣」、そして四カ月後には最終ゴールの「従一位・関白」です。最初の叙任からわずか八カ月で最高位へ到達、この異常な速さは義満も信長も比較になりません。しかも、この関白職への就任の仕方が異例中の異例ともいうべきものでした。

秀吉が内大臣になってからまもなく、左大臣の近衛信尹《のぶただ》と関白の二条昭実《あきざね》の間で、関白職を譲れ、譲らぬの争いが発生します。それが泥仕合となり、その裁定が内大臣の秀吉のもとに持ち込まれました。すると秀吉は、この争いはどちらが勝っても禍根を残すだけだから、と言い、なんと、自分が関白になろうと言い出したのです。

しかし、摂政・関白の職に就けるのは、藤原家の中でも北家《ほっけ》に属する摂関家――近衛、鷹司、九条、二条、一条（合わせて五摂家という）からに限られる、と平安時代以来決められています。そこで秀吉は、信尹の父・近衛前久《さきひさ》（元関白）の猶子《ゆうし》（養子）になるという非常手段に出ます。そして「藤原秀吉」となり、関白の地位と職を手に入れたのです。もちろんそのためには、近衛家に一千石、他の四家には各五百石の加増というプレゼントを贈ったのでした。

こうして秀吉の姓は「藤原」となったのですが、しかしこれでは何かよその家に間借りしているようで落ち着きません。そこで秀吉は、天皇から賜《たまわ》るという形をとって（藤原の姓も、もとは天智天皇が中臣《なかとみ》鎌足に贈った）新たに「豊臣《とよとみ》」という姓をつくったのです。以後、「豊臣秀吉」となります。

なお天皇に関しては、秀吉は最初の叙任を受けた八四年秋、六七歳になっていた正親町《おおぎまち》天皇に銭《ぜに》一万貫を献上し、あわせて同天皇の譲位と次の後陽成《ごようぜい》天皇の即位の礼を盛大に執り行うことを申し出、さらに正親町天皇の譲位後の住まいとなる仙洞《せんとう》御所の建設工事を開始させています。朝廷での地位の確保に当たっては、秀吉は、天皇にも上級公家にも十二分に手を尽くしたのです。


一五八五年3月、正二位・内大臣に昇進してまもなく、秀吉は紀州の一向一揆の攻略に向かいます。大阪湾に面した、現在の大阪府の南部から和歌山県にかけて、紀ノ川のデルタ地帯に生きる漁民や農民が国人《こくじん》・地侍《じざむらい》と結んで大一揆を結成していたのです。

秀吉の軍はまず一揆の立てこもる千石城（現在の泉佐野市）を包囲、攻撃します。秀吉の「人も動物もことごとく火と鉄にゆだねよ」の号令の下、千石城は兵士千五百人のほか老幼婦女五千人を残したまま炎に包まれます。次いで他の城も次々に落とされ、あわせて周辺の村々も焼き払われます。攻撃は泉南から紀州側に移り、僧侶一万人を擁する根来《ねごろ》寺も、続いて粉河《こかわ》寺も焼き討ちされて壊滅、一揆の集団はついに最後の城、紀ノ川の河口に近い太田城に立てこもって抵抗します。

絶体絶命に追い込まれた一揆の人々の死に物狂いの抵抗に、秀吉軍も手を焼きます。そこで秀吉は、かつて岡山の高松城を攻めたさいの〝水攻め〟の戦法を再度使うのです。諸大名に命じて土砂を詰めた俵を何十万個もつくり、それでもって太田城を取り巻く土手を築いたのです。土手は、幅四〇メートル、高さ一二メートルもあったといいます。この巨大な土手の輪のなかに、秀吉は紀ノ川の水を引き込むのです。やがて、水を満々とたたえた湖水が出現し、その真ん中に城が浮かぶ形となります。こうなっては、もはやなすすべはありません。それでも二〇日近く持ちこたえたすえ、一揆は降伏します。

この後の、一揆に対する秀吉の処分の仕方が、信長とは異なりました。信長は征服後は皆殺しを基調としていましたが、秀吉は一揆の指導層と見られる地侍五三人の首を斬っただけで、あとの百姓たちに対しては、武器だけを没収し、彼らが持ち込んでいた鋤や鍬、鍋や釜、牛馬などは持たせたまま元の村に帰らせたのです。ここに、秀吉がやがて取り組む「刀狩り」や「検地」による耕作地の整備の原型が見られます。

こうして八五年4月、秀吉は信長の時代からつづく一向一揆との戦いを最終的に制します。次いで7月、関白に就任した秀吉は、薩摩の島津義久を中心に豊後《ぶんご》（大分県）の大友宗麟、肥前（佐賀・長崎県）の竜造寺隆信らによる争いが絶えない九州の諸大名に対して関白として天皇の名による「停戦令」を発します。ただしこれだけでは九州の紛争は収まらず、翌々年には秀吉みずから大軍を率いて九州へ出陣することになるのですが、九州はいずれ片が付くとして、それよりももっと早く解決を急がなくてはならない深刻かつ重大な問題が残っています。徳川家康との冷えきった関係です。

武力で屈服させることができなかった以上、別の手段を取らなくてはなりません。八六年5月、秀吉は異父妹の朝日姫が佐治日向守《さじひゅうがのかみ》に嫁いでいたのを離縁させ、家康の正室に送り込むのです。家康が最初の正室だった築山殿《つきやまどの》を裏切りの疑いで殺害したあと、正室を持たないでいたのに付け込んだのです。このため佐治日向守は自殺したといわれますが、しかし朝日姫の輿入《こしい》れ後も家康は大坂へ出向いてほしいという秀吉の呼びかけに応じてくれません。本能寺の変のさい見物途中の堺から逃げ帰った時の記憶は、もちろん脳裏に焼きついていたでしょう。

思い余った秀吉は、同年10月、七四歳の老母・大政所《おおまんどころ》を娘の朝日姫の見舞いを理由に家康のもとに送ります。実体は人質です。家康は老女が本人であるかどうか疑いの目で迎えますが、再会した母と娘が涙を流したのも見て、やっと重い腰を上げます。

六万騎の軍団を率いて大坂に到着、宿舎に入った家康をたずねた秀吉は、家康に対し拝まんばかりに協力を依頼したといいます。しかしその翌日には、大坂城の大広間で、諸大名とともに家康も、自分たちを上座から見下ろす秀吉に向かって恭順を誓ったのでした。

このあと家康は、秀吉の弟・羽柴秀長とともに正三位権中納言に叙任され、翌月には、秀吉が約束通り執り行なった正親町天皇の譲位と、御陽成《ごようぜい》天皇の即位の礼に列席したのでした。

そして秀吉は、自分が関白になるために養子になった近衛前久《さきひさ》の娘・前子《さきこ》を、こんどは自分の養女にした上で新天皇の女御《にょうご》に送り込んだのでした。もしも首尾よく男の子が生まれて皇位を継いだとすれば、秀吉は次の天皇の「外祖父」となり、関白を超える絶対権力を掌握できることになるわけです。

大坂城とは別に京都にも、秀吉は巨大な城を築きます。聚楽第《じゅらくてい》です。聚楽という名称からは豪奢な別荘あるいは宴遊のための宮殿を想像しますが、実際は幅二〇間（36メートル）、深さ三間（5メートル超）の堀をめぐらせ、天守閣を持つ五層からなる堂々たる城郭でした。この聚楽第を秀吉は京都での住居および関白の政庁として造ったのです。

この聚楽第で、一五八八年4月、秀吉は後陽成天皇と正親町上皇を招き、諸大名を招集して、五日間にもわたる儀式を挙行します。その中で秀吉は、天皇に銀五千五百両を、上皇に米八百石を献上、公家たちにも全部で八千石を配分贈与したのでした。そしてさらに大名たちに、天皇と関白に対する臣従を誓約させたのです。その第一のグループの誓紙には、

——内大臣・織田信雄、大納言・徳川家康、権大納言・羽柴秀長、権中納言・豊臣秀次、参議左近衛中将・宇喜多秀家、右近衛権少将・前田利家

の六名が署名しました。続いて第二グループの誓紙には長宗我部元親《ちょうそかべもとちか》以下二三名の大名たちが署名、そのさい全員が律令国家の官位体系にもとづいて何らかの官位に当てはめられ、表向きは天皇に、しかし実際には関白・秀吉に対して、臣従を誓ったのです。こうして秀吉は、将軍が全国の諸

大名を統括する幕府体制のかわりに、天皇の権威のもと官位の最上位に立つ関白が権力を行使する平安時代以来の政治体制を流用し、その形式を使って自己の政権を形づくったのでした。

❖「下剋上の凍結」「農民統制」と朝鮮出兵

関白になってほどなく、一五八六年1月、秀吉「関白政権」による最初の法が発布されます。ポイントは二つありました。一つは武士層に対するもので、勝手に主人を取り替えることを禁じ、身分に応じて衣服や履物まで規制します。もう一つは百姓に対するもので、年貢の完納や労役の提供を強制し、他所へ移住することを禁止したものでした。中世史家・藤木久志氏は、前者を「下剋上の凍結」、後者を「農民統制令」と名づけ、次のように述べています。

「武士の世界の主従関係の固定、農民に対する耕作強制と土地へのしばりつけ。総じて、下剋上を凍結し、兵と農の分離をおしすすめることが関白政権の基本政策として、天正一四年(一五八六年)はじめに確定された。」(小学館『日本の歴史 15』一九七五年)

この身分制の固定化が、秀吉政権の「遺産」として徳川幕府に引き継がれ、さらに強化されてゆくのです。

その二年後の八八年、「刀狩令」が出されます。その第一条の冒頭はこうです。

「諸国百姓、刀、脇差《わきざし》、弓、鑓《やり》、てつはう(鉄砲)、そのほか武具のたぐい所持候こと、かたく御停止候。」

なぜ刀狩だったのか。信長も秀吉もどれほど一揆にてこずったかを考えれば、答えは明らかです。実際、続く条文にも、「いらざる道具を相たくわへ、年貢所当を難渋せしめ、自然、一揆を企て……」とあります。

この刀狩と、先の現状凍結・身分制の固定、それに耕作地の全国統一基準による計測と収穫高の確定、年貢納入責任者の登録からなる、いわゆる「太閤検地」は互いに固く結びついており、これによって秀吉は、武士だけでなく農民（人民の大半）をも巻き込んだ統治の基本構造をつくりあげたのです。

こうして国内の統治体制を固めつつ、一五八九年11月、秀吉はいよいよ自らの支配の外にあった関東地方の征服を開始します。伊豆から相模（神奈川県）、武蔵（東京都、埼玉県）、さらに上野《こうずけ》（群馬県）、下野《しもつけ》（栃木県）までを領国とする北条氏に対して宣戦布告したのです。同時に、全大名に動員令を発します。そのさい注目されるのは、各大名に負担させる兵員数を検地によって算定した知行高に応じて割り当てたことと、もう一つ、各大名の妻子を人質として聚楽第に集住させたことです。この妻子人質政策も徳川幕府に引き継がれ、参勤交代とのセットで大名の妻子は江戸に住まわせられることになります。

北条氏への攻撃は一五九〇年3月初旬に開始され四カ月にわたって続きますが、7月初旬、ついに本拠地の小田原城が落ち、城主の北条氏直の父・氏政は切腹しますが、氏直は家康の娘・督姫を正室としていたため助命され、高野山へと入ります。

この後、北条氏の広大な領地はほとんどが家康に引き渡され、家康は江戸城を築くことになります。織田信雄はその家康の領地だった三河、遠江、駿河、甲斐を新たに与えられますが、これまでの尾張、伊勢を手放すことを拒否したため、秀吉によって遠く下野へと流されてしまいます。

こうして奥羽地方を除き「天下統一」を達成した秀吉は、一五九一年12月、関白職とあの聚楽第を養子の秀次に譲って、新たに「太閤」となります。そして国内政治については大筋を秀次に委ね、自らは対外侵略へと突き進むのです。


同じ九一年9月、秀吉は諸大名に朝鮮出兵を指令し、東松浦半島の突端・名護屋をその出撃基地として、そこに広大な城郭の構築を命じます。現在の玄界原発の隣接地で、釜山へはここからが壱岐、対馬をへて最短距離となります。

翌九二年4月、日本の一五万をこす大軍による朝鮮侵攻が始まります（文禄の役）。当初、日本軍は破竹の勢いで突き進み、5月には首都・漢城（現ソウル）を占領しますが、そのころから朝鮮人民が義兵となって決起し、6月には明国《みんこく》からの援軍が到着、さらに李舜臣の率いる水軍の活躍があり、日本軍は半島北部まで進むものの全土を制することはできず、翌九三年4月から休戦して講和の交渉に入ります。

その後、交渉は朝鮮国王の頭ごしに明国との間で断続的に続けられますが、和議は容易に成立せず、九六年9月、秀吉は明国の対応についにキレて、再度出兵を命じます。

翌九七年1月、今回も一四万強の日本軍が玄界灘を渡りますが（慶長の役）、戦況は前回と同様一進一退の状況がつづき、その年の暮れには南部日本海岸の蔚山《ウルサン》城に立てこもった加藤清正の軍が五、六万もの明と朝鮮の連合軍に包囲されて全滅寸前にまで追い込まれるといった事態も生じます。

結局、今回は首都・漢城にも達することができず、翌九八年8月、秀吉の死によってようやくこの無意味な戦闘は中止となり、その年いっぱいをかけて日本軍は朝鮮からの撤退を完了するのです。

❖ついに「神の子」となった秀吉

秀吉が、朝鮮半島の攻略にとどまらず、半島を越えて明（中国）まで攻め込むつもりであったことは、この対外出兵を「唐入《からいり》」と称したことからもわかります。いや、「天竺《てんじく》」（インド）切り取り申し候」と言ったそうですから、インドまで視野に入れていたのです。

第一次出兵の初期、名護屋城で日本軍の快進撃を聞いた秀吉は、やがては皇太子を日本に残して現天皇を北京に移し、関白の秀次も共に北京へ移動、自分は当時、中国の対外交易の拠点港であった寧波《ニンポー》（上海の杭州湾をはさんだ対岸）に居城を構えよう、と秀次らに書き送ったといいます。寧波から東アジア全体を見渡して統轄するつもりだったのかも知れません。

しかし、当時の日本の国力でそんなことが出来るわけはありません。事実、最初の朝鮮侵略の段階で計画は挫折したのです。

では、秀吉はどうしてこんな途方もない夢を描き、かつそれを実行したのでしょうか？　大きな謎とされている問題です。

従えた大名たちのさらなる領土欲を満たすため、あるいは国内に充満している武士たちの戦闘エネルギーを外に向かって放出することで国内の平和を維持するため、といった国内政治の事情からの説明に対し、中世史家の池上裕子氏はこう自説を述べています（講談社版『日本の歴史 15』）。

「しかしすでに天正十三年（一五八五年）から大陸侵略を唱えていることを考えると、国内問題の打開策という面以上に、まずは対外関係そのものを視野において構想されたのではなかったかと思える。」

私もこの意見に賛成です。ルイス・フロイスは、信長がやがては「一大艦隊を編成してシナを武力で征服」する構想を抱いていたと証言していました。フロイスが聞いていたくらいですから、秀吉も当然、信長の口から（何度も）聞いていたでしょう。

それと、秀吉の内部で極度に肥大化した自信と矜持、名誉欲と名声欲です。フロイスも「関白は何にもまして栄誉と名声を求めていた」と書いています（前掲『フロイス日本史 5』）。

本能寺の変が起こったのが一五八二年、秀吉が東国の北条氏を倒して全国制覇をやり遂げたのが九〇年、この間わずかに八年です。四八歳で死んだ信長が、もしも秀吉と同じ六二歳まで生きていたとすれば、秀吉が天下を取ることは絶対になかったでしょう。なぜなら、信長には嫡男・信忠はじめ信雄など後継男子がいたし、重臣も柴田勝家ほか秀吉よりも格上が何人もいたからです。光秀の謀反という非常緊急事態が突発したからこそ、秀吉はそれを千載一遇のチャンスとして信長権力の後継者の筆頭に躍り出し、その「遺産」を引き継ぐことができたのです。

それにしても、わずか八年で天下統一を完成させたその軍事力は群を抜いていましたし、ひと癖もふた癖もある戦国大名たちを統率し、服従させた政治力も並外れたものでした。その実績からくる自負心と名声欲が、信長のもう一つの遺産「対外侵略」を種火として、秀吉の胸中に野望の炎を燃えたたせたのです。

摂政、関白というのは律令国家のもともとの官位にはなく（律令の最高位は太政大臣）、藤原氏が作り出して定着させたものですが、秀吉はその上にさらに「太閤」なる位を作り出してそこに鎮座しました。その頃から、秀吉は既成の官位体系などは超越していたのです。

秀吉もまた、最晩年の信長にならって、東アジアに君臨する「日本国王」のイメージを描いていたのではないでしょうか。そう思われてなりません。

もう一つ、秀吉の「神話」創作ということがあります。

秀吉が武家の子ではなく百姓の子だったことは広く知られています。しかし関白が百姓の子というのは、いかに下剋上の時代とはいえ、落差がありすぎます。そこで、姓を藤原から豊臣に変えたように出自・素性を変える必要があります。そのため関白になった秀吉は、大村由己という祐筆に命じて『素性記』を創作させ、その中で秀吉の祖父は萩中納言という高貴の人で、母はその娘ということにするのです。しかし、実際に自分のなしとげた偉業、飛躍・飛翔の人生から見て、こんな程度で満足できる秀吉ではありません。

やがて、次元の異なる話が作られます。秀吉の母がその子を懐妊しているとき、日輪（太陽）がふところに入った夢を見たというのです。したがって、その子・秀吉は「日輪の子」であり、太陽があまねく世界を照らすように、「日輪の子」は世界に君臨する運命にあるというわけです。

この話は、一五九〇年、秀吉の朝鮮国王への返書の中で、預言者の言葉として書かれているということです。秀吉が、日本のみならず朝鮮、中国まで統轄するのを正統化するための創作だったわけですが、それにしても秀吉はついに「日輪の子」、つまり天照大神（太陽神）の子孫である天皇と同列の天上にまで舞い上がってしまったのです。

信長は最晩年、みずから「神」になりましたが、秀吉もまた少なくとも外交文書の中で「神の子」となりました。しかも外国まで支配する「神の子」です。そんな秀吉にとって、天皇・天皇家はもはや上位の存在ではなく、また対等の相手でもなく、庇護し、利用する存在に過ぎなくなっていたはずです。

4　江戸時代の幕府と天皇

❖徳川家康と朝廷

一五九八年8月、まだ第二次朝鮮出兵の続行中、秀吉は愛児・秀頼を残して六二歳で世を去ります。これより先、秀吉が跡継ぎの関白に決めていた秀次（姉の子）は、秀吉と淀君との間に秀頼が生まれたため、謀反の疑いをかけて切腹させ、一族も抹殺していました。しかし残す秀頼は満五歳になったばかりです。病床で秀吉が家康ら五大老と石田三成ら五奉行に宛てた遺言が知られています。仮名の多い原文を分かりやすく漢字に直すと――

「……返すがえす、秀頼のこと頼み申し候。五人の衆（大老）、頼み申し候、頼み申し候。委細は五人の者（奉行）に申し渡し候。名残惜しく候。」

「頼み申し候」を繰り返し、最後は「名残惜しく」で終わっています。自らを「日輪の子」に昇格させ、アジア征服を豪語した独裁者の、あまりにも哀切な遺言です。

この遺言により、政権は五大老と五奉行に委ねられることになりますが、独裁者が去った後の政局が平穏に収まるはずはありません。全国の大名は、五大老の中の実力者・家康の率いる勢力と、五奉行の筆頭格・石田三成を中心とする勢力に二分され、その対立は一六〇〇年9月、岐阜県の滋賀県境に近い関ケ原の合戦となって火を噴きます。

戦いは家康側の圧倒的勝利に終わり、捕らえられた三成は小西行長らとともに京都の六条河原で斬首されます。三成方に参加した大名は八〇家あまりが取りつぶされて領地を没収され、取りつぶされないまでも大幅に削られた分の領地を合わせると、没収地は実に六百万石を超えました。その没収した土地を、家康は自分の勢力下の大名たちに分け与えたのです。

この没収地の配分ひとつを見ても、家康が実質的に次の支配者の位置についたことは明らかです。しかし家康は、この関ケ原の戦いの段階では、それを豊臣政権への反対勢力との戦いだとして、自分は豊臣政権の「大老」の立場で指揮をとったのだというたてまえに立ちます。この時点ではまだ、豊臣政権に取って代わる天下の支配者としての〝正統的〟権威を獲得できていなかったからです。

武家政権の統治形態としては、鎌倉、室町と続いてきた「幕府」による形態があります。信長の「遺産」を継いで天下を取った秀吉も当然、幕府方式を考えたに違いありません。しかし、幕府発祥の地・東国への進出を家康によってはばまれたため、幕府方式による統治は断念せざるを得ませんでした。そこで急きょ、律令国家以来の朝廷と官位制による支配方式に乗りかえ、諸大名を官位によって序列づけ、自分はその頂点の関白の位に立つ関白政治をつくり出したのです。

その関白政治＝豊臣政権を根底からくつがえして、新たな自分の政権＝政治機構をつくるために、家康は武家政権の伝統である幕府による統治形態に立ち返ることにします。しかし正統の幕府を樹立するためには「征夷大将軍」の称号が必要です。そしてその「将軍」も、天皇から叙任される官職の一つなのです。

もともと家康も、戦国大名の例に漏れず、官位を求めてきました。次の通りです。

・一五六六年　従五位　三河守
・一五八六年　正三位　中将
・一五八七年　従二位　大納言
・一六〇二年　従一位　内大臣
・一六〇三年　従一位　右大臣

そしてこの最後の一六〇三年2月、家康は後陽成天皇の勅使から「征夷大将軍」の宣下を受け、あわせて右大臣となったのです。

さらに家康は、この官位の昇進と並行して、家系の〝創作〟もすすめます。もともとは三河の在地領主で松平の姓でしたが、最初の官位を得た際に、徳川を名乗ることを朝廷から認められます。

この徳川の先祖は上野《こうずけ》(現群馬県)のあの新田義貞を生んだ新田氏で、その新田氏の先祖は清和源氏の系統であり、したがって徳川は源氏の系譜につらなることになるのです。実際、「源家康」と署名した文書もあります。

従一位の右大臣で、しかも源氏の系統となれば、もはや押しも押されもせぬ征夷大将軍です。ここに徳川を〝武家の棟梁〟にいただく江戸幕府が開幕します。こうして家康も、秀吉ほど直接的かつ全面的ではありませんが、より巧妙に無理なく、天皇の権威を利用したのです。

❖徳川家「世襲」の確保と、天皇家との婚姻

江戸に幕府を開いてわずか二年後、一六〇五年、家康は将軍職を三男の秀忠に譲ります。このとき家康は満六二歳、秀忠は二六歳です。なぜ家康はこんなに早々と将軍職を譲ったのでしょうか。将軍職が徳川家の「世襲」であることを、事実をもって天下に示すためです。

家康の傾倒した人物が源頼朝だったことはよく知られています。最初の〝武家の棟梁〟であり、幕府政治の開祖であるということだけでなく、戦略家・政治家として相通じるところがあったからでしょう。

しかし、その頼朝にして、ただ一点、犯した失敗、それも致命的な失敗がありました。「世襲」の問題です。満五一歳で亡くなる頼朝は、若い頼家に後を託しますが、まだ一六歳だった頼家は未熟な行動で自滅し、後を継いだ実朝も身内に殺害されて、源将軍家はわずか三代で絶えてしまいま

す。頼朝の最大の失敗でした。

家康の当時六二歳という年齢は、秀吉の享年です。人生五〇年だった当時、いつ旅立つことになるか、誰にもわかりません。自分がまだ元気なうちに秀忠を将軍職につけ、できるだけ早く天下人としての政治的経験を積ませることが必要です。そのため家康は、秀忠を第二代将軍にすえ、自分は「大御所」となって、実際は自らの主導で徳川幕府による支配体制を固めていったのでした。

このほかにも家康は、徳川家の世襲を万全にするための手を打ちました。三つの家系の創設です。徳川家単独では、いつ世継ぎが途絶えるかわかりません。そこで家康は、徳川宗家《そうけ》に代わって世継ぎを提供できる、特別の家格をもった家系を用意したのです。

家康の第九子・義直から始まる尾張徳川家、第一〇子・頼宣から始まる紀州徳川家、第一一子・頼房に始まる水戸徳川家の、いわゆる御三家です（実際、紀州徳川家から吉宗が第八代、家茂が第一四代将軍となります）。

これに加え、その吉宗の時代に、二男・宗武と四男・宗尹《むねただ》にやはり将軍の世継ぎを出すことのできる家格をもつ家が興されます。宗武は江戸城の田安門の屋敷に住んだため田安家、宗尹は一橋門の屋敷だったため一橋家と通称されます（第一一代の家斉《いえなり》、一五代の慶喜《よしのぶ》が一橋出身です）。

そしてこの二家に、さらに江戸城の清水門内に住んだ第九代将軍・家重の二男・重好が興した清水家を加えて、この三家を御三卿と呼びました。「卿」と呼んだのは、三位《さんみ》より上の官位をもつ公家を公卿《くぎょう》といったのですが、この三家とも三位に叙任されたからです。

このようにして家康、そして徳川家は、世襲を守りぬく万全の態勢をととのえたのですが、その一方で、将軍家の権威をいっそう高め、より固めるために、家康は天皇家と姻戚関係を結ぶことを企てます。

話は少し戻りますが、信長死後の勢力争いの中で、秀吉が柴田勝家を滅ぼしたとき、勝家の妻だった信長の妹・お市の方も夫とともに自害しました。しかし前夫・浅井長政との間にもうけていた三人の娘は救出されます。その長女・お茶々が秀吉の側室・淀君となるのですが、三女のお江与は家康の三男・秀忠に嫁いで将軍の正室となり、二男五女を産みます。

その長女、千姫が生まれると、秀吉は直ちにまだ三歳だった秀頼との縁組を決めました。自分がいなくなった後の最大の実力者は家康です。その家康の孫娘を秀頼の妻とすれば、秀頼の安泰の何よりの保障となると考えたのです。翌年、秀吉は亡くなりますが、一六〇三年、家康は約束どおり千姫を秀頼に嫁がせました。そのとき秀頼は満九歳、千姫は六歳です（なお千姫の母と秀頼の母は姉妹ですから、二人はいとこになります）。

さて、その千姫の妹、五女の和子《まさこ》は、それから四年後の一六〇七年に生まれました。この和子を、家康は天皇家へ嫁がせることによって、天皇家と徳川将軍家との間に血縁関係を生み出すことを決めたのです。

その後、周知のように一六一四年に大坂冬の陣、一五年には夏の陣があって豊臣家は滅亡させられ、翌一六年に家康の死、次の一七年には後陽成上皇の死などがありますが、一六二〇年、和子は江戸を出て京都の後水尾《ごみずのお》天皇のもとに嫁ぎます（入内《じゅだい》という）。天皇は満二四歳、和子は一二歳でした。この三年後、和子の兄・家光が第三代将軍となります。こうして、天皇と将軍とは〝義兄弟〟の間柄となったのです。

しかしこの関係は長続きしませんでした。

一六二七年、高徳の禅僧に紫衣《しえ》を与える権限をめぐって、天皇と幕府の間に緊張関係が生じます（紫衣事件）。関係者の禅僧のうち沢庵《たくわん》ら一部の僧が強硬に幕府に抵抗したため対立は年を越して長引き、業を煮やした後水尾天皇がついに譲位したいと言い出します。

このとき天皇と中宮《ちゅうぐう》・和子の間には長女の女一宮、長男の高仁親王がありました。譲位を受けるのは当然、高仁親王となりますが、ところがその三歳の親王が急死するのです。加えて、三カ月後に男の子が生まれますが、これも一週間後に死亡、残るのは女一宮だけとなります。

一六二九年5月、天皇ははっきりと譲位の意志を表明します。理由は病気（腫物とも痔とも）の治療のためでした。治療には灸をすえなくてはならないが、玉体（天皇の体）に傷をつけることは古来禁じられている。したがって、治療の灸をすえるためには天皇の座を降りる、つまり譲位するしかない、というのが理由とされます。

こうして同年11月、後水尾天皇は譲位を決行、幕府もやむなくこれを追認、翌三〇年、満六歳の女一宮が即位して女帝・明正《みょうしょう》天皇となるのです。奈良時代の称徳天皇以来八五九年ぶりの女帝でした。

明正天皇はその後一四年ほど在位しますが（その間、後水尾院政がつづく）、一六四三年、異母弟の後光明《ごこうみょう》天皇に譲位しますので、徳川家の血筋はここで天皇家の系統から消えます。が、それにしてもこの一時期、家光とその姪（妹の子）が、一方は将軍、一方は天皇として、江戸と京都に並び立っていたのです。

❖幕府に監視・統制された朝廷と公家集団

このように家康はまず、天皇家と将軍家の間に姻戚関係を結ぼうともくろみ、実現させたのですが、その一方で、朝廷と公家を幕府の監視下に置き、統制する政策をすすめました。

一六一五年5月に夏の陣で大阪城を落城させたすぐ後の7月、家康は、武家（大名）を統制する「武家諸法度《しょはっと》」とあわせ、朝廷と公家を管理・統制する「禁中 並《きんちゅうならびに》 公家諸法度」を発布します。武家諸法度は、城の増改築のさいの届け出の義務や婚姻の許可制、大名の参勤交代制（妻子は江戸定住）などを定めたものですが、禁中並公家諸法度はそれ以上にきびしいものでした。

一七条からなる法度《はっと》は、まず第一条で「天子諸芸能之事、第一御学問也……」として、天皇のなすべきことを規定します。天皇が習得すべきなのは学問（主に中国の古典）、和歌、そして有職故実《ゆうそくこじつ》だというのです。ということは、言外に、政治に関心を向けてはならぬ、と命じているのです。

次いで公家については、朝廷内で官位や家格に応じて並ぶ席順から、官位昇進、養子のとり方、さらに衣服まで規定します。そしてそれらを管理するのは関白・大臣と、朝廷・幕府間を取り次ぐ武家伝奏《てんそう》の役目となるのですが、彼らに背《そむ》いたときは流罪に処すとしたのです。

法度はこのほかに、公家の官位とは別個に、武家の官位を設けることを定めました。つまり、公家の官位体系とは別に、武家（大名）の官位体系を設けることにしたのです。ただし、その大名の官位は、必ず個々の大名から幕府に願い出、幕府の承認のもとに朝廷から叙任を受けること、とされていました。

ということは、律令制で定められた天皇を頂点とする官位体系を、幕府もまた〝大名の序列化〟の手段として利用したということです。これも朝廷の権威の流用にほかなりません。

こうして幕府は、朝廷・公家に対して法的な規制を加えるとともに、次のような監視・統制の仕組みを設けました。

公家の中でトップの地位を占めるのは、関白・大臣を送り出す家格を有する、近衛家など五つの摂家（摂関家）です。他のすべての公家（幕末で約一三〇家）はこの五摂家のいずれかの下に分属し（門流または家礼《かれい》という）、この五摂家の指示に従わぬときは、前述のように流罪に処せられたのでした。つまり、公家たちを管理する直接の責任を五摂家に負わせたのです。

朝廷から幕府に許可を願い出たり、幕府の意向を聞いたりするとともに、逆に幕府の意思や指示を朝廷に伝える役目を果たしたのが、二名からなる「武家伝奏」です。天皇の勅使として幕府に赴いたりするのも、この武家伝奏の役割でした。やがてその任務が多岐にわたって忙しくなったため、補佐役として「議奏《ぎそう》」（五名）が設けられました。

一方、幕府の側では、御所のすぐ近くの二条城の傍に「京都所司代」が屋敷を構えました。こちらが現地における幕府側の最高責任者です。所司代はここに、ほぼ毎日、武家伝奏を呼びつけて申し出を聞いたり、指示を与えたりしたといいます。

あわせて幕府は、旗本二名を「禁裏付武家」に任命しました。禁裏、つまり皇居内に入って、内側から朝廷を管理するのがその役割です。皇居には門が九つありますが、その門を管理するのもこの禁裏付武家の役目でした。

このようにして朝廷と公家たちの動向を監視・統制する一方で、幕府は天皇家と公家たちに対する収入の道を保障しました。大名や旗本と同じように領地を与えたのです。ただし、その知行高はきわめて少ないものでした。

まず天皇家ですが、江戸幕府開設の当時は一万石でした。その後、前に述べた女一宮の入内《じゅだい》のさいに秀忠が一万石を献上、さらに五代将軍・綱吉が一万石を献じて合計三万石となったのですが、諸大名と較べると、三万石は下位の部類に入ります（しかもその財政収入は幕府によってしっかり掌握されていました）。

天皇家がこの程度ですから､公家となるとぐっと低くなります。高埜利彦氏の『江戸幕府と朝廷』（二〇〇一年、山川出版社）に一六六五年当時の「公家の知行高一覧」がありますが、それを見ると、あの五摂家にして、九条家だけが辛うじて二千石に達しているだけで、あとの四家は一千石台です。公家では別格の摂家でさえこうなのですから、あとの公家は当然三ケタにとどまり、それも五百石を越えているのは一覧にある九五家のうち一〇家あまりであとは一五〇から三百石が大半を占めています。かりに門構えは立派でも、台所が火の車であったろうことは、容易に推量できます。

以上は堂上《とうしょう》という、天皇の執務する清涼殿に昇殿できる公家たちで、このほかに昇殿できない地下《じげ》官人と呼ばれる者たちがおり、さらに皇族と天皇の子女が仏門に入った門跡《もんぜき》がいましたが、それらの所領をすべて合計してもせいぜい五万石強にしかなりませんでした。

「禁中並公家諸法度」によって法的に規制し､京都所司代と禁裏付武家によって統制したほかに、日常の行動にも枠がはめられました。たとえば外出の禁止と許可制です。

天皇が外出することを行幸《ぎょうこう》といいますが、天皇には行幸が禁じられました。禁裏《きんり》（皇居、御所）から出ることを禁じられたほか、同じ敷地内にある天皇の父の住まい（仙洞《せんとう》御所）を訪ねるのも禁じられたといいます。信じがたいことですが、天皇は一六二六年を最後に幕末まで二百年以上も、御所を出ることなくその中だけで暮らしたのです。

天皇だけでなく、公家たちもまた洛外（京都の市外）に出る時は武家伝奏《てんそう》を通して所司代に願い出て、その許可をもらわなくてはなりませんでした。市外へ花見に出かけるにしても、寺院に参詣に行くにしても、所司代の許可が必要だったのです。

ところで、天皇の「仕事」が学問と有職故実の修得、それに和歌と定められたのは前にふれましたが、では公家たちの「仕事」は何だったのでしょうか。

公家の各家には、伝統的に定められた「家職」と呼ぶ家業がありました。前記の高埜氏の本に、その家職が表にして示されています。それによると、朝廷の儀式、公事などをになう摂家はじめ親王家、精華家、大臣家など高級公家を別にして、神祇伯、陰陽道、和歌、文章博士、明経、能書、神楽、楽(和琴、琵琶、箏、笛)、蹴鞠、装束――などの家業が挙げられています。

いずれも平安時代から続いている家業です。つまり公家たちは、こういう平安時代以来の「伝統的」家業によって生計をたてたわけです。

平安時代といえば、宮廷の生活も平安時代そのままの日常がつづけられていました。これは江戸時代最後の天皇となった孝明《こうめい》天皇時代の証言ですが、宮廷に長い間つかえた下橋敬長《しもはしゆきおさ》という人が語り下ろした『幕末の宮廷』(初版は一九二二年、現在は平凡社)という本があります。それによると

――

天皇を中心とする宮廷の生活は、ほとんどが女官によって営まれていました。女官は出身階級に

よってきびしく分別され、上位から典侍《てんじ》局、内侍《ないし》局、命婦《みょうぶ》、女蔵人《にょくろうど》、御差《おさし》、御末《おすえ》、女嬬、御服所といった役職を割り当てられていました。人数はいずれも四人から七人です。

たとえば朝食の朝御膳をはこぶのにも役割分担がありました。板元（料理人）が作った朝食を板元吟味役が点検した後、御膳役がその御膳をまず御末に渡します。御末は次にそれを命婦に渡し、最後に典侍局あるいは内侍局が御膳を受け取って、天皇の前に差し出したというのです。毎朝の朝食ひとつとっても、これだけの手順を踏んでいたのでした。

天皇はまた、一日おきまたは二日おきに鉄漿《かね》（お歯黒）をつけたと下橋氏は証言しています。お歯黒をつけた天皇は、何十人もの女官たちに囲まれ、平安時代以来の慣習にしたがって日々を送り、天皇家の血統を守り継いできたのです。

例えていえば、京都の都心、御所（皇居）とそれを取り巻く公家町に、天皇と公家集団が、幕府の厳重な監視・統制を受けながらも〝平安時代の化石〟のように生きつづけてきたのです。

では、江戸幕府はどうして、この〝化石〟のような天皇と公家集団を、多くはなくとも禄《ろく》を保障して存続させたのでしょうか？　幕府にとって、何か天皇と公家集団の存在を必要とする理由があったのでしょうか？　あったとしたら、その理由は何だったのでしょうか？

5　幕府が天皇家を必要とした二つの理由

❖将軍「世襲」の確保のために

家康が江戸幕府を開いてからわずか二年で秀忠に将軍職を譲ったのは、徳川家による将軍職の「世襲」を天下に顕示するためだったと述べました。そのさい、家康が反面教師としたのは頼朝だったと書きましたが、秀吉もまたそれ以上の反面教師でした。なにしろたった二代、実質的には自分一代で消滅してしまったのです。

家康はまた、この世襲制をより万全にする方策として、いわゆる御三家を創設しました（のちに「御三卿」創設によりさらに補強されます）。

こうして世襲制を固めるとともに、家康が求めたのは、将軍家の権威をより正統化し、強化することでした。そのための最も手っ取り早い方法として採ったのが、将軍の娘を天皇に嫁がせ、天皇家と将軍家を姻戚関係で結ぶことでした。摂関時代に藤原北家《ほっけ》が採った手法です。そして実際、秀忠の娘・和子《まさこ》を入内《じゅだい》させました。

しかしこの手法は、後水尾天皇にはすでに寵愛する女官があり、二人の子をもうけていたこともあってうまくいきませんでした。結局、天皇はその女官と別れた上で和子を迎えたのですが、先に述べたように紫衣《しえ》事件などで幕府との間がぎくしゃくして早期に譲位してしまいます。その結果、和子の娘・女一宮がつなぎの女帝として即位するという思いがけない事態も生じますが、その明正《みょうしょう》天皇の代で徳川家の血筋は天皇家の系譜から消え去ります。

こうした最初からのつまずきもあって、将軍の娘を天皇家に嫁がせるというやり方は、この一度だけで終わります。何よりも、幕府の発足から二〇年、徳川政権の基礎固めもほぼ終わり、あえて天皇家の権威を借りる必要もなくなったからだと思われます。

代わりに、将軍家が採ったのは、娘を京都に送り出すのではなく、反対に正室（正妻）を京都から迎え入れるという方式です。

なぜ、そうしたのか？　次のような事情からではなかったか、と思われます。

家康が、徳川家による権力の独占的維持、つまり将軍職の世襲をどんなに重視していたかは先に述べました。その世襲の維持に何をおいても必要なのは、世継ぎの男子の確保です。この時代、世継ぎの母親がだれであるかは問いません（事実、五代将軍・綱吉の実母は京都の八百屋の娘でした）。ただし、それにはひとつ条件があります。正式の婚儀をへた正室が存在していることです。正室さえ存在していれば、大奥のどの女性から生まれようと、世継ぎとして公認されたのです。

したがって、正室となる女性との結婚が、世継ぎ確保には欠くことのできない前提条件でした。

そこで問題は、どこの家の娘を正室に迎えるか、ということになります。

すぐに考えられるのは、徳川家と同じ武家である大名家の娘です。しかし、大名家と縁組をすれば、当然、その大名家と姻戚関係を結ぶことになります。つまり、親戚になるわけです。ところが徳川将軍は、全国の大名を統轄する〝武家の棟梁〟です。諸大名の上に超然と立っているべき最高権力者です。

その将軍家が、大名家と親類になるということは何を意味するでしょうか。諸大名と同格になるということです。言い換えれば、諸大名のレベルまで、地位を下げることになるのです。好ましいわけはありません。


では、諸大名の上に立つ最高権力者の正室としてふさわしいのは、どういう家の女性でしょうか。浮かんでくるのは、朝廷およびその周辺に属する家の女性です。

「貴種」という言葉があります。普通は、皇族および最上級の公家をさしていう言葉です。最高権力者の将軍家の縁組の相手としては、この「貴種」に属する女性こそふさわしいと考えるのは、ごく自然なことでしょう。

こうして、第三代将軍・家光が前関白・鷹司信房の娘・孝子を正室としたのを皮切りに、次頁の表に見るとおり、第一五代の慶喜までの将軍の大半が、摂家ないしは宮家（皇族）から正室を迎え

歴代将軍の正室

将軍	将軍の正室	正室の父
初代　家康	築山殿（西光院）	関口親永（今川義元の妹婿）
同　上	朝日姫（南明院）	築阿弥（豊臣秀吉の義父）
二代　秀忠	お江与（崇源院）	近江小谷城主・浅井長政
三代　家光	鷹司孝子（本理院）	関白　鷹司信房
四代　家綱	浅宮顕子（高厳院）	伏見宮貞清親王
五代　綱吉	鷹司信子（浄光院）	左大臣　鷹司教平
六代　家宣	近衛熙子（天英院）	関白太政大臣　近衛基熙
七代　家継	八十宮吉子（浄琳院）＊	霊元天皇
八代　吉宗	真宮理子（寛徳院）	伏見宮貞致親王
九代　家重	比宮増子（証明院）	伏見宮邦永親王
十代　家治	五十宮倫子（心観院）	閑院宮直仁親王
十一代　家斉	島津寔子（広大院）	薩摩藩主島津重豪（近衛経熙養女）
十二代　家慶	楽宮喬子（浄観院）	有栖川宮織仁親王
十三代　家定	鷹司任子（天観院）	関白　鷹司政熙
同　上	一条秀子（澄心院）	関白　一条忠良
同　上	島津敬子（天璋院）＊＊	薩摩藩主島津斉彬（近衛忠熙養女）
十四代　家茂	和宮親子（静寛院）	仁孝天皇
十五代　慶喜	今出川美賀子（貞粛院）	今出川公久（一条忠香養女）

＊八十宮吉子は、家継死去のため入輿しなかった。
＊＊島津敬子の実父は島津家一門（今和泉家）島津忠剛。

（山本博文『徳川将軍家の結婚』より．一部簡略化）

ているのです。

そうでないのは、一一代・家斉《いえなり》と一三代・家定で、どちらも薩摩藩の島津家から正室を迎えていますが、これは島津家が大藩だった上にその祖先が近衛家と主従関係にあったこと、加えて家康の時から徳川家と縁続きだったことによります。

もう一つの例外は、七代・家継《いえつぐ》と一四代・家茂《いえもち》です。ともに天皇家から皇女を正室に迎えています。つまり、かつての和子《まさこ》の入内のときと同じように、将軍家が天皇家と直接に縁組したのです。

まず家継の場合です。これは、父の家宣《いえのぶ》の死によって家継がわずか満三歳で将軍職を継いだことが大きかったと思われます。恐らく天皇家と結びつけることによって早期にその地位を固めるため、家宣の正室で、関白・近衛基熙《もとひろ》の娘である熙子《ひろこ》（天英院）が積極的に動き、これも嬰児だった霊元法皇の娘・八十宮との縁組を実現させたのです。

しかしこの縁組は、家継がわずか満六歳で亡くなったため、婚約だけで終わりました。家継の死後、八十宮は幕府によって新築された御殿で、幕府の庇護の下、未亡人として生き、のちに出家したとのことです。

もう一人、天皇家から将軍家に嫁いだのは、家茂の正室・和宮《かずのみや》です。幕末の動乱の中、これが幕府側が「公武合体」をすすめるための典型的な政略結婚だったことはよく知られている通りです。

❖将軍の正室をなぜ天皇家から迎えなかったのか

さて、いま見たように、一五人の将軍のうち天皇家から正室を迎えたのは、右の二人だけです。先ほどは最高権力者の将軍の正室としてふさわしいのは、朝廷およびそのごく周辺の女性に限られる、と述べました。もっと限定するなら、最高権力者にふさわしいのは、最高の権威をもつ天皇家の娘、すなわち皇女となるはずです。

ではなぜ、皇女との縁組は二例だけで終わったのでしょうか？

実は、この項を書くのに全面的に参考にさせてもらったのは、近世史家・山本博文氏の『徳川将軍家の結婚』（二〇〇五年、文春新書）です。先に掲げた「歴代将軍の正室」の表も同書から引用させてもらったものです。

その山本氏は、将軍家と天皇家との縁組が幕末をのぞけばこの一例しかなかったことについて、どう見ているでしょうか。

第四代将軍・家綱は伏見宮貞清親王の娘・浅宮と結婚するのですが、当時の朝廷の実力者・後水尾上皇には、あの女一宮（明正天皇）はじめ男子一七人、女子一八人がおり、年齢が家綱の正室に適する皇女は四、五人もいたのに、なぜその中の一人と結婚しなかったのか、という問いを立てた上で、山本氏はこう述べています。

「現代的な視点から徳川家の地位を考えれば、家綱誕生後、幕府は天皇家との縁組をこそはかるべきだっただろう。その頃の将軍家の権力をもってすれば、それほど困難なことはなかったはずである。」

「しかし……そうならなかったのは、幕府の側にそれほどの熱意がなかったからだと解釈するほかはない。」

そして「その意味では、三代将軍家光以降の幕府婚姻政策は無策であった。ただ、無策であって何の問題もないほど、幕府の権力が確立していたとも言える。」と結論しています。

山本氏はまた同じ箇所で、久保貴子氏が『近世の朝廷運営――朝幕関係の展開』（一九九八年、岩田書院）において「幕府は、四代将軍家綱（十一歳で将軍襲封）にも後水尾天皇の皇女降嫁を望んだことがある。（中略）ただ家綱の時は後水尾天皇らが承諾しなかったため実現されなかった。」と述べているのを紹介しています。

専門の研究者でない私には、これらの見解の是非を判断する史料はありません。ただ、山本氏の見解――当時の幕府には天皇家との縁組を実行する必要も熱意もなかった、ということから、もう一歩踏み込んで、幕府の側はむしろ天皇家との直接の縁組は避けたいと考えていたのではないか、という気がしてなりません。

かりに将軍が天皇家から皇女を正室に迎え入れたとします。すると天皇と将軍は〝舅と婿〟の姻戚関係となります。そしてもし、こうしたことが連続して、いや断続的にでも続いたとしたら、天皇家と将軍家の姻戚関係は深まる一方となり、ついには両家は実質的に一体化してしまうでしょう。

では、天皇家と将軍家の一体化は、幕藩体制にとってどういう意味を持つのでしょうか。

幕藩体制は、「将軍」の存在を基軸として成立しています。その将軍＝征夷大将軍の官職は、天皇からの叙任によって公認されます（だから将軍の代替わりのたびに、天皇の「宣下《せんげ》」が京都からの勅使によってもたらされた。ただしその儀式では、将軍は下座《しもざ》でなく上座《かみざ》にすわった）。つまり、この「天皇による叙任」によって、将軍が最高権力者として国家を統轄する、その正統性が保証されるのです。

したがって、「かたち」の上では、この国の権力構図は、天皇と将軍が截然と並び立つことで成り立っているのです。であるのに、天皇家と将軍家が一体化してしまったら、天皇による将軍叙任はどうなるでしょうか？

それはいわば身内の出来事、私的な出来事と化してしまうのではないでしょうか？〝身内の行為〟と化すことは、公的要素がいちじるしく削がれることにほかならないからです。ということは、将軍の下での幕藩体制という「国のかたち」が崩れることを意味します。崩れはしなくとも、何らかの歪みが生じることはまちがいないでしょう。

であるならば、そういう危険性は避けるにこしたことはないのです。まして、すでに「幕府の権力が確立し」（山本氏）、天皇の権威を借りる必要はなくなっているのに、あえて幕藩体制の構造にひびを入れるような危険を冒すことはないのです。

将軍家の正室に必要な条件は、摂家や宮家で十分でした。天皇家の皇女ほどではなくとも、摂家や宮家の娘も第一級の「貴種」にちがいないからです。

実際、将軍家と御三家、御三卿のほか少数の雄藩大名を除いては、摂家や宮家の娘を正室に迎えることはできませんでした（大名の婚姻に幕府の承認がいることは最初の武家諸法度で定められ、一六六三年の改定ではさらに、公家との婚姻は奉行所に届け出て指図を受けること、と念を押されていました）。

もともと、将軍家の正室に「貴種」という条件を課したのは、諸大名に対して将軍家が「別格」であることを示すためでした。その意味で、摂家や宮家の娘たちはその条件を十分に満たしていたのです。（なお付け加えると、天皇もまたその皇后には宮家や摂家の娘を迎えました。その点で、将軍家と天皇家は同格だったといえます。）

このように考えると、山本氏は「幕府の婚姻政策は無策」だったという判定でしたが、私にはかなり周到に計算されていたのではないかと思えるのです。

❖序列化による大名統制のための官位制の利用

もう一つの幕府による重要な朝廷権威の利用は、大名に対する官位の授与の問題です。

先に述べたように、「禁中並公家諸法度」で、幕府は公家の官位とは別個に、武家（大名）の官位体系を設けることにし、さらにその大名の官位は、幕府の承認・推薦を通してしか叙任されないことと決めたのでした。

大名の多くは、戦国時代の下剋上を生き抜いてその地位を獲得した者たちです。戦国大名たちが自らを権威づけるために競って官位を求めたことは前に述べました。その傾向は当然、江戸時代になってからも続いていたでしょう。家臣や百姓、町人の支配のためにも、大名の権威が高いに越したことはないからです。それに、「天下泰平」となって「戦争」がなくなってからは、領地拡大の道は閉ざされ、家格を高める手段としては官位の昇進があるだけでした。

一方、幕府としては、三百人近い大名を統制するには、秩序立てる、つまり序列化することが必要です。その序列化のために、官位体系を利用したのです。官位の位階は、正一位、従一位、正二位、従二位、正三位、従三位……と続いて従八位下まであります。これと官職を組み合わせて位階が定められますが、この位階体系に従い、将軍を最上位の正（従）一位として、諸大名をこの体系の中に位置づけたのです（武家官位のうち最も多かったのが五位だったようです）。

大名たちに与えるこれらの官位を決めたのは、前に述べたように幕府でしたが、その官位は天皇の「勅許」を得ることによって公認のものとなりました。つまり、形式的ではあれ天皇の権威があってこその官位だったのです。

こうして、大名たちの要求と幕府の側の必要が組み合わされて、天皇の権威にもとづく律令国家以来の官位制が、全国の大名を統制する政治的装置として使われました。天皇の伝統的権威とともに、朝廷をささえる律令国家以来のシステムが、ここでも有効に利用されたのです。

6　天皇家が〝武家の時代〟にも存続し続けた理由

❖天皇の伝統的権威による幕府支配の正統性の確立

天皇家がどうしてかくも長期にわたって存続できたのか、という問いが成立するのは、鎌倉時代以降、武家の時代に入ってからのことだということは、先に述べました。天皇専制の古代国家の時代はもとより、摂関時代から院政時代まで含めての六百年間は、天皇家は形態は異なっても国家統治の頂点に位置していたからです。

したがって、問題は武家が権力を掌握して以降の六百五十年間がその対象期間となります。そこで、鎌倉、室町、戦国そして江戸時代と、武家の権力と天皇・朝廷との関係を見てきました。その結果見えてきたことは、天皇家が政治的にはほとんど、あるいはまったく無力となりながらも、武家の権力の確立・確保に必要な〝条件〟をそなえており、その〝条件〟の提供者として浮き沈みしながらも存続してきた、ということです。

武家として最初に権力をとったのは、平清盛でした。しかし清盛は、武家でありながら公家である藤原家の政治手法を模倣して、娘を天皇家に送り込むことにより姻戚関係を通して権力を保持しようとしたのでした。

その公家化した清盛を倒して権力を取り、武家として新たな統治形態を生み出してその頂点に立ったのが、源頼朝でした。しかし、東国・鎌倉に幕府を開いてまもない間は、まだ揺るぎないといえるような権力は確立できていませんでした。何よりも、幕府の勢力範囲は本州を中央部で縦断するライン、新潟―長野―愛知県東部より以東に限られ、それより西には勢力が及んでいなかったのです。京都にはいまなお広大な所領・荘園をかかえる朝廷・公家集団が存在し、西日本の多くはその影響下にありました。

そうしたなか、頼朝が「武家の棟梁」としての地位を確立するためには、古代以来の神格化した朝廷の権威を借りる必要があったのです。

そこで頼朝は、一千騎の騎馬軍団を引き連れ、道中一カ月をかけて京都に上り、後白河法皇と会見します。平家を倒して朝廷の威光回復に尽力した頼朝に、法皇は「権大納言」、次いで「右近衛大将」の官位・官職を贈ります。それに対し、頼朝は「拝賀」の儀を盛大におこなって感謝の意を表明しますが、三日後にはこの官位・官職を返上し、鎌倉に帰ってしまいます。この間の両者の虚々実々の駆け引きは興味の尽きないところです。

こうして最初の朝廷交渉はうまくいきませんでしたが、ほどなく後白河法皇が死去したあと、頼朝は関白の九条兼実《かねざね》の協力で望みの「征夷大将軍」の官職を手に入れます。「将軍」は、国家の軍事部門を統轄する武家にとって最高位の官職です。その「将軍」の官職を、建国以来の伝統的権威である天皇から公認されたことにより、頼朝は「武家の棟梁」の地位の正統性を確立し、同時にその支配の正当性を確保したのです。

頼朝のあと、第三代の実朝の死によって将軍家の血筋は絶えます。政治的実権はすでに前から北条一族が引き継いでいますが、トップの将軍の座には、幕府権力の正統性を体現する人物をすえる必要があります。そこで頼朝夫人・政子は後鳥羽上皇に掛け合ったすえ、摂政を送り出す家格をもつ「摂家」の一つである九条家からまだ二歳だった頼経を迎えるのです。

以後、鎌倉幕府の終焉まで、六人が将軍の座につきますが、うち二人は摂家出身、残りの四人は天皇の皇子（親王）とその子が占めます。武家の政府であった鎌倉幕府も、その正統性のシンボルとして朝廷とのつながりが必要であり、そのために「摂家将軍」「親王将軍」を利用したのです。

このように鎌倉幕府の成立期には、関東の幕府と関西の朝廷とは拮抗する関係にありました。その関係を決定的に変えたのが、一二二一年の「承久の乱」でした。政治的判断力を欠いた後鳥羽上皇が幕府に対して無謀な戦争をしかけ、惨敗したのです。

その結果、首謀者の後鳥羽上皇と次男の順徳上皇は隠岐島と佐渡島に流され、乱には関係しなかった長男の土御門《つちみかど》上皇も自ら土佐に身を隠しました。順徳上皇の子でまだ即位式も行ってなかった幼帝「仲恭《ちゅうきょう》天皇」も廃帝となり、ここに天皇家は断絶状態となります。

このまま行けば、天皇家はここで消滅していたはずです。しかし幕府はそうしませんでした。ずっと以前に仏門に入っていた後鳥羽上皇の兄・守貞親王を探し出してきて、天皇位を飛び越していきなり上皇の座にすえ、その子の茂仁を後堀河天皇としたのです。以後、天皇家は、四条、後嵯峨、後深草天皇と、ジグザグながら続いていきます。

では、なぜ、幕府は天皇家を存続させたのでしょうか。

幕府にとって天皇家が「必要」だったからと考えるほかありません。

天皇の伝統的権威によって幕府支配の正統性を担保するという、頼朝が最初に描いた構図を保持するためには、「天皇」の存在が不可欠だったのです。

❖室町前半期の〝主役〟となった天皇家

次の室町時代に移ると、一転して、天皇家はどうして存続できたのか、という問いそのものが無意味となります。というのも、鎌倉幕府が崩壊して室町時代へと変わる、その転換自体が後醍醐天皇の鎌倉幕府に対する挑戦をもって始まるからです。天皇家は、少なくとも室町時代の前半三分の一の期間は、室町幕府と並んで時代の〝主役〟だったのです。

武家の時代六五〇年を通して、天皇家の歴史のなかで武家に戦いを挑み、武家から権力を取り戻そうとした天皇が二人だけいます。一人は先ほど見た後鳥羽上皇、もう一人がこの後醍醐天皇です。

鎌倉幕府に対する足利尊氏と新田義貞の謀反によって倒幕に成功した後醍醐天皇は実際に権力を手中にし、二年半という短期間でしたがその権力を行使します。「建武の新政」です。歴代天皇の中でも最も強烈な個性の持ち主だったといえる後醍醐天皇は、武家の時代を通じて、現実に政権を取り、かつ行使したただ一人の天皇となりました。

後醍醐天皇が吉野に本拠を構え、京都の幕府と戦った南北朝の時代は半世紀をこえて続きます。後醍醐天皇の没後、後半は南朝の勢力は衰えますが、それにしても、天皇家がこの時代の一方の主役だったことは否定できないでしょう。

南北朝の対立を終息させた足利義満の時代になると、天皇家は現実政治からはふたたび遠ざかりますが、先に義満の「王権簒奪計画」で見たように、天皇の地位そのものは国家統治上の重要な焦点として意識されるようになります。義満にとって天皇は、鎌倉時代の幕府支配の正統性を示す単なるシンボル以上のものとなっていた、ということです。

王権に近づくための義満の入念な準備、あわせて無理押しともいえる強引な工作は、義満の王権獲得への執念を示しているとも見られます。義満がめざしていた方向について、私は新しい「日本国王」への道と書きましたが、義満が将軍権力と天皇権威との合体・統一を構想していたことはほぼ間違いないと思われます。

❖持ちつ持たれつだった天皇家と戦国大名

室町時代の後半は、「応仁・文明の乱」から動乱期に突入し、そのまま戦国時代へと連続していきます。

室町幕府も崩壊状態となった戦乱期の前半、皇室領は侵食され、残った領地からの実入りも途絶えがちとなった天皇家の財政は窮乏をきわめました。即位式や葬儀も、費用を捻出できないため何年も、いや十年、二十年も延期せざるを得ない状態が続いたことは、先に述べたとおりです。

こうしたことから、かつては「戦国期皇室式微《しきび》（＝衰微）論」が定説となっていたことも前述しました。

しかしこれは、歴史の一面に過ぎませんでした。

「下剋上」の状況を勝ち抜いてのし上がってきた戦国大名たちが、それぞれの支配領域を確定するようになると、その支配をより強固にし、かつ正統化するために、自らをオーソライズしたいと考えるようになります。

ことさら名乗るべき血筋も家柄もない彼らが、自らを権威づけるための最も手っ取り早い方法は、この国の〝最高権威〟から自らの権威を保証してもらうことです。

〝最高権威〟は二つありました。一つは「武家の棟梁」である将軍（幕府）です。しかし室町幕府はすでに崩壊状態でした。

したがって、残る最高権威は朝廷だけです。しかもこれこそが古代以来の神格化された伝統的権威です。

権威づけの仕方としては、これも古代以来の「官位」（官職と位階）の叙任というやり方がありました。戦国大名たちは、大小を問わず、朝廷からの叙任を求めたのです。

叙任を受けるためには、当然、官位に応じた「報酬」の提供が必要です。その報酬が、天皇家の窮乏を救ったのでした。

こうして、天皇家と戦国大名たちとの間には〝権威の配分〟によって持ちつ持たれつの関係が生じ、それによって天皇家は戦乱期にもかかわらず存続できたのです。

これを戦国大名の側から見れば、自らの権威づけのために、天皇家が「必要」だった、ということです。

❖信長、秀吉、江戸幕府による天皇制の利用

戦国時代の後半、まず信長が、次いで秀吉が全国を制覇し、「天下統一」を実現します。では、信長にとって天皇家はどんな存在だったのでしょうか。

当時、戦国大名たちは競って「官位」を求めたと述べました。信長も戦国大名の一人です。父の信秀は先に書いたように（二二六頁）「三河守」の官位を受けています。しかし、信長が自分からすすんで官位を求めた形跡はないようです。

かといって、朝廷に対して冷淡であったわけではありません。信長が桶狭間で今川義元を倒したのは一五六〇年、二六歳のときでしたが、七年後、北隣の美濃（岐阜県）の斎藤竜興《たつおき》の稲葉城を攻略したさい、正親町《おおぎまち》天皇は信長に書状を送ってその名将ぶりをたたえつつ、美濃と尾張の皇室領の目録を示してそこからの年貢の回収を頼むとともに誠仁親王の元服の費用や皇居の修理の費用まで依頼していました。信長がその前年に馬や太刀、それに現金を献上していたからでもありますが、目端のきく正親町天皇は次に権力を取るのが信長だということをすでに見抜いていたのかも知れません。

そして翌年、京都に軍をすすめた信長は大坂地方に実効支配を広げる一方、荒れ果てていた皇居の大規模な修理、改築に着手します。戦国武将の中でも、これほど皇室に尽くしてくれた者はいなかったのではないでしょうか。

その見返りとして、正親町《おおぎまち》天皇は、一五七〇年、信長が朝倉義景・浅井長政の連合軍と一向一揆に包囲されて窮地に立ったさい、和平調停に動きます。さらに一〇年後、信長が最後の難敵、一向宗総本山の石山本願寺と対峙して引くに引けない状態に陥ったさいにも、正親町天皇は調停役を引き受け、信長の側に有利な講和へと導いてくれたのです。

こうした天皇と信長との関係をさして、私はギブ・アンド・テイクの見本のようだと書いたのですが、こうした協力関係に、より執着したのは正親町天皇の側だったように思われます。

というのも、一五七四年、朝廷は信長に「従三位・参議」という異例の高い官位を贈っているからです。従三位・参議は今でいえば閣僚に匹敵します。しかもこれ以降、信長の官位は毎年、権大納言・右大将から正三位・内大臣へ、次いで従二位・右大臣へ、そして正二位へ、と異例のスピードで昇進してゆくのです。

ところが七八年、信長は突如、右大臣の官位を返上します。あわてた朝廷側が、左大臣へ、いや太政大臣、関白に、と申し出たのに対しても、すげなく断わってしまいます。なぜ信長がそうしたのか、それについては繰り返しませんが、ともあれ信長にとって朝廷（天皇）がどれほどの〝利用価値〟を有していたかは、先の二例だけ見ても明らかでしょう。

今川氏、斎藤氏という近隣の強大なライバルを倒して天下統一をめざし始めたときから、戦国大名がこぞって伝統的権威と認め、あがめる天皇の存在は、信長の視野の重要な一角を占めていたはずです。稀代の戦略家だった信長にとって、そのような天皇は、政治的活用の対象でこそあれ、放置してかまわない存在ではなかったのです。

信長が官位体系をほとんど無視したのに対して、秀吉はこれを全面的に利用しました。その最高位を、関白、太閤と自分の代名詞にしたくらいです。

秀吉も権力を取ったさいには、鎌倉、室町につづいて、幕府形式による政権運営を考えたはずです。しかし家康に阻まれて東海から東国へは進出できないとわかったときから、律令国家の政治体制を利用することにしたのでした。

そこで「小牧・長久手の戦い」のあと、戦線が膠着状態に入った一五八四年、秀吉は初めての官位叙任を受けるのです。そのときの官位は「従三位・権大納言」と、信長の最初の官位とほぼ同格ですが、そのあとは一瀉千里、わずか八カ月で「従一位・関白」まで昇りつめてしまいます。

その関白の官職を手に入れるさいも、四九歳の秀吉が摂家の近衛家の〝養子〟になるという非常手段を使うのです。そしてめでたく関白に就任すると、近衛家に一千石、他の四摂家には各五百石の加増を行ない、また関白の政庁として新たに建てた聚楽第《じゅらくてい》の落成式のさいも、天皇に銀五千五百両、上皇に米八百石、公家たちにも総計八千石を贈与したのでした。たいへんな大盤振舞いですが、天皇を頂点とする官位体系を利用し、それを換骨奪胎して自己の支配体制を構築することにしたのですから、秀吉にしてみれば安いものだったでしょう。

こうして見ると、鎌倉幕府以降の武家の時代を通して、最大限に天皇（朝廷）を利用し、かつ依拠したのは秀吉だったといえます。なにしろ、その姓「豊臣」も天皇から賜ったという形をとりましたし、その後の通称も「豊太閤」という官位名を付して呼ばれたのです。

そんな秀吉にとって、天皇家はどうして存続できたのかなどといった問いは、愚問以外の何ものでもなかったでしょう。

そして最後、江戸幕府と天皇（朝廷）の関係です。江戸幕府もまた抜かりなく朝廷を利用しました。内容は先ほど見たばかりですので、ここでは簡単に箇条書きにします。

次の三点です。

第一。将軍の代替わりのたびごとに、天皇による「征夷大将軍」叙任によって幕府支配の正統性を確認させた。

第二。徳川将軍家の他の大名たちとは異なる「武家の棟梁」としての地位を守り、徳川の〝世襲〟を確保するために、天皇家の一族ないしは摂家から正室を迎えることに決め、実行した。

第三。天皇の叙任する官位体系を大名にも適用、ただしその官位決定権は幕府が掌握して全国の大名を序列化することにより、大名統制のための政治的装置とした。

こうして、徳川幕府は天皇・朝廷をその幕藩体制の中に組み込んだのです。

❖武家にとっての〝利用価値〟が天皇家を存続させた

以上、鎌倉時代から江戸時代まで、武家の権力と天皇家の関係を見てきました。政治的には無力となりながら、天皇家はどうして六百五十年もの長期にわたり存続できたのか、日本史研究上の大きな謎とされているのですが、こうして全体を通して両者の関係を見てくると、その答えは自ずから明らかであるように、私には思われます。

天皇家が存続しえたのは、武家の権力にとって天皇の存在が〝必要〟だったからです。武家が権力を確立し、維持する上で、天皇に〝利用価値〟があったからです。

では、その〝利用価値〟の源泉は何か。ひと言でいえば、飛鳥・奈良・平安時代を通じて六百年もの長期にわたり、国家統治の頂点に立ち続けるなかで「天皇」という地位に凝縮された〝神格化された権威〟、それが価値の源泉でした。

　武家の権力は、源氏から北条、足利、織田、豊臣、そして徳川と移り代わってきましたが、どの権力も政権を奪取した段階では、単独で天下を支配できるような圧倒的な力は持ち得ていませんでした。したがって、その支配的立場を確立するためには、〝正統性〟の獲得による補強が必要だったのです。その〝正統性〟を与えてくれたのが、天皇の神格化された伝統的権威でした。

　南北朝の動乱とそれに続く室町時代を除けば、鎌倉、戦国、江戸時代を通じて、武家の権力は、濃淡の差や態様の違いこそあれ、この天皇の神格化された権威を巧みに利用したのです。


　こうして時の政治権力によってその神格的権威を利用されることで命脈を保ってきた天皇制は、さらにこの後、引きつづく歴史過程――幕末・維新の変革のなかで、これまでの封建勢力に代わって政権をになうことになる新しい政治集団によって、またしても政治的に〝利用〟されることになります。ただしその利用の仕方は、それまでのたんなる権威付けや正統性の保証といった単純で副次的な利用ではなく、新たに構築する国家体制の支柱に据えつけるという、新しい国家像そのものにかかわる利用の仕方だったのでした。

Ⅳ

幕末の動乱と天皇（制）復権への道程《プロセス》

一九世紀の後半に入り、日本は激動期に突入します。幕末・維新の動乱です。徳川幕府の統制の下、全国が二八〇の藩（「くに」）に分割・分権されていた「幕藩体制」が揺らぎ、崩壊して、全国が一つの政府によって直接統治される「中央集権国家」へと転換してゆくのです。ここで近世が終わり、近代が始まります。

その大変革のなかで、ナショナリズムがどのような形をとって現われ、どう時代を突き動かしていったのかをこの章では見てゆくのですが、「尊王攘夷」の嵐が巻き起こる、その前段として、これまでは政治的に〝仮死状態〟にあった天皇・朝廷が徐々に身を起こして自己主張しはじめる過程から見ていきます。

1　光格天皇の登場と「尊王」意識の高まり

❖焼失した御所の再建問題と「尊号一件」

まだ一八世紀半ばのことです。一七五七年、若い桃園天皇（第一一六代）に対し、権大納言ら一部の公家が『日本書紀』の神代の巻（叙述は漢文）を進講して、上役の関白から制止されます。「禁中並公家諸法度《しょはっと》」の第一条で、天皇の第一の役目は「学問につとめること」と定められていましたが、その学問とは中国の古典を読むことで、『日本書紀』を読むことは禁じられていたのです。

『日本書紀』はI章で見たように、『古事記』と同様、天皇家の発祥・来歴を記したものです。その『日本書紀』を子孫である天皇が読むのを禁止していたというのですから奇妙な話ですが、幕府は恐らく、天皇が同書によって自己の神的権威性にめざめ、国の本来の統治者としての自覚を深めることを恐れたのでしょう。

関白からとがめられて、公家らはいったん進講をやめますが、天皇自身の希望もあって、翌五八年、再開します。これを知って、幕府から公家たちの管理責任を負わされている関白の近衛はじめ五摂家の大臣たちは、その公家たちに対しきびしい処分をもってのぞみます。なんと、二七人の公家を処罰したのです。宝暦八年に起こったので、「宝暦事件」と呼ばれます。

本居宣長が『古事記』に取り組むのはこれよりもう少し後になりますが、賀茂真淵が国学の基礎を築きつつあったこの時期、少壮公家たちの間に天皇家の歴史を述べた『日本書紀』に対する関心が高まり、桃園天皇もまだハイティーンだったとはいえ自己のルーツを知ろうとしたことには、時代の変化が投影されていたように思われます。

一七六二年、その桃園天皇が亡くなります。二二歳の若さでした。皇子の英仁親王はまだ四歳です。そこで幕府に相談した上で、桃園の姉の智子内親王を中継ぎに立て、ここに後桜町《ごさくらまち》天皇が登

【江戸時代の天皇系図】

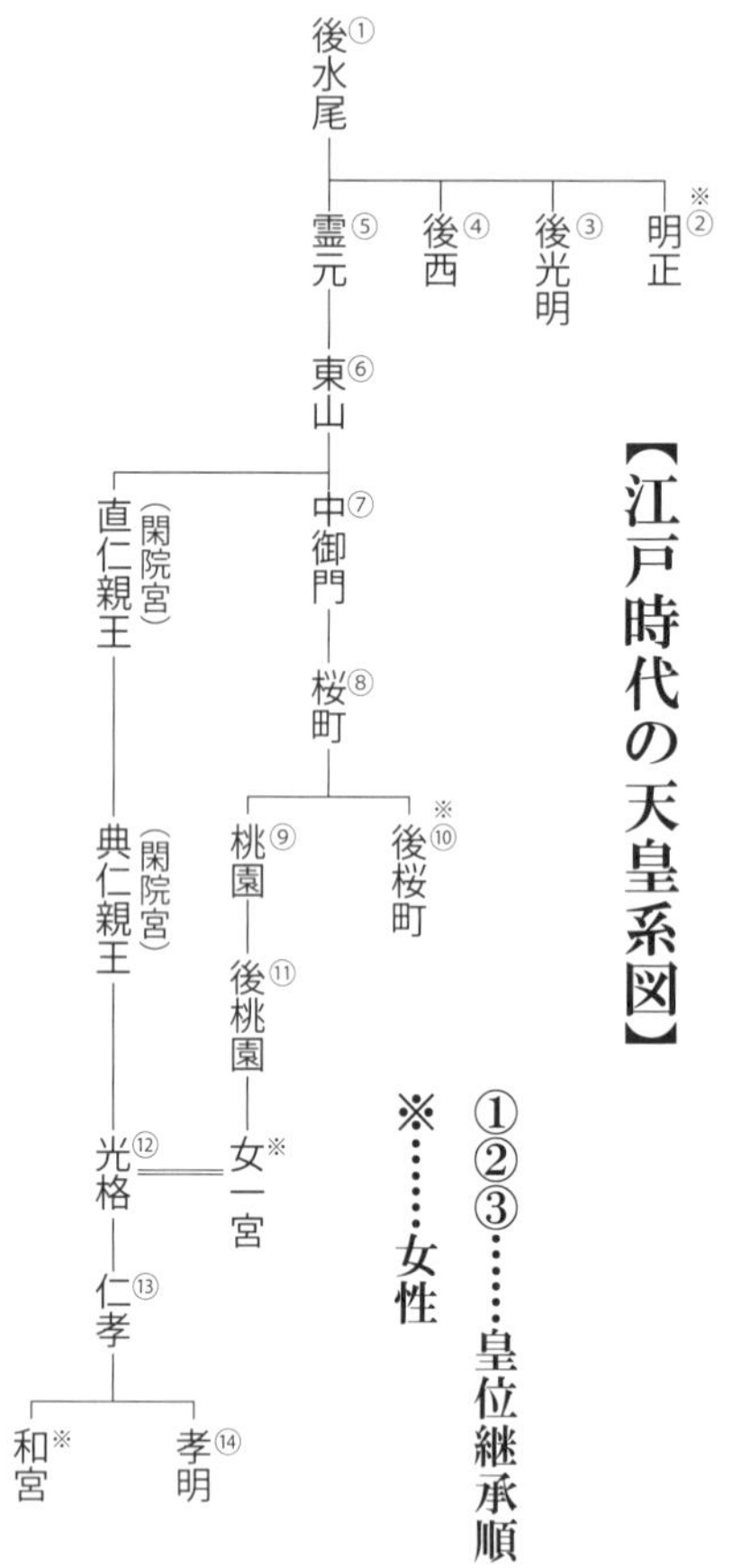

場します。これが最後の女帝となります。

一七七〇年、英仁親王が元服の年齢に達したので、後桜町天皇は譲位し、後桃園天皇が即位します。ところが一七七九年、その後桃園天皇が、父と同じ二二歳の若さで世を去ってしまうのです。後には、生後九カ月の女一宮が残されているばかりです。天皇家の直系はここでまたも絶たれてしまいました。

弱った朝廷は、幕府にうかがいを立てます。その結果、三代ほどさかのぼり（系図参照）、閑院《かんいんの》宮《みや》家の六男でまだ八歳の祐宮を次の天皇に立てることにしたのです。のちの光格天皇です。

この閑院宮家というのは、徳川家に御三家があるように天皇家にも世襲を補強するためもうけられていた三つの宮家（伏見宮、京極〈桂〉宮、有栖川宮家）に加え、一七一〇年、新井白石の提言で創設された四つ目の宮家です。したがって最も新しい宮家ですが、その宮家の幼い男の子が、後桃園天皇の養子となる形で皇統を継ぎ、第一一九代の光格天皇となったのです。

光格天皇が即位して九年目の一七八八（天明八）年、京都は大火に見舞われます。応仁の乱以来といわれるこの大惨事の中、都心にあった御所も焼け落ちてしまいました。

この御所の再建にあたって、幕府側の責任者となったのが老中の松平定信でした。その松平に対し、まだ一六歳だった光格天皇を中心とする朝廷側が、新しい御所はできる限り平安時代の御所を再現するものにしたい、とくに紫宸殿《ししいでん》と清涼殿《せいりょうでん》は完全に昔と同じ形に復元したい、と精密な考証図を示して要求したのです。

しかし当時は、天明の大飢饉によって日本中が打ちのめされ、そのうえ関東では浅間山の大噴火があり、それに江戸の洪水も加わって、幕府は未曾有の財政難に陥っていました。幕府が、御所造営は焼ける前の状態、それもできるだけ簡素なものにしたいと考えたのは当然です。そのため松平はみずから京都へ出向き、全力で関白の鷹司輔平《たかつかさすけひら》を説得したのでした。

しかし結局は、その説得は不成功に終わりました。経済的・社会的危機がうずまく中、幕府として最低限の威光は保たねば、という思惑もあって、平安時代どおりの御所を復元したいという朝廷側の要求を容認したのです。江戸時代初期の「紫衣《しえ》事件」（本書二七一頁）以来一六〇年ぶりに朝廷側が幕府に抵抗し、しかも〝勝利〟したのです。

これに気をよくした天皇・朝廷側は、一七八九年、続いてさらに幕府に対し新たな要望を申し出ます。光格天皇の実父である閑院宮典仁《すけひと》親王に対し「太上《だいじょう》天皇」の尊号を呈する（天皇が宣下する）ことを認めてほしい、というのです。

太上天皇（略して上皇）の号は、天皇が皇位を譲ったあとに名乗る号です。光格天皇は先に述べたような事情で後桃園天皇の逝去のあと急きょ天皇家の養子に入ったのですから、父の閑院宮は親王のままです。

「禁中並公家諸法度」の第二条は宮中の序列を決めた条項ですが、そこでは親王は「三公（太政、左、右大臣）の下」とされています。したがって、座席も大臣の下座《しもざ》になります。老いた閑院宮が、天皇の父でありながら、臣下である大臣の下座にすわっているのを見るのは忍びない、というわけで、閑院宮に太上天皇の尊号を宣下することを認めてほしい、と幕府に申し出たわけです。

しかし松平定信は、これを拒絶しました。太上天皇号はあくまで天皇位に就いた後に冠せられるものだ、という原則論ではねつけたのです。ただし、その気持ちは分かる、というので閑院宮典仁親王の一代に限り家領の一千石を三千石に加増しようという妥協案を示しますが、これは朝廷側が拒否しました。

天皇と幕府の板ばさみとなった鷹司輔平は、関白を辞任します。あわせて武家伝奏《てんそう》の一人も辞職しました。この交代を機に、朝廷の中に反幕府の気配が強まります。そこで天皇は、参議以上の官職の経験者を含む公家四一人に対し、この問題について意見を問うのです。その結果は、尊号の宣下に賛成が三六人、反対はわずかに五人でした。

この結果は、幕府に伝えられます。それに対し幕府が回答を保留していたところ、しびれを切らした朝廷側は、一七九二年9月、幕府の回答いかんにかかわらず、尊号宣下を強行することを決定します。重要な事項については幕府の意向をうかがって決める、というこれまでの朝幕間の鉄則を、朝廷は破ったのです。

当然、幕府は許しません。翌月、松平定信は尊号宣下を否認し、公家側の中心人物だった武家伝奏の正親町《おおぎまち》公明と議奏の中山愛親の二人を江戸に呼びつけ問いただします。その結果、武家伝奏と議奏の全員に対し、「閉門」以下の処分を下したのでした。

「尊号一件」と呼ばれるこの事件は、こうして御所再建のときとは逆に、幕府側の強権によって朝廷側の要望がはねつけられる結果に終わりました。しかし、朝幕間の関係が変わってきつつあることは、ここからも明らかに見て取れます。とくに注目されるのは、従来は関白と大臣、武家伝奏、議奏の一〇名あまりだけで物事を決めていたのに、今回は四一人もの公家に意見を聞いたことです。やがて、維新の動乱の中で実に八八名もの公家が一体となって要求を突きつける事態が生じます。「列参」といいますが、そうした公家の集団行動の兆しを早くもここに見ることができるようにも思われます。

❖民衆にとっての天皇――江戸と京都

では、民衆一般にとっての天皇はどうだったのでしょうか。

まず、将軍のお膝元だった江戸ですが、京都の御所を一歩も出ることがなく、民衆にとってその存在の気配すら感じ取れなかった天皇の像は、江戸の庶民にとってはリアリティーを欠いた奇妙なものとなります。

吉田孝氏は『歴史のなかの天皇』（岩波新書、二〇〇六年）で、「中世の能の天皇はおもに子役が演じたが、近世の歌舞伎の天皇は、しばしば道化方によって演ぜられ、とくに江戸では民衆の笑いの対象となった」と書いて、その具体例をこう紹介しています。

「江戸の中村座の『艤貢太平記』で、後醍醐天皇に扮した道化方は、鬚ぼうぼうのどてら姿で、綿舟に助けられて隠岐島を脱出し、大坂住吉の浜に着く。空腹にたえかねて綿俵のなかからぬっとあらわれ、船頭の飯を盗んで食う仕草で大いに笑わせた、とつたえる。」

江戸の民衆にとっての天皇は、こういう自分たちとは無縁の迂遠なものだったようですが、しかし天皇・朝廷の地元である京都では違いました。一七八七年は天明大飢饉のさなかですが、六月から九月にかけ、とつじょ「千度参り」が発生します。周囲一・三キロの御所の築地塀《ついじ》の周りを、人々が願《がん》をかけながらぞろぞろと廻ったのです。多いときは一日に七万人が歩いたといいます。

どうしてこのような行動が現れたのか。近世史家・藤田覚氏は著書『幕末の天皇』（講談社、一九九四年）の中でこう説き明かしています。

「米価が高騰し、餓死者もたくさん出るというきわめて困難な事態に直面した人々は、米価の引き下げ、飢人の救済を京都所司代や京都町奉行所に繰り返し嘆願した。ところが、京都の市政を担当する幕府諸役所は、いっこうに有効な対策をとらなかった。

もはや町奉行所に頼んでもラチがあかないと悟った人々は、御所千度参りというかたちで天皇に救済を祈願し訴えたのである。政治的行動が、御所千度参りという宗教的ベールをかけられて行なわれたともいえよう。大飢饉という未曾有の深刻な社会不安に直面し、その打開のために天皇・朝廷に対する民衆の漠然とした期待感が、表出した行動と理解できる。」

このような解釈を示した後、藤田氏は次のように結論的に述べています。

「いずれにしても、京都とその近国だけの出来事ではあるが、少なくともこの地域での天皇の権威はいやがうえにも高まったことであろう。それとは反対に……幕府の御威光、権威はガタ落ちとなっていった。」

幕末の動乱を迎えるまでにはまだ半世紀以上の間があります。しかし江戸時代に入って二百年近くが経過するうちに、あれほど絶対的に見えた幕府と朝廷の力関係にもひびが入りはじめたのです。加えて来航する外国船の頻度が増すにつれ対外的危機意識が深まっていきます。

その危機意識の裏返しとして、外国に対抗し得る自分たちの国・日本とはどういう国なのか、という自己の存在の根幹にかかわる問題が問い返され、その追求のなかで国家的・民族的アイデンティティーの核心としての天皇の存在が〝発見〟され、それが先にⅡ章で述べたように、国学や水戸学により思想化（イデオロギー化）されて、自国の行方について危機意識を抱く人たちの間に、ナショナリズムの核としての「尊皇」意識が喚起されていったのです。

2　ペリー艦隊来航から開国まで

❖来航前の入念な調査・研究

一八五三年6月、アメリカ東インド艦隊司令長官ペリーが、将軍宛の大統領の親書をたずさえ、四隻からなる艦隊を率いて、突如、江戸湾（東京湾）の玄関口である浦賀に現われます。

日本側が不意を突かれた驚きから、ペリー艦隊は長崎ではなくいきなり浦賀に来て、強引に鎖国のドアをたたいたと思われがちですが、アメリカ側は実は入念な準備をして日本にやってきたのでした。それは『ペルリ提督　日本遠征記』（土屋喬雄・玉城肇訳、岩波文庫）を見るとすぐにわかります。これは文庫で4冊からなる大著ですが、その第1巻三六〇ページの前半二〇〇ページは、日本に関する事前の調査・研究の成果が述べられているのです。

その内容は、まず「日本」という名称の由来から始まって、領域、地理、民族の起源、政府、宗教、次いでこれまでの欧州各国の日本との関係が述べられ、最後は日本における産業技術の進歩と文明程度、文学および美術、自然産物について述べられています。いわば、当時の最新の知識を集めた日本百科全書ともいえる内容です。

このうち欧州各国の日本との関係は、古い順にポルトガル、オランダ、イギリス、ロシア、そしてアメリカについて述べられますが、興味を引かれるのは、江戸湾に入り込んだ先例について述べているところです。一八一八年、イギリス海軍の六五トンの小船が江戸湾に入りますが、たちまち数多くの小舟に取り囲まれ、舵を取り外された上、武器・弾薬を陸揚げされたのです。次に一八四九年、イギリス軍艦マリーナー号が江戸湾に入りますが、浦賀より先には進めなかったと述べられます。

最後はアメリカです。一八三七年、遭難漂着した日本人を載せて、アメリカ商船モリソン号が江戸湾に入りました。そのさい同船は平和目的を示すため銃砲と装甲を取り外していました。公式の訪問者によってそのことが報告された翌朝、同船は砲撃を受け、あわてて抜錨し、次に鹿児島に向かいますが、ここでも砲撃を浴び、遭難日本人を戻せないまま日本を離れたのでした。

次に一八四六年、こんどは通商を求めてビッドル提督の指揮する二隻の軍艦、コロンブス号とヴィンセンス号がアメリカ政府によって日本へ派遣されます。しかし江戸湾に入ると、今回も無数の防備船によって包囲されます。二隻は一〇日間も停泊しますが、乗組員は一人も上陸できず、通商要求に対する幕府の回答も「オランダを除く如何なる外国民に対しても通商を許し得ず」というそっけないものでした。

こういう経緯があって、三度目の今回、ペリー艦隊は十分な調査と準備を重ねた上、江戸湾に姿を現わしたのです。したがって当時すでに六〇歳のペリーには、七年前のような失敗は絶対に繰り返さないという断固たる決意があったはずです。

❖ 黒船への民衆の「恐怖心」と「好奇心」

では、そのペリー艦隊を、日本側はどう迎えたのか。かつては（あるいは今も）、幕府はただあわてふためき、黒船に威圧され、ペリー提督の要求に屈したととらえられているようです。以下の記述では芝原拓自氏の『開国』（小学館「日本の歴史　23」一九七五年）を大いに参考にさせていただきましたが、芝原氏もこの本では吉田松陰の「幕吏腰脱、賊徒胆驕、国体を失い候こと千百かぞうべからず」という言葉を引かれた後、こう書かれています。

「たしかに、ペリーの威嚇に屈して国書を受理するまでのいきさつは、それ自体が幕府への信頼感を傷つける失態の一語につきる。それはまったく、無準備のままに偸安をむさぼっていた為政者のしぐさにみえた。」

実際はどうだったのでしょうか。以下、先のペリー艦隊の公式記録である『日本遠征記』の記述を中心に、見ていきます。

まずペリー艦隊の陣容ですが、それは日本に現われた最初の外輪式蒸気船でした。フリゲート艦サスケハナ号と同ミシシッピー号です（他の二隻は帆船）。風にさからっても疾走する上に、その船体は巨大でした。日本の大型和船である千石船が一〇〇トンからせいぜい一五〇トンなのに対し、サスケハナ号は二四五〇トンで一五倍以上もあり、乗組員も千石船の二〇人に対しやはりその一五倍、三〇〇人の水兵や海兵隊員を乗せていたのです。

では、そのような巨大な軍艦からなる異国の艦隊が、突如、江戸湾に姿を見せたのに対し、民衆はどう反応したのでしょうか。

当時、陸奥国伊達郡に菅野八郎という富農がいました。百姓出身の憂国の活動家として生涯をつらぬいた人物です。一八五四年の正月、三度にわたって夢に現われた老人から異国の侵略による亡国の危機を告げられた八郎は、神奈川へ行き、来航したペリー艦隊を自分の目で確かめますが、そのときの状況を、こう書きとめています（前掲、芝原氏『開国』から）。

「二月十一日（旧暦。陽暦では3月8日）、金川（神奈川）へゆきて見るに、山のごとき異船八艦あり。いずれも帆柱三本ずつ、その帆柱の高きこと近海岸の山よりよほど高うして、空をつらぬくかとうたがわれ、大砲を打ち放すことたびたびなり。その音天つ地にひびき、百雷のげきするごとくにして、近辺の老児は家外に出ることかなわず、家の内にひれふして、むしろをつかむ老人、へそをかかえる児あり、耳をふさぐ女子もあり。」

ペリー艦隊の軍艦の巨大さに圧倒され、初めて聞く大砲の轟音に腰を抜かし、おののく人々の様子が目に浮かぶようです。
このとき八郎が目撃したのは、前年7月に大統領の親書を幕府に手渡して、いったん日本を去ったペリーが、その回答を得るため、五四年1月、横浜に戻ってきたさいの艦隊です。したがって、軍艦の数は八隻となっています。
用意された将軍からの回答書を受け渡すための特別の建物が、近隣の大工を総動員して一週間で急造されます。3月8日、会談の当日、幕府側は通例そうしているように会場となる建物の周囲を幔幕《まんまく》で囲みます。先に紹介した『遠征記』によると、旗艦ボウハタン号の上からそれを見たペリー長官は、士官を派遣し、その幔幕を取り払わない限り上陸しないと伝え、取り外させたそうです。これにより、人々は会談の会場に入るペリー長官はじめ異国の士官、水兵たちの姿をその目で見ることができたのです。『遠征記』を引用します。

「付近の町や村から人々が群れ集まり、強い好奇心を抱いて海岸に在る大きい広場の両側に群がっていた。その広場には柵があって、何人《なんぴと》も闖入《ちんにゅう》できぬようにされ、見物は一人もその中に入ることを許されなかった。二、三人の役人が、あるときは労働者を指図し、あるときは日本人の群集を静めながら、あちこちと忙しく動いているのが見えた。」

この群衆の中に、菅野八郎もいたのです。大砲は、長官が艦からカッターに乗り移るさい、一七発の礼砲が発射され、上陸して会場に入るさいに、榴弾砲で二一発、次いで幕府側の代表・林大学頭《だいがくのかみ》のために三度目、一七発の礼砲が撃ち放たれ、その雷鳴のようにとどろく轟音によって、女性たちや子ども、年寄りたちを震え上がらせたのでした。

ここには、同じ日本の民衆の、二つの姿が述べられています。一つは、黒船の巨大さに威圧され、初めて聞く大砲の轟音にちぢみ上がっている民衆の姿です。そんなに恐ろしいのだから、山の中にでも逃げ込むか、あるいは家に閉じこもっているのかと思うと、実はそうではなく、怖いもの見たさの好奇心に駆られて、異国の軍人・兵隊たちを見物するためにぞくぞくと集まってきたのです。

ひと口に民衆と言っても人はそれぞれに違いありませんが、民衆のもつこうした二面性に、幕末・維新の動乱を見るさいも目を留めておく必要があるのではないかと思います。つまり、「鎖国」と「開国」の間で、民衆もまた大きく揺れていたはずです。

❖浦賀奉行与力の知的好奇心と交渉力

ところで、好奇心といえば、『遠征記』に登場する浦賀奉行の与力《よりき》（奉行を補佐する上級官僚）香山栄左衛門はめざましい知的好奇心を発揮します。

最初に浦賀沖に現われたサスケハナ号に乗り込んだのは、同じ与力の中島三郎助でした。彼は浦賀副奉行だと名乗りますが、ペリーは浦賀の最高位者、つまり奉行としか交渉はできないと突っぱねます。そこで三郎助は、では明日、奉行に来てもらいます、と言って帰ります。

そして翌日、オランダ語のできる通訳・堀達之助を連れてやってきたのが香山栄左衛門でした。当時、三二歳です。以後、奉行だと詐称して、アメリカ側の三人の士官（サスケハナ号とミシシッピー号の艦長である中佐二人と大尉一人）としたたかな交渉をつづけます。

交渉の主題は、大統領の将軍あての親書をどこで受け取るかということでした。栄左衛門は、従来の規則どおり対外関係の窓口である長崎でしか受け取れないから長崎へ回航してもらいたい、と伝えます。それに対しペリー側は、親書は江戸の将軍宛のものだから、現在停泊しているこの江戸の近くで手交したいと主張して譲りません。幾日もかけた交渉のすえ、結局、浦賀よりやや南の久里浜で受け取るということで妥協が成立しました（現在そこにはペリー提督上陸を記念した大きな碑が建っています）。

交渉成立の後、もう一人の通訳を加えた日本側の三人は、アメリカ側から飲食の供応を受けますが、そのときの模様を叙述した文章を、再度、『遠征記』から引用します。多少長くなりますが、実に興味深い叙述です。


「香山栄左衛門とその随員たちはきわめて上機嫌らしく、サスクエハンナ号の士官らの供した歓待に快く甘えて、きわめて立派な教養を示す洗練された態度でそれを受け、それに答えたのであった。主人側の歓待をうける時には自由に飲み食い、饗応の一部をなしていたウイスキーとブランデーとが特に好きらしかったと言ってもいいだろう。奉行は特に外国製のリキュールが好物らしく、ことにそれに砂糖を混ぜたのを賞味し、大きく舌鼓を打ちながら一滴も残さず飲み干したほどであった。」

「彼らの知識や常識も、その高尚な態度や温厚な物腰に比して決して劣らぬものであった。彼らはただに上品であったばかりではなく、その教育も悪くはなかった。和蘭語、支那語、および日本語に堪能だったからであり、また科学上の一般原理と世界地理上の諸事実にも無知ではなかったからである。地球儀を面前に置いて、それに書いてある合衆国の地図に注意を促すと、すぐさまワシントンとニューヨークに指を置いた。あたかも一方がわが国の首府にして、他方が商業の中心地であることを知悉しているかのごとくであった。彼らはまた、同じような素早さで、イギリス、フランス、デンマークその他のヨーロッパ諸王国をも指摘したのであった。」

「彼らは艦内各種の装置全部に対して理知的な興味を抱き、大砲を観察して、それは『ペーザン』型であると正確に語ったのであったが、完備した蒸気船内にある驚異すべき技術と機構とをはじめて見た人々から当然期待される驚愕の態度を少しも現わさなかった。(蒸気)汽罐は彼らにとって明らかに大きい興味の対象であったが、通訳たちの言葉を聞くと、汽罐の原理については全く無知ではないことがわかった。」

「奉行の訪問は夜まで長引いてしまって、別れを告げたのは七時になってからであった。そのとき奉行と通訳らはいつものようにしとやかに礼儀正しく、一歩ごとにお辞儀をしながら、愛嬌のある中にも威厳を失わない態度で、微笑しながら退艦したのであった。」

香山栄左衛門については、彼が「奉行」を詐称したことなどいろんな評価があるようです。しかしこのあと、久里浜の儀式会場で、ほんものの浦賀奉行・戸田伊豆守は、幕府の全権大使として、ペリーから大統領親書を受け取るのです。奉行、与力、それぞれ臨機応変に能力に応じて役割を果たしたということでしょう。

先にも述べたように、このとき香山栄左衛門は三二歳です。この年齢で、強大な異国の代表と対等に向き合い、したたかに交渉し、かつ接待の席で生まれて初めて見る料理や飲み物を前にしても、いささかも臆することなく活発に飲み食い、闊達に応答して、先方からあのような高い評価を得たのです。

彼らが、欧米の文明や世界地理に関して相当の知識を得ていたことは、先にⅡ章で紹介した竹尾正胤《まさたね》の「大帝国論」からも類推できます。西洋諸国の地理や歴史、世界情勢などについて解説した本は、翻訳本も含めかなりの数が出版されており、当時の知識人たちはそれらを読んで学んでいたのです（漢文が読める彼らは中国で出版された本も読むことができました）。

当時の幕府の老中首座は阿部正弘でしたが、幕府にも当然、香山栄左衛門にみるような開明的な役人たちがおり、彼らが抜擢されて対外交渉の現場に立ったのです。川路聖謨《としあきら》（後の対露交渉全権）、水野忠徳《ただのり》（後の対英・対仏交渉全権）、岩瀬忠震《ただなり》（後の対米通商条約全権）、勝麟太郎（海舟）などです。

❖日米和親条約による「開国」

さて、では、アメリカが要求した条約の内容は、どういうものだったのでしょうか。大統領の親書といっしょに日本側へ渡されたペリーの覚書がコンパクトに述べています。

ペリーはまず、世界は抗争と戦争を避けるために条約を必要としており、各国の平和と繁栄を維持するためにはそれを順守することが重要で、このような条約なしには西洋諸国は友好を保つことはできない、と述べた上で、次のようなことを要求します。

① 不幸にしてアメリカ船が遭難し、乗組員が貴国の海岸に打ち上げられたときには救助をお願いしたい。

② 食糧について、新鮮な肉や野菜が、購入できればありがたい（代金は要求どおりに支払う）。

③ もちろん、薪水《しんすい》、石炭の提供もお願いしたい。

④ 乗組員の健康上、陸上で運動ができることが望ましい。そのための上陸地と範囲、交通について何らかの取り決めがなされることを望む。

⑤ 通商についてもわれわれが中国との間で締結しているような条約が結ばれることを期待する。

現代の私たちから見ても、⑤を別にすれば、しごくもっともな要求です。林大学頭を全権代表とする幕府の最初の回答も、次のようなものでした。

わが国の沿岸で遭難難破した船舶に救助保護を与えること、また必要とする船舶に食料品その他の必要なものを供給し、石炭も九州地方で産出するので、それらを供給することの①～③については、正当な理由にもとづくものであるから、躊躇なく許容しないわけにはいかない。

しかし、貴国が中国と結んでいる通商条約に関しては、わが方が長く守ってきた国法をただちに変更して他国のようにすることは困難である――。

この後も交渉がつづき、結局、右の三点に加えて、日本側は伊豆半島の下田と北海道の函館の二港を開港し、あわせて通商条約の交渉のため、領事一名を下田に常駐させるということで交渉が成立、3月3日、日米和親条約が締結されたのでした。

これをきっかけに、ヨーロッパ諸国との和親条約が次々と結ばれていきます。

一八五四年8月　日英和親条約
〃　12月　日露和親条約
一八五五年12月　日蘭和親条約

こうしてペリー艦隊の訪日は所期の目的を達し、その間、大がかりなプレゼントの交換、そしてこれも大がかりな相互レセプションがあり、その米側の艦上レセプションでは、七〇人を下らない日本側訪問団は提供された洋食に対し猛烈な食欲を発揮し、シャンペンやワインを大いに飲み、かつ軍楽隊の音楽にも負けない歓声を発し続けたといいます。

『遠征記』はこうした日米交歓の情景もあまさず叙述した後、その交渉の成果をこう総括しています。最後の引用です。

「日本は西洋諸国家のために開国された。……日本に対して、諸国民との接触によって日本の利益が促進されることを示すのは、これらの諸国民の任務である。また今後、日本の偏見が次第に消失するにしたがって、わが国自身の利益のみならず、ヨーロッパ諸国全部の利益のため、日本の進歩のため……よりますます自由な通商条約の協商を見るだろうと待望してもよいだろうと思う。キリスト教諸国が、いま日本に強制して、不愉快にして非進歩的、かつ不自然な孤立状態に後戻りさせるのは不快な不名誉であろう。」

多分に自画自賛的ではありますが、しかし客観的に見て、鎖国政策が「不愉快にして非進歩的」であり、開国が世界の趨勢であって、歴史の必然であったことはこの通りでしょう。ところがこの後、和親条約につづく通商条約の締結の後、日本国内には開国への強烈な反発が巻き起こるのです。

❖日米通商条約の締結

和親条約での約束どおり、一八五六年7月、米国初代駐日総領事として、タウンゼント・ハリスが下田に着任、通商条約の交渉に入る手はじめとして、江戸での将軍への謁見を求めます。幕府側はしぶりますが、ハリスは外交官の元首謁見は国際的慣行だと主張し、拒否されるのなら「軍艦で行く」と迫ります。

結局、幕府側が折れ、10月、ハリスは江戸に行き、将軍・家定に謁見した後、老中首座・堀田正睦《まさよし》を訪問して二時間にわたる長広舌を振るいます。その内容は、幕府の「対話書」に詳細に記録されました。

全部で一七三項目にもわたるその中身を、勘定奉行の川路聖謨や水野忠徳らはこれまで幕府が蒐集してきた情報（文献）と突き合わせて分析、ハリス演説のウソやハッタリを見つけ出します。たとえばハリスが、アメリカはイギリスやフランスがロシアと戦ったクリミヤ戦争にも参加しなかった〝平和国家〟だと述べたのに対し、事実はアメリカがメキシコと戦争してカリフォルニアやニューメキシコを奪ったことを指摘し、またアメリカはアヘンについては手を汚していないと言ったのに対し、実際はトルコアヘンを毎年、大量に中国に運び込んでいる事実を暴露したのでした。

「対話書」と、それに関しての勘定奉行の上申書をしさいに検討した井上勝生氏は、こうしたことを紹介した上で、「典拠文献の史料編をも作成した勘定奉行の点検には、批判として妥当で、今日でも聞くべき点が多い」と評価しています（『開国と幕末変革』講談社「日本の歴史　18」二〇〇二年）。

交渉はしかし、このあとしばらく停滞状況がつづきます。幕府側には国内の合意を取り付ける必要がありましたし、ハリスの側も、英仏と中国との間に起こったアロー戦争（一八五六～六〇年）

の余波で軍艦をそちらの方に回されてしまい、力の外交を封じられてしまったからです。

翌五七年12月、ようやく交渉が始まります。始まるとあとは、ハリス側で条約草案を用意していたこともあって、激論を含みながらも急速に進展し、年末までに条約案がまとまります。

ポイントは、民間貿易のほか、外交官の常駐、アヘンの輸入禁止、新たに神奈川、長崎、新潟、兵庫の開港、江戸と大坂の開市、貨幣の同種・同量の交換、アメリカ人遊歩の範囲（一〇里＝約四〇キロメートル以内）などです。

このほかに、領事裁判権（治外法権）、協定関税率（関税自主権の放棄）、片務的（一方的）最恵国条項などがありましたが、これらは日本側の知識不足のためほとんど議論なくハリスの草案を認めてしまう結果となりました。この不平等条項を撤廃するため日本は以後の半世紀を費やすことになります。

条約案がまとまった後も、条約の成立まではすぐこの後に述べるような曲折がありますが、ともあれ翌五八年6月、日米修好通商条約は神奈川沖に浮かぶ、かつてのペリー艦隊の旗艦・ボウハタン号の艦上で調印されます。つづいて和親条約のときと同様、8月から9月初めにかけ、オランダ、イギリス、ロシア、フランスと修好通商条約を結んだのでした。

3　天皇復権への六つの段階（ステップ）

❖天皇復権へのスタート

時間は日米和親条約の時点に戻ります。

一八五三年7月、アメリカ大統領の国書を受け取った老中首座の阿部正弘（広島・福山藩主）は、全国の大名・旗本にその国書の訳文を送り、それに対する意見を求めます。幕府が広く大名たちの意見を求めるというのは、幕府始まって以来はじめてです。これは阿部政権が開明的だったこともありますが、やはり幕府権力が以前ほど絶対的でなくなっていたことを示すと考えていいでしょう。大名たちからは、当然ですが、大砲、軍艦の製造をはじめ防備体制の強化を求める意見が寄せられました。

大名たちへの諮問とあわせ、幕府は朝廷に対しても、大統領国書の訳文を添えて、状況を報告しました。これも幕府始まって以来はじめてのことです。

次いで幕府は、大名の一部に突き上げられ、朝廷から各地の寺院に対し、大砲に改鋳するため各寺の梵鐘《ぼんしょう》（釣り鐘《がね》）を供出するよう命じることを求めます。朝廷は逡巡しますが、ついに五四年12月、全国の寺院に対し、梵鐘を溶かして大砲や小銃に造りかえよ、との太政官符を下しました。

幕府による統治の下、京都の御所の中には一応、関白や大臣、参議などで構成される「政府」（太政官）が存在していました。しかしそれは形だけの政府で、いわば〝陽炎《かげろう》の政府〟でした。その〝陽炎の政府〟がここへきて突如、現実に拘束力をもつ行政命令を発したのです。

これが、幕末の動乱の中、天皇・朝廷が政治的によみがえってゆく第一歩（第一ステップ）となりました。

老中首座・阿部正弘は海軍伝習所の開設など陸海軍の洋式化をすすめ、洋学所（のちに蕃書調所から洋書調所に）を設立するなど近代化にとりくみますが、五五年10月、老中首座を同じ開明派の堀田正睦《まさよし》（千葉・佐倉藩主）に譲って引退します。

堀田は先に述べたように通商条約の締結をめぐってハリスとの間で綱引きをつづけますが、ハリスと接触しはじめてからまもない五七年11月初め、前記のハリスの長広舌の訳文を添えて意見を求めます。つづいて同月半ば、阿部老中のときにならって大名たちに意見を求め、さらに翌12月半ばには条約の草案とこれも前述の「対話集」を添えて大名たちに三度目の諮問を行ないます。つまり、日米交渉の経過と内容をしっかりと伝えたのです。

その結果、大名たちの大半の意見は「攘夷」から「消極的な受け入れ」、つまり通商条約の締結は避けられない、やむを得ないという意見に変わっていました。

こうして、おおかたの大名の開国への合意を取り付けた堀田は、翌五八年1月、ハリスとの交渉を担当した川路聖謨《としあきら》と岩瀬忠震《ただなり》をともない京都へ向かいます。「国の総意」という形をととのえ、攘夷論を完封するため、天皇の承認（勅許）を得ようと考えたのです。十分な成算があってのことでした。

ところが案に相違して、孝明《こうめい》天皇は条約の承認を拒否したのです。これが天皇復権の第二段階《ステップ》であり、幕末動乱の直接の出発点となりました。孝明天皇、満二六歳のときです。

❖平《ひら》公家たちによる強訴「列参」

天皇に最も近い公家は関白です。その役職名のとおりすべての政務に「関り白す《あずかもう》」のが役目だからです。この関白を務めたあとに就く地位が（秀吉が使用した）太閤です。このとき太閤だったのが、先に述べた「尊号一件」を引き起こした光格天皇の時代から仁孝《にんこう》天皇をへて孝明天皇の初期まで、三代にわたって関白を務めた鷹司政通《たかつかさまさみち》太閤でした。この大ベテラン公卿に対して若い孝明天皇は頭が上がらず、どうしても会わなければならないときは、現関白の九条尚忠《ひさただ》に同席を頼んだほどだったといいます。

この鷹司太閤も、そして九条関白も、条約承認で幕府に同調していました。攘夷論者でありながらこの二人に説得された天皇は、他の摂家である近衛らに反論への加勢を頼みますが、彼らもしり込みします。孤立した天皇に、九条関白は「条約の件は幕府に任せる」ほかありませんと説得し、そのための委任状の案文を作成します。

追いつめられた天皇は、最後の抵抗として九条関白に対し、その案文を他の参議以上の公家たちに見せるよう指示します。その結果、一二人の上級公家による案文修正の意見書が提出され、続いてなんと八八人もの平公家《ひら》が御所に参内《さんだい》し、案文反対、幕府への全権委任反対の「列参」、つまり強訴《ごうそ》を行なったのです。当時の平公家は一二八家ですから、実にその三分の二がこの「列参」に加わったのでした。六六年前の「尊号一件」のときの「列参」が、規模を大きくしてここに再現されたのです。これら公家たちは、梁川星巌《せいがん》、梅田雲浜《うんぴん》、頼《らい》三樹三郎といった〝勤王の志士〟たちに熱烈な尊王論、攘夷論を吹き込まれていたのでした。

こうして事態は逆転、朝廷の意思は、通商条約締結では「国威が立ちがたい」、したがって条約拒否となったのです。

まだ京都に滞在していた堀田は、この返答を幕府との連絡役の議奏《ぎそう》から手渡されます。思いもかけなかった返答に堀田は驚き、議奏に対して、これでもしアメリカと戦争になったら天皇はどうされるつもりか、と尋ねます。返ってきたのは、そのときは天皇は「是非なき儀と思し召しそうろう」という返事でした。それを聞いて堀田は、朝廷は「正気の沙汰とは存じられず」と江戸の老中に書き送ったとのことです。

以上の朝廷劇の経過は前掲の井上勝生氏の『開国と幕末変革』にもとづくものですが、これを総括して、井上氏はこう述べています。

「『維新史』(引用者注・第二次大戦前に文部省維新史料編纂会がまとめた大著)以来、軟弱、卑屈な幕府外交、それに対して大名たちの世論をうけて断固反対を貫いた正論の朝廷・天皇という構図で修好通商条約の承認問題は描かれてきたが、それはつくられた『物語』であり、事実に反して朝廷と天皇を称揚する皇国史観のフィクションにすぎない。」

❖「戊午《ぼご》の密勅」と「安政の大獄」

朝廷に対する条約承認問題でつまずいた堀田が江戸に戻った一八五八年4月下旬、突如、それまで無名だった井伊直弼《なおすけ》(彦根藩主)が老中の上に立つ「大老」に就任しました。川路聖謨など阿部老中や堀田老中に重用された開明派の幕臣たちは閑職に追いやられます。堀田は老中として残りますが、二カ月後に罷免されました。

ハリスは条約の早期調印を催促しますが、天皇の勅許が得られないままペンディング状態がつづきます。しかし、6月、米軍艦ミシシッピー号とボウハタン号が来航、同艦に乗って神奈川沖に現われたハリスに押し切られ、井伊大老もついに(勅命に反しての)「違勅」調印を承諾したのでした。

当時、条約問題とあわせて大問題となっていたのが、将軍の後継者問題でした。現将軍の家定は病弱で跡継ぎがなかったため、御三家と御三卿のうちから選ぶこととなり、紀州徳川家の慶福《よしとみ》(当時一三歳)と一橋家の慶喜《よしのぶ》(同二一歳。水戸の徳川斉昭《なりあき》の七男として生まれたが一〇歳のとき一橋家を相続した)が候補となっていましたが、慶福を推す譜代《ふだい》大名側(南紀派)と、慶喜を推す外様《とざま》大名側(一橋派)がせめぎ合っていたのです。

そうした中、大老となった井伊(譜代大名)は強権を発動して慶福を次期第一四代の将軍に決定してしまいます(慶福はこのあと家茂《いえもち》と改名、皇女・和宮《かずのみや》を正室に迎えることになります)。

こうした井伊の独断専行に対し、通商条約調印のすぐ後、水戸藩の前藩主で攘夷派の代表格である徳川斉昭《なりあき》、現藩主の慶篤《よしあつ》、尾張藩主の徳川慶勝《よしかつ》、越前藩主の松平慶永《よしなが》(御三卿の田安家の出身)らが事前の承認なしに江戸城に登城して井伊に面会、抗議します。しかし井伊は逆にこれを好機ととらえ、規則破りの行動を口実として、同年7月、これら徳川一族の重鎮たちに対し、なんと謹慎・隠居・地位剥奪の処分を下したのでした。井伊大老による恐怖政治の始まりです。

一方、「違勅」調印の知らせを受けて、孝明天皇は「心配歎痛、絶体絶命此時と悲歎無限」に痛憤し、怒りと嘆きで「譲位」するとまで言い出します。そしてついに、米につづき蘭、英、露、仏との条約調印が終わった8月、天皇は尊王攘夷の拠点である水戸藩に対し、「違勅」調印を強行した井伊直弼の排除、徳川斉昭の処分解除、一橋慶喜の擁立などを求めて立ち上がることを要請した「勅書」をひそかに送るのです。この一八五八年が干支《えと》で戊午《ぼご》(つちのえ・うま)の年だったので「戊午の密勅」と呼ばれます。

実際はこの密勅は水戸藩としての行動には移されませんでしたが、それにしても、今回はたんなる意思表示ではなく、水戸藩という武力集団に対して行動を呼びかけ、うながし、命じたのです。

これが、天皇の政治的復権の第三ステップでした。歴史家・大久保利謙氏はこれをさして朝廷の「宣戦布告」と表現したそうですが、これにより天皇・朝廷とそれを囲む公家集団が幕府に対抗する政治勢力として歴然と立ち現われたのです。

この密勅は、近衛家や鷹司家、三条家などからそれぞれ縁の深い有力大名のもとへ伝えられました。実際にそれに応じた大名はありませんでしたが、たとえば薩摩藩の元藩主・島津斉彬《なりあきら》の密命を受けて動いていた西郷隆盛は、井伊大老側の出方によっては水戸藩、尾張藩などと手を組んでの挙兵計画を立てていたようです。

こうした動きもあって、井伊政権はこの年の秋から翌五九年にかけ自分と対立する勢力や人物に対する大弾圧を強行します。「安政の大獄」です。

よく知られているように、五九年10月、吉田松陰、橋本左内など八名が打首、切腹、獄門に処せられたほか、遠島《えんとう》、追放になった者が続出しました。この章のはじめに紹介した菅野八郎もその中の一人です。

追及は公家にも及び、左大臣・近衛忠熙《ただひろ》と右大臣・鷹司輔熙《すけひろ》は辞職、太閤・鷹司政通ほか多数が出家や謹慎を命じられました。

井伊大老のこうした大弾圧に対し、水戸藩の尊王攘夷の過激派武士たちが、翌六〇年3月、雪の江戸城桜田門外で井伊大老を襲撃、暗殺したことは周知の通りです。以後、この国に、英米人への襲撃（夷人《いじん》斬り）を含め、テロリズムの嵐が吹き荒れることになります。

❖天皇・朝廷側、幕府より優位に立つ

大老・井伊直弼が暗殺された後、老中首座となったのは安藤信正（福島・平藩主）でした。安藤は井伊によって老中に取り立てられた人物です。当然、井伊への反発を背負っています。そこで阿部正弘とともに長く老中を務め、井伊によって老中から追われていた久世広周《くぜひろちか》（千葉・関宿藩主）に復帰をたのみ、久世に首座を譲って国内の融和をはかります。この久世・安藤政権がとった方針が、攘夷派を押さえ、政情を安定させるための「公武合体」路線でした。そのため幕府は、天皇の妹・和宮を将軍・家茂の正室に迎えたいと申し入れます。

天皇家から皇女を正室に迎えた例は一度だけありました。第七代将軍・家継と霊元法皇の娘・八十宮との婚約です。ただし、そのとき家継はまだわずか満三歳であり、八十宮も嬰児でした。幼児の将軍の地位を天皇家と結びつけることで早期に固めるための縁組でしたが、家継がわずか満六歳で亡くなったため、この縁組は婚約だけで終わりました（本書二八〇頁）。したがって、実質的な将軍と皇女の結婚は、これが初めてとなります。まさに難局打開のための異例の措置、異例の申し

入れでした。

ところが、この異例の申し込みを孝明天皇は承諾します。天皇はこれを逆手にとって、巻き返そうと考えたのです。つまり、幕府が「違勅」条約を破棄してペリー来航以前の状態に戻るのなら、和宮はすでに有栖川宮熾仁親王《ありすがわのみやたるひと》と婚約しているが、それを破談にし、和宮に言い聞かせて江戸へ輿《こし》入れさせてもよい、というわけです。

これを受けて、久世・安藤側も、目の前の苦境を打開したい一心で、こう答えます。——攘夷を決行するためにも、公武が一致協力して国中が一体とならなくてはなりません。その手始めとして和宮の降嫁がどうしても必要です。それが実現できれば、七、八年か一〇年の間に、交渉を通してか、あるいは武力を行使してでも、条約破棄を実行に移しましょう。

よろしい、わかった、ということになり、関白が説得役となって少女に因果を含め、翌六一年秋、和宮は京都を出て江戸に向かい、翌六二年2月、将軍家茂との婚儀が行なわれたのでした。家茂、和宮ともに一八四六年5月の生まれですから、このときは満一五歳と九カ月でした。

久世・安藤政権はこうして「公武合体」への大仕事をなしとげたのですが、代わりにとんでもない宿題を背負い込むことになりました。朝廷に対し、一〇年以内に列強との通商条約を破棄すると約束してしまったのです。しかもこのとき条約締結国は、最初の五カ国にプロシア、スイス、ベルギーが加わっていました。

家茂と和宮の婚礼が行なわれた一八六二年2月の翌月、亡くなった島津斉彬《なりあきら》の異母弟で現藩主の実父・島津久光が、朝廷工作と幕府の改革を目的に、家臣一千人を率いて鹿児島を出発します。久光は斉彬とちがって「夷人嫌い《いじん》」だったため薩摩藩の攘夷派に人気がありましたが、あくまでも上からの改革論者でした。そのため京都に着き、そこで血気にはやる自藩の尊攘過激派が勝手に挙兵計画を立てているのを知ると、そのアジト（隠れ家）を襲撃させ、彼らの首脳部を壊滅させます。「寺田屋の変」です。

この「寺田屋の変」を聞いて、手をたたいて久光を称揚したのは、ほかならぬ孝明天皇でした。天皇もまた、久光以上に上下の秩序を重視する権威主義者だったからです。またどちらも、公武合体論者でした。

久光が考えていた幕府改革のポイントは、一橋慶喜をまだ年若い将軍・家茂の後見役とし、松平慶永を大老に当たる役につけることです。この目的を実現するため、久光は天皇にはたらきかけ、江戸へ勅使を派遣し、その要請を伝えさせることにします。

5月、勅使の大原重徳《しげとみ》が京都を発ちます。久光も一千人を率いて随行しました。これまで将軍の代替わりに江戸城に来た勅使は、天皇の代理として天皇による「将軍認証」の宣下《せんげ》を伝える立場でありながら下座《しもざ》にかしこまり、上段にすわった将軍に対して「宣下」を伝えたのでしたが、今回の大原勅使は将軍を下座に、自身は上段から文字どおり勅旨を「宣下」したのでした。

幕府はこの勅旨を受け入れ、7月、一橋慶喜が将軍の後見職に、松平慶永が政事総裁職に就任します。こうして成立した慶喜・慶永政権は、慶永の政策顧問だった横井小楠《しょうなん》の献言をもとに幕政改革に着手します。

その第一が、これまで一年おきだった参勤交代を三年に一回とし、江戸滞在の期間も短縮するとともに、人質として江戸に住まわせていた大名の妻子を国もとに帰してもよいとしたのです。こうして幕府による大名統制の最大の柱だった参勤交代制を緩和するとともに、朝廷に対しても、関白・大臣・伝奏《てんそう》を任命するさいの幕府による事前承認制を撤廃したのでした。

この年9月、こんどは三条実美《さねとみ》を正使として再び勅使が江戸へ向かいます。今回は「攘夷決行」をうながすこととあわせ、将軍の「上洛」を求める勅旨でした。家茂は天皇の妹・和宮を妻にしているのですから、天皇と将軍は義理の兄と弟ということになります。将軍の上洛は、したがって弟が兄に会いに行く形となります。家茂は受け入れ、翌六三年3月、攘夷論で沸騰する京都へと向かいました。

将軍が最後に上洛したのは、実に二三〇年も前、一六三四年の三代将軍・家光のときでした。しかし当時はまだ豊臣家滅亡から二〇年もたっておらず、家光は徳川幕府の絶対的支配権を確立するために三〇万の大軍を引き連れての権力の誇示、デモンストレーションとして京都に向かったのでした。

それに対して、今回の上洛は、朝廷から求められた、いわば強いられた上洛です。そしてこの上洛で、家茂はこの年5月10日を「攘夷決行」の日とする、と具体的な日取りまで約束させられてしまったのです。

この将軍・家茂の上洛が、天皇復権の第四段階でした。そしてこの第四ステップにおいては、天皇・朝廷は幕府に対し、明らかに優位に立ちました。シーソーの左右の傾きが変わり、幕府側は下がって、朝廷側が上位に立ったのです。

❖長州藩「航海遠略策」の登場と退場

時間はまた少し戻ります。江戸で政治目的を達した島津久光の一行は六二年8月、帰途につきますが、江戸をたってまもなく、神奈川の近く、生麦村（現在の横浜市鶴見区）で大事件を引き起こします。行列を横切ろうとした乗馬のイギリス人四人（うち女性一人）に斬りかかり、一人を殺害、二人に傷を負わせたのです。「生麦事件」です。

当然、大問題となりますが、薩摩側は、大名行列を乱す者は討ち果たすのがこの国のならわしである、イギリスが報復するつもりなら鹿児島で堂々と応接する、と言い残してそのまま帰国してしまいます。


この薩摩藩と並んで幕末・維新の主役となってめまぐるしく動いたのが、長州藩（毛利藩）です。同藩は一八五八年の段階で「朝廷に忠節、幕府に信義」という公武合体路線を定めていましたが、六一年3月、家老・長井雅楽《うた》はそれに加え、艦船を製造して世界に雄飛し、貿易を盛んにして富国強兵を実現してゆくという「航海遠略策」を藩主・毛利敬親《たかちか》に建白します。

六一年前半期といえば、和宮降嫁問題もあって、幕府と朝廷の関係も微妙に推移していたころです。その朝幕関係を、雄大な政策によって方向付けしたこの「航海遠略策」に、藩主は大いに賛同し、藩の指導者・周布《すふ》政之助も賛成します。藩主の支持を得て、長井は勇躍して上洛、朝廷に対し、「皇威を海外にふるう」遠略策を説いた建白書を提出します。これを一読した孝明天皇も、その壮大な構想に共鳴、長州藩主へ、喜びと感謝の御製《ぎょせい》（和歌）さえ贈ったのです。

次いで長井は江戸へ行き、老中の久世・安藤に持論を説きます。両者も膝を打って賛同し、この路線での公武合体の推進を依頼したのでした。「航海遠略策」はまさしく、阿部・堀田政権以来の幕府の開国路線にほかならなかったからです。

こうして長井雅楽の「航海遠略策」は天皇と幕府首脳、両方の支持を得て、公武合体による国の対外政策として決まったかに見えました。

ところが翌六二年1月、家茂と和宮の婚儀の直前、この結婚を推進した老中・安藤が江戸城の坂下門の外で攘夷派に襲撃されます（坂下門外の変）。安藤は危うく難を逃れますが、門内に逃げ込んだのは武将にあるまじき行為だとして評判を落とし、やがて老中を罷免され、久世・安藤政権は崩壊へと向かいます（このあと政権は先述の一橋慶喜・松平慶永へと移る）。

ちょうどこの時期、前述のように薩摩の島津久光が家臣一千人を率いて京都に到着します。久光は自藩の攘夷過激派の独走をたたきつぶしはしたものの（寺田屋の変）、その「夷人嫌い」の体質から当時京都に集結していた熱狂的な攘夷派の志士たちの期待を集めます。一方、長州の「航海遠略策」は幕府本来の開国路線と同じだとして志士たちから目の仇にされます。

志士たちの中には長州の藩士も数多くいます。むしろ主力です。彼らは、こともあろうに自分たちの藩から開国論が出されたことに憤ります。こうして同じ長州藩の内部からも反発・批判が強まり、ついに「航海遠略策」は葬り去られ、長州藩の藩論は攘夷論、それも実際に外国船に向かって大砲をぶっぱなす実力攘夷論へと急速に固まってゆくのです。

六二年7月、長州藩は攘夷路線を正式決定、各国との通商条約を破棄するという「破約攘夷」を朝廷に建言します。

長州藩士たちの攘夷熱も高まる一方でした。生麦事件の四カ月後、六二年12月には高杉晋作《しんさく》、久坂玄瑞《くさかげんずい》、井上馨《かおる》、伊藤博文《ひろぶみ》らが、品川御殿山に建築中だったイギリス公使館を焼き打ちします。こうした熱病のような攘夷論が、翌年5月の無謀なアメリカ商船砲撃へとつながってゆくのです。

❖薩摩と長州、「攘夷」から「学夷」へ

幕末・維新史を読んでなかなか全体の脈絡がとらえにくいのは、このときの長州藩に見るように、天皇、幕府まで巻き込んだ開国論が一転して攘夷決行へと変わる、そうした状況変化のめまぐるしさと、攘夷論と開国論が一つの藩の中に同時に存在する、矛盾にみちた動きがあるからです。

こうした矛盾が、一人の人間に体現された典型的な例が、吉田松陰です。松陰が強烈な攘夷論者

だったことはよく知られている通りですが、その松陰が、一八五四年3月、和親条約調印を終えて下田沖に停泊するペリーの黒船に行き、乗船を懇請しました。「下田踏海《とうかい》」と呼ばれます。強烈な攘夷論者が、当の攘夷の相手に密航への助力を依願したのです。矛盾としか言いようがありません。

しかし、松陰はもともと兵学者でした。孫子の兵法に「彼を知り、己を知らば、百戦して危うからず」の至言があります。またこの無鉄砲ともいえる行為には佐久間象山の影響もありましたが、松陰はそれより早く二〇歳で平戸（長崎県）に遊学したさい、清国の兵学者がアヘン戦争の経験をもとに書いた本を書き写した中で、「それ外夷を制馭《せいぎょ》する者は、必ずまず夷情を洞《うかが》う」という箇所に、「佳語」（名言だ）と書き込んでいたそうです。

松陰は、強烈な攘夷論者であるがゆえに、「夷国」の実態・実情を知らなくてはならない、と考えていたのです。

こうした一見矛盾した行為を、藩論が攘夷決行に転換したあとの長州藩の動きにも見ることになります。さらに薩摩藩にも。

一八六三年5月10日夜、下関海峡に投錨していたアメリカの商船に対し、長州藩の船二隻が、突如、砲撃を開始します。この日、5月10日が、朝廷と幕府の間で約束された攘夷決行の日だったからです。

次いで、同月23日にはフランス艦に、26日にはオランダ艦にも砲撃を浴びせます。

当然、やられた方は黙っていません。6月に入ると、まずアメリカ軍艦が長州藩の船三艘を撃沈して下関砲台を破壊し、続いてフランス軍が陸戦隊を上陸させ、砲台を占領、民家をも焼き払います。

ところが、です。このように突如、一方的に戦争をしかけながら、最初の攻撃の二日後、5月12日に、長州藩はイギリス商社の斡旋で、伊藤博文、井上馨ら五名を密航させ、イギリスに留学させるのです。このうち伊藤はのちに初代の首相、井上は初代外相、あとの三人も工部省長官、造幣局長、鉄道庁長官と明治政府の要職につくのですが、長州藩庁は一方で攘夷を決行しながら、もう一方では「夷国」に学ぶ、つまり「学夷」（＝「学欧」）のための手を打っていたのです。

生麦事件を放置して帰国した薩摩藩の方はどうなったでしょうか。

事件の後、イギリスは幕府に対し賠償金一〇万ポンドを、薩摩藩に対しては二万五千ポンドと下手人の死刑を要求します。幕府との交渉は長引きますが、攘夷決行の前日、5月9日に決着し、即日支払われました。

しかし薩摩藩からは何のあいさつもありません。米、仏軍艦の長州攻撃のすぐ後、6月下旬、七隻からなるイギリス艦隊が横浜を出港、鹿児島へ向かいます。

錦江湾に停泊するイギリス艦隊に対し、7月2日未明、折からの台風の中、薩摩藩の一〇基の砲台が火を噴きます。ただちに英艦隊が応戦、戦闘は三時間半にも及びました。薩摩藩の大砲の射程距離は一キロ、英艦は射程四キロのアームストロング砲も装備しています。やがて薩摩の砲台は沈黙し、英艦の放った火箭《ひや》による火災が強風にあおられ、市街の大半が焼かれてしまいました。

しかし、イギリス側の損害も相当のものでした。台風のため操艦の自由が奪われ、ほとんどの艦が被弾し、数十人の死傷者を出してしまったのです。

この「薩英戦争」後の11月、両者の和平交渉がまとまり、薩摩藩は生麦事件の賠償金二万五千ポンドを幕府から借金して支払いますが、そのあと何と、薩摩藩はイギリスに軍艦を買い付けるための斡旋を依頼し、イギリスもまたそれを快諾するのです。あきれるほどの変わり身の早さです。そして一年半後の六五年3月には同藩は寺島宗則や五代友厚ら一九人もの藩士をイギリスへ視察と留学に送り出すのです。さらにその翌年3月には、駐日イギリス公使パークスが薩摩を〝親善訪問〟したのでした。


六三年5月に攘夷を決行した長州への列強の報復攻撃は、米、仏だけでは終わりませんでした。翌六四年8月4日、軍艦一七隻、兵員五千人からなる英・仏・米・蘭の四カ国艦隊が下関海峡に現われます。長州藩は戦闘回避のための交渉を求めますが、時間切れとなり、艦隊の砲撃が開始されます。わずか一時間で長州側の砲台は沈黙させられ、さらに英・仏の陸戦隊千九百人が上陸、ほとんど無抵抗のままあらかたの砲台を破壊してしまったのでした。

三日間の一方的な戦闘の後、家老の養子に扮した高杉晋作が正使となり、艦隊司令官の軍艦に停戦の交渉に出向きます。通訳を務めたのは、自藩の風雲急を知って留学を打ち切り、井上馨とともに帰国した伊藤博文でした。

イギリスの外交官で通訳として活躍したアーネスト・サトウによる貴重な証言記録『一外交官の見た明治維新』（坂田精一訳、岩波文庫）は、このときの様子をこう伝えています。

――「使者は、艦上に足を踏み入れた時には悪魔のように傲然としていたのだが、だんだん態度がやわらぎ、すべての提案を何の反対もなく承諾してしまった。それには大いに伊藤の影響があったようだ。」

その後、正式に休戦協定が結ばれ、長州藩は下関海峡の通航はもとより、水や食糧、石炭などの供給と、悪天候の場合の乗組員の上陸等もすべて承諾しました。これらの交渉では伊藤が重要なメッセンジャーの役割を果たしたのですが、その伊藤は、長州藩としてはむしろ下関を開港して、特産物の綿や蝋、生糸など、さらには全国の産物の交易を望んでいると伝えたのでした。こちらも薩摩藩に劣らず、〝敵対〟から〝友好〟へとさっさと反転したのです。

こうして、「通商反対運動の二大張本人である薩摩と長州」（E・サトウ前掲書）が、実際に欧米列強と砲火をまじえ、敵の武力の強大なのを身をもって知り、「攘夷」を捨て「学夷」による富国強兵策へと藩の方針を転換しました。サトウに言わせれば「正気に戻った」のです。孝明天皇が通商条約承認を正式に勅許するのはこのほぼ二年後の六六年10月ですが、薩摩藩につづき長州藩が一八〇度方針転換したこの段階で、「尊王攘夷」のうち「攘夷」は、事実上、国の政治的選択肢から消えたと言っていいでしょう。したがって、残るのは「尊王」だけです。

❖第五のステップ──長州征討の「勅命」

四カ国艦隊が下関へ向かう前、六四年の前半、京都には依然として長州を中心とする攘夷過激派の志士たちが集結しており、幕府の京都守護職配下で近藤勇の率いる新撰組と死闘をつづけていました。6月5日、志士二〇人あまりが旅館・池田屋に集まるのを探知した新撰組は、旅館をひそかに包囲して襲撃、七人を殺害、残りも拘束します（池田屋の変）。

これを知った過激派の主導する長州藩は、同月末、久坂玄瑞らが率いる千数百人の軍勢を京都へと向かわせます。これを会津、薩摩、桑名など諸藩の軍が迎え撃ちました。御所の蛤《はまぐり》御門周辺で最も激しい戦闘が行なわれたため、「蛤御門の変」、または「禁門の変」と呼ばれる戦闘です。御所内にも砲弾が飛び交い、京都の市街は砲火が巻き起こした火災で焼かれ、焼失家屋は実に二万八千戸にも及びました。

皇居までも〝戦場〟とし、結果として京都市街を焼き払った長州藩に、孝明天皇は激怒しました。7月21日、天皇は長州藩追討の「勅命」を発します。長州藩を討て、と幕府に命じたのです。この勅命が、天皇復権の第五のステップとなります。なにしろ、「征夷大将軍」の率いる幕府に対し、天皇が、国内の反逆分子を討て、と命じたのです。この政治形態は、天皇がもはや最高権威であるだけでなく、最高権力者となったことを示しています。

長州征討の勅命を受けて、幕府は西南の諸藩に出兵を命じ、やがて三五藩からなる一五万人もの征討軍が長州攻略に向かいます。

攘夷派の主導する長州藩が四カ国艦隊による攻撃を受けたのは、まさにそんな四面楚歌の状況の中でした。四カ国艦隊に対して、双方の戦力の落差もさることながら、浮き足立った長州側がまともに迎え撃つことができなかったのは無理もなかったのです。

四カ国艦隊に敗れ、幕府の征討軍に包囲された長州藩内で、クーデターが起こります。下級武士を主体とする攘夷派が排除され、旧来の支配層である門閥派が主導権を奪回したのです。

10月、門閥派は、高杉らがつくった奇兵隊ほか諸隊を解散させた上、三人の家老を切腹させ、それを恭順の証しとして幕府に降伏します。幕府もそれを受け入れ、12月、征長軍は撤収します。こうして、勅命による長州藩征討は、あっけなく終わりました。

長州藩で、門閥派による権力奪回が行なわれたのとほぼ同じ時期、幕府の執行部でも権力交代がすすみました。かつてのような幕府の強大な支配・統制力を取り戻そうとするタカ派の官僚たちが実権を掌握したのです。六四年9月には、二年前に緩和した参勤交代制をふたたび元に戻す復旧令を出します。幕府上層部の人事も大幅に変更され、開明派を代表する勝海舟は軍艦奉行をやめさせられた上、二千石の俸禄まで没収されるのです。幕府執行部のこの反動体制は最後までつづきます。

❖「薩長同盟」の成立と幕府権力の凋落

長州への征討作戦が進行中の六四年9月、征討軍の参謀だった西郷隆盛は、坂本竜馬の紹介で勝海舟に会います。それまで西郷は、長州藩を薩摩藩の最大のライバルと考え、それをたたくことを目的としていましたが、勝に会って幕府反動派の動きを聞き、さらに勝が語る、個々の藩の利害を超えて日本全体を視野に収めた新しい国家構想を聞いて、これまで知らなかった世界の見方に目を開かされるのです。勝の識見をたたえた手紙を、西郷は大久保利通に送っています。

勝が説いたのは、幕府による単独支配を廃止し、全国各地の諸藩が会合して議論し、意思を統一して国家を運営してゆく、「列藩会議」による「共和政治」でした。西郷は勝のこの構想に感銘を受け、賛同者を増やして、これをやがて薩摩藩の路線にまとめ上げていきます。

一方の長州藩でも、いったんは門閥派によって主導権を奪回されたものの、六四年12月には高杉晋作が亡命先の九州から長州に舞い戻り、残っていた伊藤博文らと奇兵隊ほか諸隊を再編し、兵を挙げるのです。そのさい、諸隊に徹底した隊則の中に、この挙兵のめざしていたものがよく見てとれます。二項だけ引用すると——

一、農事の妨げすこしもいたすまじく、みだりに農家に立ち寄るべからず。牛馬等小道にであい候わば道べりによけ、すみやかに通行いたさせ申すべし。田畑たとえ植付けこれなく候ところにても、踏み荒らし申すまじく候。
一、つよき百万といえどもおそれず、よわき民は一人といえどもおそれ候こと、武道の本意といたし候こと。

このような軍（諸隊）が民衆の支持を得ないはずはありません。門閥派の政権はわずか半年たらずで没落し、六五年2月、代わって高杉はじめ木戸孝允《たかよし》（旧名・桂小五郎）、井上馨、伊藤博文らが藩のヘゲモニーを握ることになります。

この長州藩と薩摩藩を結びつけたのが、よく知られているように、坂本竜馬です。竜馬は木戸に対し、西郷と会談するよう説得します。しかし木戸にとっての西郷は、先の長州征討のさいの幕府軍の参謀です。敵意はそう簡単には氷解しません。それでも説得する竜馬に、木戸は条件をつけます。――幕府に監視されて長州が外国から買えなくなった武器や艦船を、薩摩藩が代わって購入し、秘密裏に長州へ引き渡してくれるなら、会ってもよい、というのです。

この条件を、西郷はあっさり承知します。そこで長州の井上と伊藤が長崎の薩摩藩邸にもぐりこみ、英国商人グラバーと商談して武器を買い込むのです。ちょうどこの年（六五年）の4月、アメリカ南北戦争が終わり、大量の武器が放出されます。それをグラバーが買い入れて長州藩に売ったのです。長州藩が買った武器は、小銃だけでも一万一一〇〇挺にもなったとのことです。

こうして今や群を抜く軍事強国となった長州藩と、それに劣らぬ軍事大国の薩摩藩が、六六年1月、今回も竜馬の斡旋で、幕府に対抗するための「薩長同盟」の密約を締結したのです。その密約の最後はこう結ばれています。

――「今日より両藩は皇国のため皇威がかがやき回復することを目途に誠心をつくし、きっと尽力する。」

薩摩、長州の両藩が幕府への対抗軸として天皇・朝廷を立てたことは、この文言からも明らかです。

この年（六六年）6月、第二次長州征討戦争が開始されます。すでに前年5月、将軍家茂《いえもち》は長州征討のため江戸を進発、大坂城に入っていました。第一次征長で高杉らは敗れ、長州藩は門閥派が実権を奪回したものの、半年もたたずに再び高杉らに奪い返された。しかも彼らは密貿易でひそかに武器を買いととのえているらしい。これをこのまま放置したのでは、幕府の威信は失墜する、何としてでも高杉らの長州をいま一度たたきつぶさなくてはならない、と幕府の執行部は考えたのです。

こうして六六年6月、幕府軍の軍艦は長州への砲撃を開始したのでした。しかしこの戦争には大義名分がありません。長州藩は別に反旗をひるがえしているわけではないからです。あるのは幕府執行部のメンツだけです。しかも幕府軍の実態は不承不承で出兵した各藩の寄せ集めです。

一方、長州側は、最新の武器を装備し、大村益次郎によって近代的歩兵の訓練を受けた長州藩「国民軍」です。勝敗は最初から見えていました。幕府側は惨敗を重ねます。

そうした中、7月20日、将軍家茂が大坂城で急逝しました。まだ満二〇歳の若さでした。一カ月後、一橋慶喜《よしのぶ》が徳川宗家《そうけ》を継ぎ、翌日、休戦を発表します。実態は、幕府の敗北宣言でした。

それから五カ月後の12月25日、こんどは孝明天皇が亡くなります。これも満三五歳での急逝でした（毒殺がひそかに噂されました）。

翌月、六七年1月、満一四歳の睦仁《むつひと》親王（後の明治天皇）が践祚《せんそ》します。

❖天皇復権のゴール――「大政奉還」

孝明天皇が亡くなる少し前、六六年12月5日に第一五代将軍に就任した徳川慶喜は、以後フランスの支援に大きく依存しながら、幕府権力の再編・強化にとりくみます。その中心となったのは、何といっても陸・海軍の近代化と増強でした。六百万ドルものフランスからの借款で武器を調達し、士官を招いて、洋式の歩兵を訓練し、砲兵の養成に着手したのです。海軍についても、軍艦を購入して艦隊を編制し、横須賀に軍港を築きました。

政府の機構も、これまでの責任分担があいまいだった老中制を改め、首相のほか外相、内相、蔵相、陸相、海相と、任務分担を明確にした役職をもうけました。

六七年5月にはパリ万国博覧会に二〇人を超える使節団を送りましたが、その使節団に慶喜はフランス皇帝ナポレオン三世への親書を託しています。彼もまた絶対主義的な権力体制の構築をめざしていたのかも知れません。

幕府のこうした動きに対して、薩摩の西郷や大久保はこの年5月末、幕府との正面からの対決、すなわち倒幕へと踏み切ります。

薩摩からの呼びかけに対し、長州の木戸はただちに応じます（高杉はこの前月、結核で死去）。両藩の間で8月から9月にかけ、出兵の計画が準備されてゆきます。

一方、坂本竜馬は、自分の出身藩の土佐藩を倒幕の陣営に引き込もうと、同藩の公武合体派のリーダーである後藤象二郎にはたらきかけます。6月、竜馬は後藤とともに長崎から京都へ向かう船の中で、自分の描く新しい国家体制について語り、その構図を示します。いわゆる「船中八策」です。その最初の二つの項目を紹介すると――

一、天下の政権を朝廷に奉還せしめ、政令宜しく朝廷より出づべき事。

一、上下議政局（議院）を設け、議員を置きて万機（天下の政治）を参賛（支援）せしめ、万機宜しく公議に（議院での討議によって）決すべきこと。

最初の項目はいわゆる「大政奉還」であり、次の項目は勝海舟の「共和政治」（議会政治）に重なります。

後藤は京都でこの竜馬の提案について土佐藩の仲間と検討し、短時日でこれを藩の方針とすることを決めます。そして同月22日には、薩摩の西郷、大久保らと「薩土盟約」を結ぶのです。その七カ条のはじめの四項目（重要部分）を紹介すると——

一、天下の大政を議定する全権は朝廷に在り、我が皇国の制度法則、一切の万機、京師（京都）の議事堂より出づるを要す。

一、議事院を建立するは、宜しく諸藩よりその入費を貢献すべし。

一、議事院は上下《じょうか》を分ち、議事官は上《かみ》公卿より下《しも》陪臣・庶民に至るまで、正義純粋の者を選挙し、尚かつ諸侯も自らその職掌に因《より》て上院の任に充《あ》つ。

一、将軍職を以て天下の万機を掌握するの理《ことわり》なし。自今《じこん》（今後は）宜しくその職を辞して諸侯の列に帰順し、政権を朝廷に帰すべきは勿論なり。

翌7月、後藤象二郎は藩主の山内豊信《やまのうちとよしげ》を説得するため土佐に戻ります。豊信は、後藤から大政奉還の提案を聞くと、「汝《なんじ》よくぞ心づきたり」とただちに賛同し、重臣たちを集めて自らの決意を表明、土佐藩の基本方針を決定します。

ただし、倒幕のための出兵については、豊信は、大政奉還のすすめは天下のために正しいことをするのだから武力は無用、として後藤の出兵提案をしりぞけたのでした。

薩長同盟には、長州藩に隣接する芸州藩（広島藩）も加わり、出兵を約束しました。ここに三藩の武力倒幕同盟が成立したのです。

朝廷内でも、倒幕の動きが進展していました。中心になったのは岩倉具視《ともみ》です。岩倉は大久保や長州の品川弥二郎らと相談し、倒幕の旗じるしとして「錦の御旗」まで決定しました。あと必要なのは、幕府を「朝敵」と指定して、倒幕に大義名分を与えるための「倒幕の密勅」だけです。

10月8日、薩、長、芸の代表が朝廷に対し「密勅」の降下を求めます。それに応えて、同月13日に薩摩藩主父子へ、翌14日には長州藩主父子に対し、朝廷から「倒幕の密勅」が下されます。（ただしこの「密勅」には、明治天皇の祖父〈母・慶子の父〉である権大納言・中山忠能《ただやす》のほか二人の公卿の連署があるだけで、満一五歳になったばかりの天皇の署名はありませんでした。）

が、ともあれ、これにより倒幕に向かう準備はととのいました。

ところが、三藩が倒幕に向けて動き出そうとした、その同じ日に、徳川慶喜が「大政奉還」を朝廷に奏上したのです。一〇日前に土佐の山内豊信から老中に提出された「大政奉還建白書」を受け入れての、慶喜の決断でした。

どうしてそう思い切ったのか――。実は、慶喜もまた、議会を組み込んだ新しい政治体制について、彼なりの意図を託していたのです。

慶喜の側近に、西周《にしあまね》という洋学者がいました。六二年から四年間、オランダに留学し、法律、経済、哲学を学び、六六年に帰国後は幕府の開成所の教授となり、慶喜にフランス語を教えるかたわら、外交文書の翻訳をしたりしていた人物です。この西周から、慶喜は三権分立やイギリスの議会制度などについて講義を受けていました。この当時、西周が慶喜のために立案した〝新政治体制〟の構想にも、重要な機関として「議政院」が位置づけられています。慶喜もまた、何らかの形で議会制を取り入れることなしに政治の刷新はできないと考えていたはずです。

それに、先の征長戦争での無残な結果から考えると、現段階で薩長同盟軍に対しての勝算はきわめて薄いといわざるを得ない。したがって、ここは薩長の挑戦を受けて立つよりも、土佐藩の建白書にあった「大政奉還」後の諸侯による「議事院」で、たとえば自分が議長となってリーダーシップをとり、新たな形での徳川家のヘゲモニーを確立すればよい、と考えていたのではないかと思われます。

ともあれ、こうして一二世紀末からおよそ六七〇年間、朝廷から武家による幕府（征夷大将軍）に〝委託〟されていた国家統治権（大政）が朝廷に〝奉還〟され、政治的形態としての「天皇の復権」はこの第六段階をもって完了したのです。

4 「神国ナショナリズム」の成立

❖「尊王」と「攘夷」を結びつける論理

以上、江戸時代末期、とくに一八五三年のペリー来航以来の一四年にわたる激動の中で、天皇（制）が復権してくる過程を、六つの段階に分けて見てきました。その全過程を通してのキイワードが、「攘夷」であり、「尊王」でした。

では、「尊王」と「攘夷」は、相互にどういう関係にあるのでしょうか。

「尊王攘夷」が四字熟語として最初に現われたのが、藤田東湖が一八四六年に執筆した「弘道館述義」においてだったことは先に述べました（Ⅱ章、一二九頁）。しかし東湖は、『尊王』と「攘夷」をなぜ結びつけたのか、その理由については何も書いてはいませんでした。

「尊王」と「攘夷」は、しばしば「尊攘」と略しても使われました。二つはどうして結びついたのでしょうか。またなぜ結びつかなくてはならなかったのでしょうか。

このことについて、第二次大戦後の明治維新研究の先駆けとなった名著『明治維新』（一九五〇年、岩波書店）の著者、遠山茂樹氏は、後年の『明治維新と現代』（一九六八年、岩波新書）で、こう述べています。

尊王思想は君と臣の区別を明確にし、臣の君に対する絶対的忠誠を強調する思想であり、攘夷思想は自国の卓越を誇り、野蛮な外国を排除するゆえんを明らかにする思想であって――「両者ともに身分制社会のイデオロギーである点で共通しており、当然結合しあう性格のものであった。」

やはり、「尊皇」と「攘夷」が結合しなければならなかった必然性については述べられていません。そこで改めて、私なりに両者の内的な連関について考えてみます。

外国船の出現に対して、まず湧き起こった感情が「攘夷」だったことは、容易に類推できます。幕末の志士たちのバイブルとなった会沢正志斎《あいざわせいしさい》「新論」の冒頭の一節は先に紹介しましたが（一一〇頁）、その後半は現代文にするとこういうものでした。

しかるに今、西洋の蛮夷が、日本が頭なら足にすぎない分際で、世界をまたにかけ、諸国を蹂躙し、おのれの力のほどもわきまえず敢えてわが国の上に立とうとしている。何と驕慢無礼なことであるか。

（原文＝漢文の読み下し：しかるに今、西荒の蛮夷、脛足の賤を以て四海に奔走し、諸国を蹂躙し、眇視跛履、敢へて上国を凌駕せんと欲す。何ぞそれ驕れるや。）

短い文章ですが、ここには蔑視と畏怖と憤激という三つの感情が入り混じっています。畏怖はわかります。蔑視したい気持ちもわからなくはありません。では、憤激、怒りはどこから生じているのでしょうか。

答えはこの一節の前半の部分（今の引用のすぐ前）にあります。これも現代文にしてみると――

謹んで考えてみると、神国日本は太陽の昇る所、万物の根元である元気の始まる所であり、天皇陛下が代々皇位を受け継がれて、それは永遠に変わらない。陛下はもとより地球の元首であって、万国の統括者である。したがって世界に君臨し、その皇化は遠近の違いなしにあまねく及ぶのである。

（原文：謹んで按ずるに、神州は太陽の出づる所、元気の始まる所にして、天日之嗣《てんじつのし》、世宸極《せいしん》を御《ぎょ》し、終古易《かわ》らず。固《もと》より大地の元首にして、万国の綱紀（統括者）なり。誠によろしく宇内《うだい》（天下）に照臨し、皇化の及ぶ所、遠邇《えんじ》あることなかるべし。）

つまり、日本は神国である。しかも万国の上に位する国である。その神国に、今や西洋諸国が土足で踏み込んできて、上に立とうとしている。それが許せない、というのです。したがって「攘夷」の前提には、日本「神国」論があるのです。

ではなぜ、日本が「神国」であるのかというと、それは太陽神・天照大神の子孫で、同様に神である天日之嗣（天皇）をいただく国だからです。神が治める国だから、「神国」なのです。

尊王（＝尊皇）、すなわち天皇を尊ぶことは、したがって自分たちの国が「神国」であることを自覚し、かつ自負することにほかなりません。尊王論は、言いかえれば日本「神国」論なのです。

「神国」である以上、よその国が土足で踏み込んでくるのを許すわけにはいきません。当然、打ち払う（攘＝払いのける）ことになります。

こうして、「尊王」は日本「神国論」を媒介にして「攘夷」と結びつくのです。

❖「神の国」意識を生んだ歴史観

では、志士たち、あるいは武士や商農の知識層は、どこから日本は「神国」であるという認識に至ったのでしょうか。

本居宣長の場合は『古事記』の研究からだったことはⅠ章で見ました。

しかし万葉仮名で書かれた『古事記』は、宣長が読み解くまでは人々は読むことができませんでした。代わりに読まれたのが、ほぼ同じ内容をより詳しく漢文でつづった『日本書紀』でした。日本で最初の歴史書ですが、叙述のスタイルは先にも見たように、歴代天皇の事績を年代順に追って述べてゆくという形をとっています。その後も歴史書が編纂されましたが、いずれもこれと同じ記述スタイルをとりました。

時代が下って一三世紀初め、鎌倉時代の初期、頼朝と親しかった関白・九条兼実《かねざね》の弟で、仏教界頂点の天台座主となった慈円は今もって読み継がれている歴史書『愚管抄』をあらわしますが、その巻一、二も、神武天皇から始まる「皇帝年代記」で埋められています（巻三〜七は史論）。それからおよそ百年後、一四世紀前半に北畠親房《きたばたけちかふさ》によって『神皇正統記《じんのうしょうとうき》』が書かれますが、これも「神代《かみよ》」から始まり、神武天皇からは「人皇年代記」へと移って、時代を追って歴代天皇の事績が語られています。親房の場合は、後醍醐天皇の右腕、参謀となって南北朝時代をたたかい、この『神皇正統記』も「南朝」の正統性を論証するための著作だったのですから、天皇家の系譜について述べるのは当然ともいえますが、それにしても、天皇の年代記によって時代を記録するのが中世までの歴史書の基本的な叙述スタイルだったのです。

考えてみると、武家の時代になって歴代将軍が登場するまでは、時代を区切る指標としては「〇〇天皇の時代」とするほかに適当な指標はなかったことに気がつきます。律令国家が整備される八世紀初め以降、中国にならって日本でも独自の元号（年号）が定められますが、その元号は天皇の代替わりのほか、めでたいことや災害に見舞われたときにも改元したため、二、三年で変わることもしばしばありました。

たとえば平安時代中期の場合、即位した天皇が一一人に対して、元号の数は三二に上ります。つまり一つの元号の使用年数は平均して天皇在位期間の三分の一に過ぎなかったということです。こんなに短命の元号では、時代を表示する指標としては使えません。したがって、各天皇の在位期間をもって時代を表わすほかにいい方法はなかったのです。
そのため、『神皇正統記』の時代くらいまでの歴史書は、『日本書紀』をなぞり、それを受け継ぐかたち、つまり天皇年代記を基本として叙述されてきました。（さらに後代、水戸学を生んだ水戸藩編纂の『大日本史』も、取り上げているのは「神武創業」から「南北朝」までです。）

したがって、この国の知識層が、外国船の到来を前にして、それを迎え撃つ自らの主体性を問い返す、つまり自分たちの生きるこの日本という国はどういう国なのか、そのアイデンティティーを確認するために読んだ歴史は、『日本書紀』以来の神代から始まる神々の歴史、つまり「神の国」の歴史だったのです。

その代表が北畠親房の『神皇正統記』です。日本は神がつくった「神の国」であるということを、親房はその巻頭でこう高らかに宣言しています。

大日本者神国也。天祖ハジメテ基ヲヒラキ、日神ナガク統ヲ伝給フ。我国ノミ此事アリ。異国ニハ其タグヒナシ。此故ニ神国ト云也。
（現代語訳：大日本は神国である。天祖国常立尊《くにのとこたちのみこと》がはじめてこの国の基をひらき、日神すなわち天照大神がながくその統を伝えて君臨している。わが国だけにこのことがあって他国にはそのような例はない。それゆえにわが国を神国というのである。）〔永原慶二・大隈和雄『日本

の名著・9』中央公論社〕

したがって、このような歴史書を読む層にとって、日本を「神の国」と規定する見方は相当に行きわたっていたのではないでしょうか。

そうした一般的な認識を、外国船のあいつぐ到来という危機的状況の中で、理論づけ、体系化して、一定の政治的イデオロギーにまで固める役割を果たしたのが、国学であり、水戸学だったのです。

こうして形成された日本「神国」論は、必然的に「攘夷」論と結びつき、「尊王攘夷」イデオロギーとなりました。とくに、一八五八年2月、老中・堀田正睦《まさよし》が、日米通商条約について全国の大名の合意をあらかた取り付け、その勅許を得ようと上洛したのに対し、強烈な攘夷論者であった孝明天皇が堀田の奏請をはねつけたとき、「尊王攘夷」は天皇の一身において体現されることになります。孝明天皇の存在そのものが「尊王攘夷」となったのです。そしてさらにその四カ月後、幕府が勅許を得ないまま「違勅」調印を実行した後は、「攘夷」の炎はいよいよ燃えさかり、この国にテロリズムの嵐が吹き荒れることになります。

しかし、六二年、薩摩藩が生麦事件を引き起こし、長州藩の攘夷派がイギリス公使館を焼き打ちした後、薩摩藩はイギリス艦隊と薩英戦争を戦い、長州藩は四カ国艦隊と交戦して、列強との戦力の落差を思い知り、「攘夷」から逆に「夷国」に学ぶ、つまり「学夷」＝「学欧」へと一八〇度方針を転換します。

この段階で、「攘夷」論は薩摩、長州という最大のエネルギー源を二つながら失い、実質的に消滅したのです。

しかし「尊王」は残りました。いや、たんに残るどころか、「大政奉還」につづく「王政復古」により、〝国のかたち〟は時代を一千年もさかのぼり、天皇が自ら国を統治した当時へと立ち返ります。日本の近代は、奇妙なことに古代律令国家の時代に戻るところから始まったのです。

第Ⅰ巻 あとがき
――「本居宣長論」と「天皇制の歴史」に触れて

一九三〇年代から四〇年代前半、つまり日本の戦争と超国家主義の時代に、本居宣長といえばだれもが知っている有名な和歌がありました。

敷島の大和心を人問はば　朝日に匂ふ山桜花

宣長が六一歳のときに描いた自画像に添えて書かれた画賛です。短歌としては陳腐な歌だとくさす評もあるようですが、九州北端の町で育った私には、近くの山に登ったさいに見た朝露にきらめく山桜の光景が目に浮かびます。

この歌のキイワードは、「大和心」と「桜」です。大和心は「大和魂」に重なり、桜は満開時の夢幻的な美しさとともに潔い散りぎわが印象的です。日中全面戦争開始の翌年、一九三八（昭和13）年に作られ、最もよく歌われた軍歌の一つといえる「同期の桜」の一番の歌詞（西条八十作詞）はこうでした。

貴様と俺とは同期の桜
同じ航空隊の庭に咲く
咲いた花なら散るのは覚悟
みごと散りましょ国のため

アジア太平洋戦争期には、大半の青少年が軍隊に入ることを定められた自分の運命だと考えるようになっていました。そうした若い人たちの心理を形象化したのがこの軍歌だったといえます。

宣長のこの和歌を、私は国民学校（対米英開戦の四一年、小学校はこう改称されていた）低学年のころから知っていました。特に早熟でも優秀だったからでもありません。七歳年上で、当時中学の二、三年生だった兄が、セルロイド製の筆箱のふたに、この山桜の和歌を彫刻刀で刻みつけているのを見ていたのです。つまり、中学二、三年生の少年が、あの時代、近未来の自分の死を暗示するようなこの和歌をいわば〝座右の銘〟にしていたということなのです。

日本ナショナリズムの源流を私が本居宣長に設定したことと、この幼年期の記憶とにかかわりがあるのかどうか、自分でもはっきりしません。しかし、この和歌に詠まれた「大和心」への問いかけと、宣長の生涯をつうじての問題意識が「日本とは何か」ということであったこと（本書六八頁など）を重ね合わせれば、宣長とナショナリズムの問題はごく自然に結びつくように思われます。それなのに、多くの宣長論が書かれながら、宣長を明瞭な形でナショナリズムの問題と結びつけて論じられることがなかったのはなぜなのか、思想史研究のアマチュアである私にはかえって不思議に思われます。

考えられる理由は二つあります。一つは、Ⅰ章の冒頭でも述べたように、日本におけるナショナリズムは「黒船来航」から始まるという見方が、いわば〝定説〟として根付いていたからではないか、ということです。封建制と鎖国体制のもとで長らく眠り込んでいた日本人の内部に、ナショナリズムが立ち上がってくることはなかったろうという思い込みです。

もう一つは、ナショナリズムの問題が、欧米で開発されたナショナリズム論を前提として考えられてきたからではないか、ということです。基本的には、「国民国家」の成立と連結させてナショナリズムをとらえるという観点です。日本における「国民国家」の成立は明治維新によって実現したのですから、「国民国家」以前の段階にあった前近代の時代にナショナリズムの創成を考えることはできなかったのです。

そんなわけで、「古事記伝」という畢生の事業を槓桿《こうかん》として「日本とは何か」「日本のアイデンティティーは何か」という大問題に先駆的に挑んだ本居宣長でしたが、日本ナショナリズム研究においては、その埒外《らちがい》におかれていたのです。

＊なお、日本の超国家主義の時代に本居宣長がどのように見られ、位置づけられていたかを示す一例

として、中世史家・永原慶二氏の体験的エピソードが氏の『皇国史観』（一九八三年、岩波ブックレット）に紹介されています。

永原氏は一九四二（昭和17）年4月に東京帝国大学の国史学科に入学したのですが（翌年、学徒出陣）、その主任教授となったのが、超国家主義の歴史観である「皇国史観」の代表的歴史家であり同史観の主導者として知られる平泉澄《きよし》氏でした。その平泉教授が最初の演習（ゼミ）のテキストに取り上げたのが、宣長が古事記とその学び方について門人たちに語った「うひ山ぶみ」（本書六五～六六頁参照）だったというのです。ちなみに、学生たちは本居宣長を呼ぶときには「本居先生」と言わないと平泉教授に叱られたとのことです。

＊

日本ナショナリズムの源流についての〝新説〟のほかに、もう一つ、この第Ⅰ巻の特色として挙げられると思うのは、天皇制の歴史についての叙述です。明治維新によって近代天皇制＝神権天皇制が成立してから、天皇・天皇制についての研究は、第Ⅱ巻の「歴史学の挫折」の節で紹介する久米邦武事件や、第Ⅲ巻の「津田左右吉『神話研究』の抹殺」の節で見るように、絶対的なタブーとされてきました。

しかし一九四五年のアジア太平洋戦争での敗戦によって大日本帝国は崩壊、新たに制定された憲法で神権天皇制は象徴天皇制へと転換し、言論の自由、学問研究の自由が保障されるとともに、刑法からは「不敬罪」が抹消されました。したがって天皇制についての言論も研究も自由になったはずです。

たしかに、敗戦後しばらくの間は、天皇制の歴史、あるいは歴史的に見た天皇制の問題がさかんに研究・発表され、論議されました。しかしその一時期が過ぎると、天皇制そのものを直接の対象とした研究はさほど多くは見られなくなります。

そうした中、一九六〇年の年末近く、総合雑誌『中央公論』の同年12月号に掲載された深沢七郎の小説「風流夢譚」をめぐって事件が突発します。その小説の一場面が皇室を侮辱したとして、右翼団体からの中央公論社に対する総攻撃が始まるのです。それに対して同社は非を認める社告を出すとともに、同誌の編集長と編集次長（二名）を更迭しますが、右翼の攻撃はやまず、翌六一年2月1日、嶋中社長宅が右翼団体に所属する未成年（一七歳）によって襲撃され、お手伝いの女性が刺殺されるとともに夫人も重傷を負わされたのでした。つい三カ月前の前年10月には浅沼稲次郎・社会党委員長が日比谷公会堂で演説中、演壇に駆けあがってきた右翼団体のやはり一七歳の未成年によって刺殺されています。政治と言論の世界においてテロが現実の恐怖となりました。

さらにこの「嶋中事件」に続いて中央公論社は、同年12月、自社が発売元となっていた雑誌『思想の科学』の六二年1月号「天皇制特集号」について、右翼団体からの攻撃を恐れて発売中止を決め、同誌編集委員会に申し入れます。その結果、すでに印刷を終えていた一万部が断裁廃棄されたのでした。

こうした事件があって、以後いわゆる「菊タブー」がいっそうリアリティーを帯びてジャーナリズムの世界を中心に浸透してゆくことになります。

もちろん、こうした言論・思想状況の下でも天皇制に関する研究が途絶えたわけではなく、研究の成果が刊行され、歴史学や法律学の雑誌では「天皇制特集」が組まれることもありました。しかしそのほとんどは専門書としての少部数発行であり、専門誌の上での特集記事でした。天皇制の歴史を通して、あるいはその時代時代の実体の解明について、マスコミで取り上げられることはなく、一般市民が手に取って読めるような形での出版はきわめて少なかったように思われます。したがって、一般読者を対象にした、単独の著者による天皇制の「通史」もごく少数にとどまりました。私が目を通したのも次の数冊だけです。

まず、ねずまさし『天皇家の歴史』。これが最も早く一九五三年に新評論から出版されています（その後七三年に三一書房に移る）。その三一新書版で上下二冊の労作ですが、叙述は明治維新にたどりついたところで終わっています。

次に井上清『天皇・天皇制の歴史』、一九八六年、明石書店の発行です。これは、ねず氏の本とは逆に前近代の天皇制の歴史についてはごく簡略に述べられ、近現代の天皇制についての叙述が大半を占めています。

講談社学術文庫に『日本史の中の天皇』という本書のⅢ章と同名の本があります。宗教学者の村上重良氏の著書で私も多くのことをそこから学びましたが、八六年に出版された元本《もと》の書名は『天皇と日本文化』であり、文庫版の副題も「宗教学から見た天皇制」とあるように、祭祀や神器、仏教との関連など宗教的な側面についての考察を中心に天皇制の歴史をたどったものです。

岩波新書の一冊に古代史家の吉田孝氏の『歴史のなかの天皇』（二〇〇六年）があります。書名のとおり古代から新憲法の制定までをたどった通史で、本書の執筆に際して私が最も参照させていただいた本ですが、その通史という性格から、私がテーマとした「天皇制はなぜかくも長く存続できたのか」という問題、とくに武家の時代に入ってからの七百年の間の、頼朝、義満、信長、秀吉、家康といったその時代の権力と天皇との関係などについては、とくに立ち入っての記述は見られません。

そんな次第で、天皇制の歴史についての叙述も、本書の特色の一つといっていいかと思います。とくに、明治維新にいたる幕末の動乱をくぐり抜けてゆく過程での天皇「復権」のプロセスを、六つの段階《ステップ》に分けて記述したのは新しい試みではなかったかと、ひそかに考えています。

なおこの天皇制の問題については、この後のⅡ、Ⅲ巻において近代天皇制国家の構築の過程、それに続く神国ナショナリズムの徹底から超国家主義へと突入してゆく戦争の時代を通して考察してゆくことになります。さらに二次大戦後、日本が民主主義の国へと転換した後も、国家主義がよみがえり、強化されてゆく過程の底流に天皇制の存在があったことはⅣ巻でつぶさに見ていきます。

本書の「はじめに」で私は、日本ナショナリズムにおいては「その源流から形成・確立、そして崩壊・復活まで、一貫して天皇・天皇制がその軸心をつらぬいて存在する」として、「天皇制を抜きにして日本ナショナリズムの問題はとらえられない」と述べました。

そうした視点から、ナショナリズムの歴史を天皇制の歴史と深く結びつけてフォローし、考察したのは、本書が初めてではないかと思います。

＊

以上、二点にわたって、本書の特色を自家広告しました。

読んでくださった方々に、本書をどう受け取っていただけるか、不安と期待がないまぜになった心境で第Ⅰ巻の「あとがき」を閉じます。

二〇一七年7月1日

梅田　正己

■重版に際しての追記

本居宣長の日本国〝別格〟論と対外侵略論

本書第Ⅱ章の中で、私は、国学者・竹尾正胤《まさたね》が『大帝国論』で天皇は「地球中の総天皇」、日本は「万国の祖国」と説き、また水戸学の会沢《あいざわ》正志斎が『新論』で天皇は「地球の元首」「万国の統括者」であって「世界に君臨」する、と述べていたことを紹介しました。

こうした主張の基点に本居宣長の日本神国論があったことは当然類推できますが、しかしI章で私が『直毘霊《なおびのみたま》』をテキストとして紹介したのは、日本は「日の神」天照大神《あまてらすおおみかみ》が生まれた国で、天皇はその「日の神」の座を代々受け継いできた「日の神」と同列の「神」である、という段階にとどまっていました。

したがって、本書の私の解説だけを読まれた読者の中には、竹尾や会沢の説は宣長の天皇論（日本論）を一段と発展させて展開したものと受けとられた方があったかも知れません。もちろん時代をへての立論ですから発展があるのは当然ですが、実は宣長自身も日本が世界の他の諸国とは別格の国だということをすでに明瞭に述べていたのです。

宣長が『直毘霊《なおびのみたま》』の完成稿を仕上げたのは一七七一年、四二歳のときでしたが、それから一八年後の一七八九年、五九歳で、『直毘霊』の神国論をさらに詳細に論じた『玉くしげ』を出版します。以下の文章はその中からの抜粋です（表記は現代仮名遣いに変更）。

――「天照大御神《あまてらすおおみかみ》は、その天《あめ》をしろしめす（お治めになる）御神《おんかみ》にましませば、宇宙のあいだに並ぶものなく、とこしなえに天地《あめつち》の限りをあまねく照らしましまして、四海《しかい》万国、この御徳光《おんとくこう》を蒙《こうむ》らずということなく、何《いず》れの国とても、この大御神《おおみかみ》の御蔭《おかげ》にもれては一日片時も立つことあたわず」

――「さて皇国《みくに》は格別の子細《しさい》ありと申すは、まず四海万国を照らさせたまう天照大御神《あまてらすおおみかみ》の御出生《しゅっしょう》ましまし御本国《ごほんごく》なるが故に、万国の元本大宗《げんほんたいそう》（本家）たる御国《みくに》にして、万《よろ》ずのこと異国にすぐれてめでたき……」

――「かくのごとく本朝《ほんちょう》は、天照大御神の御本国、その皇統《こうとう》のしろしめす御国《みくに》にして、万国の元本大宗たる御国なれば、万国共《とも》に、この御国を尊《たっと》み戴き臣服（臣従）して、四海の内みな、此の道に依《よ》り遵《したが》わではかなわぬことわり（道理）なるに……」

宣長が歿したのは一八〇一年です。それから半世紀をへて、外国船の来航が頻繁になるにしたがい西洋諸国の地理・歴史・産業などを紹介する書籍が次々と出版されます。竹尾の『大帝国論』はそれらによって得た知識をもとに書かれたものですが、その立論の足場は宣長によってすでに確定されていたのでした。

＊

次に、第Ⅱ巻におさめた第Ⅴ章の第3節「神国ナショナリズムと『征韓論』」を私は吉田松陰から書き起こしました。一八五四年、ペリー艦隊の二度目の来航の際、密航を企てて失敗し、捕らえられて長州藩の城下、萩の野山獄に収監されますが、その獄中で執筆した外交論『幽囚録』の中で、松蔭は日本の対外戦略として、北海道につづいてシベリア東部を占領した後、朝鮮を攻略し、日本書紀に記された古代と同様に日本に服属して朝貢させ、次いで満州に進んでこれを奪取するという構想を提示していたからです。

松蔭はまた、友人への手紙で、豊臣秀吉の朝鮮出兵についてふれ、それはまさに古代の偉業を再現する試みだったのに、「不幸にして豊公早く薨《こう》じ、大業継がざりしは惜しむべきかな」と書いています。

そうしたことから、私は征韓論の先駆けとして松陰を設定したのですが、実はそれより半世紀以上も前に宣長が同様の趣旨のことを発表していたのでした。一七七七年、四七歳で完成稿がなった『馭戎概言《からおさめのうれたみごと》』です。「馭」は馭者《ぎょしゃ》の馭で、馬をあやつること、「戎《じゅう》」（えびす）は異民族に対する蔑称で、ここでは朝鮮、中国のことを指し、「慨」は悲憤慷慨や慨嘆するの慨です。「馭戎概言」とはつまり、朝鮮・中国との歴史的交渉をめぐっての悲憤慷慨の論説ということです。

宣長の立場は先に見たように、日本は「日の神」の出生した本国であり、他の諸国とは別格の国だということです。その立場から、宣長は朝鮮・中国との外交関係を振り返り、該博な知識を投入して論評しています。

前半は、古代の隣国との関係です。古事記、日本書紀ほかの日本の文献のほか、朝鮮、中国のさまざまの文献を参照しながら、綿密に考証されていきます。実証主義の学者、宣長の面目がいかんなく発揮されています。あの「魏志倭人伝」の邪馬台国についての記述も全文が引用され（原文である漢文で）検討されています。結論は、邪馬台国九州説です。

問題は後半、中世に入ってからです。とくに足利義満の対中国の交渉にいたって、宣長の筆は躍ります。本巻二〇九頁以下に述べたように、義満は九世紀末から途絶えていた中国との公式の外交関係を取り結ぶため使者を送ります。しかしその使者は二度にわたって追い返されました。当時、中国と公式の外交関係を結ぶには、諸国の王は皇帝に対して臣下の礼をとり、朝貢することによって皇帝から国王として認証されることになっていたのですが（冊封関係）、義満の送った文書はその礼を失していたからです。

しかし、中国との貿易は大きな利益をもたらしてくれます。そのためには正式の国交を開かなくてはなりません。ついに四度目、義満は一四〇三年、明《みん》の永楽帝に対し自らを「臣」と認めた書状を送ります。そうして開始された対明貿易によって足利幕府はその経済的基盤を固めるのですが、この義満の行為を、宣長は口をきわめて非難するのです。

たとえば義満が明に送った三度目の書状は、「日本准三后、大明皇帝陛下に上書す」と始まっていましたが（本巻二一〇頁参照）、わずかこれだけの文字についても宣長はこうクレイムをつけるのです。

――この書状、皇国《みくに》の名には「大」の字を付していないのに、先方の国名には「大」をつけている。皇帝と書いているのはまあ許すとしても「陛下」とは決して用いるべき言葉ではない。また「上書す」というのも相手を敬い過ぎている。

そして書状の終わりを「誠惶誠恐頓主頓主謹言」で結んでいるのも、先方を奉り過ぎだし、だいたい大御国《おおみくに》の大将軍たるもの、戎王《から》より尊いのだから、このようにみだりにあがめ奉るのはみんな間違っている、というぐあいです。

そして翌年、前回の書状で「日本国王」と名乗るのを認められた義満は、新たに帝位についた永楽帝に対し、「日本国王臣源表す、臣聞く、太陽天に昇らば」という書き出しの書状を送るのですが、これに対しても宣長は、この書状は前回のよりももっと悪い、今回は一段と先方を尊んで、いよいよへつらっている、「さらに言わんかたなし」と切って捨てているのです。

こうした非難を重ねた上に、宣長は義満に対し、最後のとどめともいうべき宣告を突きつけます。――もっぱら皇国《みくに》を戎国《から》の奴《やっこ》におとしめて、のちの代まで大恥を残したのは、天地《あめつち》がわかれて以来、古今を通じて類例はない。このような大変な間違いを犯しながら、恥ずかしいとも思っていないのは「愚《おろ》かなりとも拙《つたな》しとも、言わんかたぞなかりける。」

このように政治的判断を優先させて中国との国交を回復した義満に対し、四海万国の上に立つ神の国である日本国を戎国《から》ごときに屈服させたとして最大限の悪罵で非難した宣長が、一転してほめたたえるのが豊臣秀吉です。

本巻二五八頁以下に述べたように、秀吉は一五九二年、全国の大名を動員して朝鮮に出兵します。その経緯を宣長は次のように類推して述べています。

――「御国《みくに》の内をば、清く平らげたまいて」勢いさかんな秀吉は「いよいよかのもろこしの国までも御手に入れんとは思おしなりしなり」。そこで「まず朝鮮をしたがえて、道しるべさせてん」と考えられた。ところが、明国を恐れた朝鮮王は、秀吉の要求に従わず、なおざりにした。そこで怒った秀吉は「まずかく朝鮮をきびしく攻めさせ給いしなり」となったというわけです。

しかし小西行長など出兵した日本軍の指揮官の不手際があって、一回目の出兵は成功せず、結局九七年、再度出兵することになった。が、戦局ははかばかしくなく、その翌年8月には秀吉が病没します。それを惜しんで、宣長はこう書いています。

——「かかりし程に、八月十八日に、太閤かくれさせ給いぬるは、いとあえなく、くちおしきわざなりけり。いま二《ふた》とせ三《み》とせおわしまさましかば、この朝鮮の役《いたつき》も、いたずらになりては止まざらましを、七年がほどの御いくさに、これぞと見ゆるしるしも、ついになくて止みぬるは、かえすがえすくちおし。」

こう経過を振り返ったあとで、宣長は、秀吉は戦略を誤ったのではないかと判定します。朝鮮半島からではなく、直接東シナ海の方から中国大陸に攻め込むべきだったのではないか、というのです。

——「はじめよりまず明の国をこそ征《う》ち給うべかりけれ。そは朝鮮をへて、かの北京へ寄せんは、たよりよからねば、南のかたより物して、まず南京というをとるべき也。かの足利のころ、西のほとりのあぶれもの（注・無法者。倭寇を指す）のわたりまかりて、荒びたりし折々だに鎮《しず》めかねて、いみじき騒ぎなりしかば、かの国人（中国の人々）は日本と聞けばただ鬼神《おにかみ》のごとき思い怖《お》じたる上に、近きほどこの太閤の御名、四方《よも》の海《みな》の外までとどろきわたりて盛りなるに、その御軍《おんつわもの》しも押し寄せ来《く》と聞かば、はかばかしく弓引きて手向かいたてまつる者もあるまじく、音に聞きてもわななき逃げぬべければ、南京をとり給わんことは、いともたやすかるべし。」

ずいぶん楽観したものですが、続いてこうも言っています。

――「さてしか南京をとり給いなば、いよいよその御勢いにおそれて、かの江南いうなるほどなどはおのずから残りなく御手《みて》に入りなんこと疑いなし。……かくしてようように北の方へ押しもて行きなんには、北京もまた御手に入りぬべく、よくしたためなば朝鮮の王子のごとく明王《みん》を生け捕らんことも難からじ。」

＊

古代のやまと王権によるたび重なる朝鮮への出兵、秀吉の二度にわたる朝鮮出兵の故事にならって、吉田松陰は朝鮮半島から満州への攻略構想を提言したのでしたが、それよりも七〇年も前に、宣長は本命は中国だとして中国大陸への直接侵略を提示していたのです。近代国家構築の支柱となる神権天皇制の原理を確立した思想家として、私は宣長を「日本ナショナリズムの源流」に位置づけたのですが、たんにそれだけでなく、帝国主義国家としての日本の針路について早ばやと提起していた点でも、宣長はまぎれもない日本国家主義の「源流」だったのです。

（二〇一八年8月15日　梅田　正己）

梅田正己（うめだ・まさき）

1936年2月、唐津市に生まれる。一橋大学社会学部を卒後、出版社勤務をへて72年、仲間と共に出版社・高文研（当初の社名は高校生文化研究会）を設立、高校生・高校教師を対象に『月刊・考える高校生』（後に『ジュ・パンス』と改題）の発行とあわせ教育書を手はじめに人文書の出版を続ける。81年から沖縄大学との共催で沖縄戦の戦跡・基地のフィールドワーク「沖縄セミナー」にとりくんだのを契機に、沖縄が直面する問題の書籍を数多く出版する。85年に「国家秘密法に反対する出版人の会」の事務局を担当したことから、翌86年、史上最大の出版弾圧事件・横浜事件の再審裁判の開始とともに「支援する会」の事務局を、2010年に実質無罪（同事件は国家犯罪であったと横浜地裁が裁定、刑事補償が実行された）を勝ち取るまで24年間、担当した。2012年、高文研代表を退く。

著書：『これだけは知っておきたい・近代日本の戦争』『「非戦の国」が崩れゆく』『「市民の時代」の教育を求めて』（以上、高文研）、『この国のゆくえ』（岩波ジュニア新書）ほか。

日本ナショナリズムの歴史 Ⅰ
――「神国思想」の展開と明治維新

二〇一七年九月一五日――――第一刷発行
二〇一八年九月一五日――――第二刷発行

著　者／梅田　正己

発行所／株式会社 高文研
東京都千代田区神田猿楽町二―一―八
三恵ビル（〒101＝0064）
電話　03＝3295＝3415
振替　00160＝6＝18956

印刷・製本／三省堂印刷株式会社

★万一、乱丁・落丁があったときは、送料当方負担でお取替え致します。

ISBN978-4-87498-621-9　C0021